教育部人文社会科学研究规划基金项目（编号：10YJA860031）成果

湖南省2016年度重点选题图书

出版传播与农村先进文化建设

周国清 著

湖南师范大学出版社

目 录

第一章 绪 论

一、研究背景和研究意义

在缩小城乡差距、构建和谐社会、建设社会主义新农村、实现中国梦的历史进程中，出版传播对于农村先进文化建设具有十分重要的作用。中国农村特殊的地理环境与文化生态、"三农"问题的历史因袭与现实困境等各种因素综合到一起，为农村先进文化建设提出了艰难的课题。中国传统文化是以农耕小生产的自然经济为基础，以家族宗法社会和封建制度为纽带而发展起来的。自古以来，中国就是农业大国，自然经济在中国经济中占据统治地位。农民长期束缚在土地上，逐渐形成了封闭禁锢、难于自我发展甚至有时会消极落后的惰性心理，对社会经济和文化的发展起了阻碍与限制作用，加之中国各种传统思想观念留下的深深印痕，对农民的影响十分深刻，其负性因子直接而内在地制约了文化的提升，影响了先进文化建设。在改革开放新的历史时期，中国农村迈入了新的发展征程，党和国家对农村文化建设高度重视，全面小康、和谐社会、科学发展观、新农村建设等，一幕幕开启了农村发展的新面貌，有关教育、税收、土地、公共文化服务体系、医疗卫生等一系列的改革举措，使广大农民得到了实惠。然而，如何真正在农村物质生活条件得到了改善、农民物质生活水平已有大的提高的基础上，最大限度改善农村的精神文化生活环境与条件，尽可能满足广大农民群众日益增长的文化需求，使其物质生活与精神生活同步增长，尽力统筹城乡发展，兼顾农村发展的各个方面，依旧是新的发展形势下必须面对的一个命题。

农村幅员辽阔，人口众多，居住分散，文化教育水平落后，文化基础设施与公共文化服务体系的建设刚刚起步。笔者对农村生活有深刻的体验，对农村文化发展现状有长期的观察和感悟，深感几乎是中国农村的特殊性决定着我国的"国情"，中国农民的生活现状最能体现出"中国特色"。在笔者的认识视野与思想框架中，建设社会主义新农村，构建和谐社会，落实科学发展观，实现中华民族伟大复兴的中国梦，就应该更多、更深、更具体地关注中国农村，聚精会神地解决好"三农"问题。文化是社会发展的软实力，是民众天天吸吮的乳汁，是一种不可割断的滋养。实现国家富强、民族振兴、人民幸福的中国梦，就必须关注农村发展和农民生活，推动农村先进文化建设。农村文化建设不管是从历时的逻辑予以考察，还是从共时的视野进行分析，都是摆在我们面前的、对中国社会发展产生着重大影响的问题。从历时的层面看，几千年的封建制度及其社会习气，在农村根深蒂固；就共时的角度言，中国社会巨大的城乡差别客观存在，无论是人口素质、文化教育水平，还是发展速度与质量、人均的经济收入，等等，都是农村落后于城市。而出版作为一种重要的传播载体与方式，不管是图书、期刊、报纸，还是音像制品、电子出版物等，较之于电视、电影或广播，具有不同的教化、引导与助推功能，其作用和影响更为深远，在农村文化建设中十分重要。正因中国农村地域广大，东、中、西地区的文化教育情况有差异，即使同一地区也有不同，进城务工的农民、中心城市之郊的农民、中小城镇边缘的农民和偏远山区、落后地区的农民，其文化生活需求和知识信息选择就有区别，特别是相对于城市读者而言，农民读者具有自身的特殊性、地域跨度较大、层次差异分化、需求取向复杂，而出版传播者的主体身份在城市，其作者也多在城市，真正了解农村、熟悉农民实际生活状况和精神文化需求的并不多，因此农村出版传播的研究无疑具有十分重要的意义。因而，在中国农村物质生活已有较好较快发展，而城乡差距并未缩小的语境下，从出版传播的层面来探讨中国农村先进文化建设的问题，本身就具有一种不同寻常的意味与价值。

二、研究现状和研究价值

笔者提出农村出版传播这一范畴，学界并无独立深入的专门研究，但从研究主题和内容方面对此有所论及，先后经历几个时期的发展，在此拟结合农村出版传播活动，综合梳理相关资料，对其研究的基本情况作一简单描述。

（一）改革开放前农村出版传播及其研究

1. 新中国成立后，由于新的制度的建立，国家各个方面抓住契机都呈现一派新的景象，农村出版事业也开辟了新的局面。

截止 1964 年全国专以农村读者为主要对象的图书出版了约 1700 种，还出版了新年画 800 多种（其中现代革命题材的占 97%），家史等"四史"读物出版 92 种，大部分发到农村。[1] 为了使农村基层干部和农村知识青年能够读到好书，农村文化室有一套质量较好的基本读物，文化部指定农村出版社从全国出版的适合农村需要的图书中，选编"农村版"，内容包括政治思想、文化艺术、科技读物及工具书。至 1965 年，全国出版的以农村读者为主要对象的期刊有 44 种，重点发行的《中国青年》（半月刊）、《学科学》《农村文化》，受到农村读者的欢迎。[2] 但随着"文化大革命"运动的开始，出版业进入了曲折发展时期，并遭到巨大的破坏，出版图书总数急剧下降，而出版的图书中大量的是政治理论书籍和通俗政治读物，除了毛泽东著作、革命样板戏、"两报一刊"（《人民日报》《解放军报》《红旗》杂志）社论等小册子外，其他出版物寥寥无几。这时期出版毛泽东著作压倒一切其他出版任务。

2. 在这种大背景下，此时的出版研究处于缓慢发展阶段，并出现停滞状态，出版研究没能取得大的突破，这一时期的研究主要集中在对社会主

---

[1] 肖东发，方厚枢.中国编辑出版史（下册）[M]. 沈阳：辽海出版社，2003：107.
[2] 肖东发，方厚枢.中国编辑出版史（下册）[M]. 沈阳：辽海出版社，2003：108.

义出版性质、方针、任务等的探讨。而此时对农村出版传播的研究更是凤毛麟角，只在仅有的研究中指出了农村图书发行的艰难。

1952 年 9 月 25 日，《人民日报》发表了原出版总署署长胡愈之同志的《出版工作为广大人民群众服务》一文，指出"出版工作现在已经真正为广大的人民群众服务。书籍不再是少数有闲阶级的专有品，而是广大劳动人民和革命干部所迫切需要的精神食粮了。"强调出版事业在农村群众文化需求中地位的改变，出版传播及其产品已经越来越多地被需求。1954 年《人民日报》刊登陈文的《加强图书发行工作》一文，他认为"城市发行工作应该大大加强，但农村发行工作也是发行工作的一个重要方面，决不能丝毫放松。""宣传和推广书籍，使新出版的书籍为广大读者所周知，是扩大书籍发行的基础工作。"该文认识到了图书发行工作的重要性，对改进图书发行工作具有一定的意义，特别是同时强调了农村发行工作的艰难性和它的重要性。

（二）改革开放以来至新世纪农村出版传播及其研究

1. 1978年12月党的十一届三中全会以后，我国的出版事业经过整顿、恢复等工作，开始步入正轨，逐步出现欣欣向荣的局面。

出版社和出版物的数量均呈快速增长的趋势。但是，虽然出版业整体上有很大的发展，却未能改变农村出版业相对落后的局面。从 1980 年起，国家出版局多次召开"农村图书发行工作座谈会"，对农村图书发行工作进行指导。农村题材的图书出版有着广阔的市场，农村图书的发行工作对发展农业经济、提高农民文化水平、传播农业科技知识等都有重要的作用和意义。大力开拓农村图书市场，切实加强农村图书发行工作，从根本上改变目前农村存在的"买书难"和"卖书难"的"两难"局面，是摆在全国图书发行业面前"难度最大而又非完成不可的一项任务"。农村图书发行销售额一路下滑，农村售书点萎缩，1976 年全国供销社售书点有 10 万多处，1999 年只有一万七八千处，减少 83%。比 1980 年的 6 万处，也减少了 70%，1999 年一年中又减少了 2858 处。[1] 广东省是我国经济发达地区，据相关统计，农村图书发行，除教材、教辅外，人均年购买一般书不到一元钱，可见一斑。

2. 改革开放，我国由计划经济向社会主义市场经济过渡，我国的出版业逐渐走向市场。

在走向市场的过程中，原有的管理模式、工作方式等出现了与市场不相适应的情况，出版业急需理论指导。由于现实需求的动力，出版研究得到了较大的重视和发展。农村出版传播研究也由于农村出版传播实践活动出现现实中急需解决的问题而得到发展。特别是在农村图书期刊发行方面、解决"买书难"和"卖书难"问题方面等，有诸多研究成果。

1983 年《出版研究年会文集》中收录常瀛莲的《试论农业科普读物重在面向农民》一文，研究探讨农业科普读物在农村的发行。她认为农业科普读物的读者主要是农民，应该根据农民的实际需要来编辑出版农业科普读物，提高农业科普读物的质量。1985 年常瀛莲又发表《农业科普读物选题的论证》，再次从受众的角度强调农村读物的选题。

1983 年四川省中心图书馆委员会主编的《读者工作概说》中第五节探讨研究农村图书的流通问题，文中指出从新中国成立到 1983 年三十四年间农村图书流通失败的原因，认为农村图书流通应从农民读者的需要出发，要处理好文化与经济的关系，并探讨了农村图书流通的方式。

由辽宁省图书发行研究会编写，并于 1988 年出版的《图书发行研究》中收录《承包是搞活农村图书市场的有效改革措施》一文，作者唐德全提出了实行图书发行经营承包责任制的办法，分析了如何促进农村图书市场的发展，加大农村图书的发行流通等问题。从制度的角度探讨农村图书的流通，很有意义。

由吴柏龄著，黄山书社 1993 年出版的《中国图书发行简史与发行刍议》中《开拓农村图书发行渠道》一文对开拓农村图书发行发表其观点，认为一个地区农村发行搞得好不好，关键是农村发行网络建设得好不好，并提出建

---

[1] 肖东发，方厚枢.中国编辑出版史（下册）[M].沈阳：辽海出版社，2003：286.

设农村发行网络的建议。

中国编辑学会编，高等教育出版社出版的《第六届国际出版学研讨会论文集（1993）》中收录了中国编辑学会副会长蔡学俭著的《中国农村图书市场之展望》，分析了农村图书市场的现状，对图书发行工作中的问题进行了反思总结，并对图书发行工作提出了建议。

1991年由原新闻出版署发行管理司编，中国书籍出版社出版的《图书发行改革实践》中的"农村发行篇"，收录了在农村书店图书发行方面所做的探索。中国书刊发行业协会编，中国农业出版社1999年出版的《大力开拓农村图书市场》中分"农村图书市场总论""农村图书市场的培育""大城市郊区农村发行""农牧区图书发行""扩大一般图书的发行""农业技术书的发行""农村发行网点研究""论集镇门市部""农村发行的连锁网点""论供销社售书点"等专题，对农村图书发行工作中的理论、经验等进行了探讨。

从改革开放到新世纪这段时期，农村出版研究主要集中于解决计划经济条件下农村出版实践出现的问题，如农村图书的出版问题、图书的发行、图书市场的建设、图书的流通。

（三）新世纪以来农村出版传播及其研究

我国目前正在实施的社会主义新农村建设中，将农村文化建设作为很重要的一项工作来抓，尤其是农家书屋工程建设为培育和开拓农村出版物市场，扩大出版物消费需求等带来了难得的机遇。但是就实际情况而言，"三农"图书出版市场并不繁荣，广大农民买书难、读书难、读好书更难的情况依然存在。例如近年来"三农"图书的出版总量虽然增长较快，但占全国图书出版的比例仍然过小，从上报的图书选题统计数字看，2004年252家出版社安排"三农"选题3138种，2005年260家出版社安排"三农"的选题4077种，2006年337家出版社安排服务"三农"选题5097种，年选题增加1000余种，增长幅度在25%以上。而在2007年370家出版社安排"三农"选题6930种，其增长趋势表明我国"三农"图书出版已步入快速增长期。但是这一数字与全国图书出版相比还是非常微不足道的。据原新闻出版总署对农村读物的统计：近五年来，我国每年出版图书品种是 17 万 ~ 19 万，而全国出版的"三农"图书年平均不到 4000 种。也就是说，农村中每年大约 20 万人才有一种书，而与此同时，在全国是每 7600 人拥有一种书，城市中每年是 2400 人拥有一种书，相比之下，"三农"图书真是少得可怜。[1] 这说明"三农"图书的品种、规模和市场总量与全国出版业发展的总形势不相符合。

进入新世纪以来，随着国家对"三农"问题的重视，农村文化建设得到越来越多的关注，而农村出版传播活动作为农村文化建设中不可或缺的一部分，也引起诸多学者的兴趣，农村出版传播研究在这一时期繁荣发展。特别是国家提出建设"社会主义新农村"后，面对农村出版传播的新老问题，相应的出版研究硕果累累。人们从不同角度出发研究农村出版传播的现状、存在的问题，分析原因并提出建议，促进农村出版传播事业的发展。

从农村图书的受众出发，调查研究农村受众的特性及他们在出版传播方面的需求，提出从农村受众的实际需求出发，来改变农村出版的现状，促进农村出版传播的发展。相关文章有《农村图书需求调查》（李明，《农村图书情报学刊》2007 年第 2 期）、《策划农村图书要把握读者的特殊性》（周国清，《中国编辑》2008 年第 1 期）等。吴漂生、应惠芳、王建平在《对宜春市歧山村农家书屋读者需求的调查》中提出，目前农村精神文化生活单调，获取信息的渠道比较传统，"开放时间""书刊陈旧""距离"是影响农家书屋使用的主要原因，而"藏书质量""开放时间""服务态度"是农家书屋迫切需要改进的三大方向。[2] 而站在读者角度，以满足农村读者的阅读需求作为第一要务，改变调整农家书屋的建设方向。罗彩虹从农民需求出发，认为培养农民阅读习惯，引导农民阅读行为，积极调查并满足阅读需求，创造良好阅读环境是推动农家书屋建设的根本[3]，从而让农民享受文化权利，最大限度地发挥农家书屋的作用。周国清、王小椒在《论农业科普期刊的读者适用性》中，将科学性、实用性、政策性、专门性、时效性、地域性、通俗性和趣味性作为优

[1] 禹继来. 从数字看我国农村图书市场现状 [J]. 出版广角，2007（7）：43-45.
[2] 吴漂生，应惠芳，王建平. 对宜春市歧山村农家书屋读者需求的调查 [J]. 图书馆论坛，2010(1):136-138.
[3] 罗彩虹. 基于农民阅读需求的甘肃省农家书屋建设研究 [J]. 图书馆学研究，2011（4）：98-101.

化农村读物传播力的关键因素。[1]张珍、陈海量认为在数字阅读时代，基层图书馆应加强馆藏数字资源建设，加强数字阅读宣传与推广，拓宽数字阅读途径，以此满足基层读者数字阅读需求。[2]农村受众是农村先进文化建设的直接受益者，满足农村受众需求，是促进农村出版传播的关键。

出版物的发行是出版传播过程中的重要环节，出版物发行的情况是直接制约传播行为成功与否的关键因素，故很多研究者从农村出版发行的角度研究农村出版传播，对农村图书报刊的发行现状及发行存在的问题进行剖析，找出问题存在的原因，并提出多种建议。如《谈农村图书的出版与发行》(郭锐，《新闻出版导刊》2003年第1期)、《农村图书发行真难做》(艾劲松、仇晓云，《出版广角》2004年第11期)《农村信息传播渠道和传播机制的构建》(王众、郑业鲁，《农业图书情报学刊》2004年第2期)、《农村图书发行难在哪里》(张凤杰，《出版发行研究》2005年第6期)、《拓展西部农村图书发行渠道　促进西部农村经济发展》(黄超，《商场现代化》2006年第1期)、《对网络环境下中国农村地区图书出版发行的思考》(戈迎春，《安徽农业科学》2006年第18期)、《探索农村图书发行的长效机制》(张蓉蓉，《出版广角》2007年第2期)、《浅谈农村地区图书报刊发行政策》(刘娟娟，《当代经济·下半月》2008年第2期)等。王竑深入研究并探讨了新形势下农村图书发行工作的新途径，在《农村图书发行工作现状及思考》一文中提出，建立信息网络，把握读者需求，建立完善图书管理机制，是改善发行现状的新方式。[3]"三农"图书的出版是中国出版业中的薄弱环节，必须从多方面改善"三农"出版现状。张吉响在《"三农"图书出版、发行，路在何方？》中提出，除了做好"三农"图书出版，还应将新华书店作为主渠道，改变"三农"图书不作为的局面，重视农村民营书店的建设和发展，改变农村盗版图书泛滥的局面，农家书屋要求真务实，抓出成效，为繁荣农村文化市场作出应有的贡献。[4]朱立红通过多年对农村的走访调查，发现农村图书市场有着很大的发展空间，提出必须把农村图书发

[1] 周国清，王小椒.论农业科普期刊的读者适用性[J].湖南城市学院学报，2012（3）：81–87.
[2] 张珍，陈海量.基层公共图书馆读者数字阅读需求分析及对策[J].河南图书馆学刊，2015（11）：20–21.
[3] 王竑.农村图书发行工作现状及思考[J].中国出版，2011（2）：23–24.
[4] 张吉响."三农"图书出版、发行，路在何方？[J].出版广角，2012（7）：66–67.

行当作一项重要的文化事业，调整出版物结构，提高农村图书发行人员素质，从多方面帮助农村图书发行走出困境。[1]张盼盼分析了全媒体语境下农村图书发行"单媒体"思维带来的危害，并进一步剖析了全媒体思维下提升农村图书出版的路径，为打开农村图书市场提供智力支持。[2]对农村出版物发行进行深入探讨，有利于连接作者、编辑与读者，搭建城乡文化沟通的桥梁，激活农村文化因子，推进农村出版事业的可持续发展。

亦有研究者从农村出版物市场的角度出发，调查分析农村出版市场的现状、农村出版市场的特点、农村出版市场的开发拓展对策等，试图从出版物市场的角度来探究农村出版传播事业的发展。代表作有《农村图书市场重在建设》（赵瑞华、庞建军，《出版科学》2001年第2期）、《农村图书市场的差异化营销》（王莉娜，《新闻出版导刊》2001年第6期）、《实践"三个代表"思想，开拓农村图书市场》（张石桥，《学习导报》2002年第3期）、《农村图书市场开发浅谈》（张瑜琳，《出版经济》2002年第7期）、《转型期农村图书市场现状和发展对策》（徐海玲，《大学出版》2004年第1期）、《我国当前农村图书市场特征简析》（黄嗣，《出版发行研究》2006年第5期）、《从数字看我国农村图书市场现状》（禹继来，《出版广角》2007年第7期）、《拓展农村图书市场的途径探讨》（蒋小花，《中国出版》2007年第7期）、《当前我国农村图书市场的主要问题与发展对策》（庞博、彭丽娟，《编辑之友》2008年第5期）等。王增红在《论新农村图书市场发展的突破》一文中，剖析了农村图书市场萎缩的原因，并对其发展对策进行探索，认为应扶持乡镇邮政所成为以宣传和订购为主要任务的农村图书发行主渠道，积极培育农村图书市场，借助乡镇社会力量扩大图书发行。[3]张吉响提出，要形成让农民买得起、读得懂、用得上的新型农村图书市场，培养农民阅读习惯，满足农民文化需求。[4]晴川在《农村图书市场出路何在》一文中，肯定了农村图书市场的光明前景，并提出亟待解决的问题，认为加强农村图书内容策划，在价格上适应农民消

[1] 朱立红. 农村图书发行面临的问题与对策 [J]. 青年记者, 2014（11）: 81.
[2] 张盼盼. 数字时代下农村图书出版的"全媒体"思维 [J]. 太原师范学院学报（社会科学版）, 2016（5）: 27-30.
[3] 王增红. 论新农村图书市场发展的突破 [J]. 全国新书目, 2009（20）: 10-12.
[4] 张吉响. 农村图书市场: 要让农民买得起、读得懂、用得上 [J]. 文化月刊, 2010（6）.

费水平，积极探索和扩大发行渠道等已迫在眉睫。[1] 龚伟丽对我国农村少儿图书市场的需求进行探析，分别从环境、少儿出版商、出版内容、销售渠道和阅读者等方面提出发展建议。[2] 从农村出版物市场的角度对农村出版传播进行探索、分析，找出培育、优化市场的最佳路径，从而为农村受众提供更多的最优出版物。

另有研究者对农民在农村出版物方面的消费进行研究，解析农村消费者出版物消费心理、消费特点、消费现状和消费趋向等，从消费的角度分析农村出版传播存在的问题及解决问题的途径。如《农村图书消费"此伏彼起"》（张凤杰，《出版参考》2005 年第 27 期）、《我国农村图书消费现状调查分析——以溧阳、鹿泉地区为例》（张孝安、胡定环，《农村经济问题》2007 年第 10 期）。张吉响在《农业图书消费特点及分析》中提出，要想编辑出版真正满足农民需求的"三农"图书，就必须明确对象，有的放矢；内容集中，突出重点；把握细节，恰到好处。[3] 孙玉林以皖中巢湖市居巢区的部分乡镇为考察对象，通过实地调研访谈，发现实用类、娱乐类和提高类是农民最需要的阅读类型，农民阅读具有季节性、通俗性和实用性的特点，努力培养农民的阅读习惯和消费习惯是推进农村文化建设的必经之路。[4] 徐威威、丁静静、马晓旭等认为农村居民文化消费支出偏低，结构有待优化，层次有待提高，解决这些问题的根本途径在于，树立和强化现代消费观，找准文化产业发展方向，优化农村文化消费的结构。[5] 农民只有从根本上转变出版物消费观念，才能促进农村出版物市场的繁荣。

关于农村读物出版传播的著作也有很多，如《中国乡村传播学》（谢咏才、李红艳，知识产权出版社 2005 年版）、《农村图书的流通渠道和营销模式研究》（张孝安，中国水利水电出版社 2007 年版）《如何做好农村文化工作》（顾阳等，山西经济出版社 2009 年版）、《大众传播与新农村建设》（李永健，中国传媒

[1] 晴川. 农村图书市场出路何在 [J]. 新农业，2012（14）：17.
[2] 龚伟丽. 我国农村少儿（中学生）图书市场研究——以湖北省宜昌市下属乡镇中学为例 [D]. 北京：北京印刷学院，2015.
[3] 张吉响. 农业图书消费特点及分析 [J]. 出版参考，2008（36）：5.
[4] 孙玉林. 安徽农村图书消费问题初探 [J]. 东南传播，2009（8）：116–118.
[5] 徐威威，丁静静，马晓旭. 农村居民文化消费问题研究 [J]. 农村经济与科技，2013（5）：150–152.

大学出版社 2009 年版)、《社会主义新农村文化构建》(陈文珍、叶志勇,湖南师范大学出版社 2010 年版)、《农村发展传播学》(王德海,中国农业大学出版社 2012 年版) 等,这些著作从社会学、传播学、编辑出版学等视角,对农村出版物及其市场进行深入细致的剖析,为农村先进文化建设建言献策。

随着市场经济的完善,农村经济得到进一步发展,农民的文化需求也将越来越凸显,农民越来越意识到文化信息的重要,农村出版传播作为农村受众获得知识和信息的至关重要的途径,如果要起到应有的作用,真正地满足农民的需要,就要从传播者、传播内容、传播渠道、受众等各个方面着手进行建设和完善。这就少不了更多学者对农村出版传播更多的研究探讨,提出问题、分析问题、解决问题。现有的对农村出版传播的研究,更多的是提出问题,描述存在的问题,而对问题提出的建议和改善的方案却是大同小异,不能引起足够的重视。笔者认为农村出版传播问题不能只是存在于简单的研究之中,更应该注重研究的目的即在于改善农村出版传播不好的现状,真正地为农民群众服务,提高农民群众的生活文化水平。

随着党和国家对"三农"问题的重视和农村自身发展中现实矛盾的凸显,自 20 世纪 90 年代以来,学术理论界对这一领域给予了较多的关注,产生了一批研究成果。改革开放之后不久的一个时期,如何发展和繁荣农村经济,促进农民致富成为首要问题,因而许多研究成果集中在农村经济研究领域。之后,开始对"三农"问题进行系统深入的研究,在 20 世纪 90 年代后期特别是进入新世纪之后,农村文化建设成为关注的重点。一般侧重在以下 5 类:一是宏观的理论研究,涉及的面广。如谢安庆、王东波发表在《齐鲁学刊》2008 年第 1 期的《新农村先进文化内涵建设浅论》一文,对新农村先进文化内涵要把握的要点、如何进行内涵建设等作了理论分析。二是分析农村文化建设的现状和问题,提出对策。这类文章较多,如郑风田、刘璐琳的《新农村建设中的农村文化:现状、问题与对策》,发表在《中南民族大学学报》(人文社会科学版) 2008 年第 1 期,认为当前新农村文化建设中存在三大问题,并就此提出了三个方面的建议和对策。三是农村文化建设的典型分析。这方面的文章主要是对某时某地的文化建设思路、举措与效果等予以阐述,并上升到一定的理论高度进行认识。四是就某一领域或事物与农村文化建设联系起来研究，如科技素质、教育水平、科技情报、大众传媒等。这类研究在近两三年开始得到重视。中华书局2002年出版的方晓红先生的《大众传媒与农村》就是一例。五是就农村文化本身的某一方面进行研究，走的是从整体到个别的研究路线。本书的研究就是属于第四类，也就是将出版传播与农村先进文化建设联系起来研究。这就有必要说明当下对出版传播的研究状态。将出版传播与农村文化建设具体联系起来，在目前的研究中，就笔者的了解还没有，而主要是集中研究"三农"图书。对于"三农"图书的研究文章成果丰硕，有经验介绍，有个案分析，有理论研究，有将其与农村发展联系起来研究的，内容较广，特别是对于"三农"图书出版的现状、存在的问题与应采取的对策的研究文章较多。笔者以为，当前的"三农"图书研究存在着一些不足：在将"三农"图书与农村发展联系起来研究的文章中，往往是从宏观上予以研究，虽涉及农村的各个方面，但具体解决问题不够；在分析"三农"图书的出版困境时，往往忽视作为其消费主体的农民读者的特殊性，包括其需求特质；在探讨"三农"图书的消费状态时，对营销的改善与渠道的拓展问题重视不够；从促进和推动农村文化建设的层面进行专门研究的不多。

本书所指的"出版"主要是就图书、期刊、报纸、音像制品和电子读物等传播媒介而言，也涉及数字出版产品，不是局限于选题、编辑、印制、发行等狭义的出版环节或领域，而是从以编辑为中心的出版活动延展到了图书的发行、阅读消费及其对农村经济、文化发展特别是农村人口素质提高的重要作用这一层面。笔者把这一系列过程归入农村出版传播的视域予以整体研究。笔者以为，应该从农村文化建设的整体角度，上升到出版传播的层面，从科学发展、社会主义新农村和和谐社会建设的战略高度出发，将出版传播与农村先进文化建设联系起来研究，以此探讨农村先进文化建设的新路径、新举措。本书所选的中心问题虽不能覆盖农村先进文化建设的全部内涵，但有相当的代表性和参照意义，具有一定的普适价值。

农村先进文化的建设和发展是一个涉及诸多因素的系统，本书以"出版传播"为关键词，将出版传播与农村先进文化建设联系起来，是笔者的首倡，选取相关重要问题，从这一核心概念来透析这个系统的生成活力与基本状态，探究农村先进文化建设的现实困境与未来走势。出版传播不单指农村图书、期刊、报纸、电子读物的出版，而是突出了其消费与市场，强调了其社会效果，更关注其对于文化的影响力与作用功能。较之于当前关于农村文化的研究现状、"三农"图书的研究现状，书中试图在案例分析与理论把握的基础上，就出版传播如何从整体上实现其先进文化建设功能、如何充分把握农村读者的特性、如何优化营销与拓展渠道等提出具体思路，试图解析农村出版传播的一般规律与内在特质，其价值旨归明确，文化意义突出，打破了传统的对某一课题研究总是分析现状、指出问题、提出对策的惯性思路，而是在一体化的系统分析中彰显理论意义与现实魅力，形成以出版传播为立点的农村文化建设理论架构。特别是，在农村文化建设与发展中，出版传播具有独特功能，对人性的教化和民风的导引是深刻的、长远的，为广播、电视所不能代替，而长期以来又为人们所忽视。因此，对这一问题的研究，既能从理论上提高人们的认识，引导广大农民群众树立正确的生活观和价值观，又能在实践中提供一定的指导，推进农村文化环境的改善，并以此为突破口系统深入地研究农村文化建设的战略与对策。

在这一整体思路下，笔者又对农村出版传播的一些具体问题进行分析，比如首先从如下方面深入研究农村出版传播的特点：党和政府提供了政策支持和制度保障，为农村出版传播的畅通开辟了道路；一些出版传播机构开始青睐农村图书市场，关注农村图书出版，取得了可喜成就；农村图书的选题呈逐年递增之势；农村图书出版传播的领域得到拓展，力求贴近农民生活实际；出版传播形式开始多样化；坚守和拓展农村出版传播阵地。这样，就尽力做到了点面结合，局部与整体结合，特殊与普遍结合，问题与真理结合。这些集中到一起，较为充分地说明，在新的时代要求和文化发展环境下，在出版产业化的语境与新农村建设的视域下，我国农村出版传播与社会主义新农村建设相适应，取得了新的成就，带动和推进了农村先进文化的建设与发展，以其现实的作为拓展了服务"三农"的内容，创新了服务"三农"的手段和方式，促进了社会和谐和精神文化发展。但中国农村土地面积广大，人口众多，居住分散，农村读者的需求与个性多样化，内容策划、市场培育与营销决策的难度大，加之历史的因袭对农村文化结构状态特别是广大农民读者的文化消费倾向和阅读心理的影响很大，对出版传播者提出了更多的挑战。

其次，从如下方面深入研究目前农村出版传播在适应农村发展特别是农民读者要求方面存在的问题，这更具文化学、人口学与社会学的意义：由于历史造成的城乡"鸿沟"过于固化，信息差与知识沟客观存在，农民获取与消化信息的能力有限，对出版物的现实购买力低下，在事实上形成了农村出版传播及其市场构建的滞后局面；整体上资金不足，稳定的农村文化投入保障体制与机制难于建立，完备的农村公共文化服务体系尚未形成，农村出版的盈利模式单一，诸多客观上的制约因素无法在短期内摆脱；各出版传播机构的积极性难于充分调动起来，缺乏可持续发展的动力和远大的目标；广大农村受众群体认识能力不强、消费观念滞后，阅读水平处于较低层次，很难从潜在的消费群体转化为现实的消费者；出版传播的选题定位、内容提供、编辑策划、渠道建立、受众需求把握和长效机制建立等方面存在困难，并且缺乏特色、品牌。

第三，研究如何从不同的地域特征出发，抓住各种层次受众群体的需求，形成农村出版传播的规模效应、开发农村精神文化产品生产潜力的问题。比如深化对如何进一步在政策与资金上给农村出版传播创造良好的生态环境，如何强化农村出版传播的公共文化服务性质与功能，如何实现农村出版传播的实际价值与长远效益，如何充分利用地方优势、挖掘其特有的文化与出版资源、改善农村图书的出版结构，如何深入农村生活实际、有目标地开展读者调查、有效开拓农村出版传播市场等具体问题的研究。

第四，对农业科普期刊的发展现状及其读者适应性等问题进行较为系统地探讨，分析农业科普期刊在农村现代化建设中的作用，对于塑造现代新型农民的意义，从而从农业科普期刊的发展路径与策略等方面思考如何以此提升农村先进文化建设等问题。同时，对农村公共出版、农村相关群体的阅读现状、农村阅读推广等具有现实意义的问题进行理论与实践相结合的研究，分析其对于农村先进文化建设的意义，具有实际的借鉴与参照价值。

三、研究方法和组织结构

　　基于以上的整体思路与系统原则，本书在研究方法上坚持辩证唯物主义的基本原理，在出版传播与农村文化建设的结合点上延伸研究领域，在案例分析与理论把握相结合的基础上展开研究内容，在分析探讨农村出版传播一般理论原则与内在特征的前提下，针对目前农村出版传播缺乏实证研究的现状，从选题策划、内容定位、读者需求、市场营销、社会文化导向作用等方面深入调研农村图书、期刊、报纸、音像制品与电子读物等的出版情况，掌握第一手资料，将实践经验和感知上升到理论高度。采取问卷调查法、实地考察分析法、案例佐证法、理论假设法、文献综合研究和逻辑分析等方法，力求动态与静态分析相统一，具体和一般相结合，理论与实践相联系，达到预期的研究目标，得出合理的有益的结论。实证调研与逻辑分析法是本书的主要研究方法。本着理论与实践相结合的基本原则，本书在分析农村出版传播一般理论问题与内在特征的前提下，针对目前缺乏实证研究的情况，主要从农村青少年的阅读需求与现状、农村中小学教师的阅读特点及其对农村文化的影响、农家书屋的读者使用状态等方面进行问卷调查或实地考察，以湘南和湘中地区为调研点，在典型的个案解剖与理论分析的结合中探讨出版传播与农村先进文化建设的规律，并结合传播学、社会学的研究方法进行分析。它建立在笔者观察、省思和推断的基础之上，以具体的案例为依托，是一个综合分析与理性把握之后的思维过程。

　　因为书中涉及的内容广泛，笔者同时选取一些具体问题予以专题研究，如农村公共出版服务体系对农村文化建设的提升、农村科普期刊与现代新型农民的塑造、农家书屋与农民阅读空间的拓展、新的媒介环境与文化消费语境下农民受众的需求特征及其把握、阅读推广与农村先进文化建设。总之，尽量采取不同于前人的切入点和思维路径，使研究视角和研究内容的选取具有创新性，突破了"三农"图书研究的传统思路，延拓其领域，强化其效果，凸显其现实意义，在农村出版传播的现状与对策等问题上提出具有一定指导意义的见解。同时，重视出版传播实践活动自身的认知原理，借用相关学科知识，应用抽象的逻辑思辨方法和历史的具体分析方法，在典型的个案解剖与理论分析的结合中，拓宽研究视野，探讨出版传播与农村先进文化建设的规律。

　　农村文化建设，从根本上说就是人的建设，是提高乡村居民素质的建设，旨在培养和造就新型农民。发展农村文化，是解决"三农"问题的重要抓手、带动农民脱贫致富的软动力、统筹城乡发展的助推器与活性因子。激活农民的积极性与创造力，带动经济发展，各种因素就进入良性发展程序。而出版传播作为党的事业的重要组成部分，是社会主义文化建设的重要阵地，在很大程度上是农村先进文化建设的现实依托与有力支撑，是文化影响力、辐射力的发动源，必须牢牢占领农村文化市场，把握其主潮和前进方向，反映、代表农村先进文化，传播、缔构农村先进文化。文化的价值取向，在一定程度上影响和决定着社会发展的方向。先进文化的建设与社会生产力的发展构成了社会进步的根本动力和标志。在农村先进文化建设中，一方面，出版传播无疑起着重要作用，必须面向时代，担当重任；另一方面，农村发展的现实也对出版传播更好地服务于农村先进文化建设提出了新要求。笔者正是在这样的理论前提下，从具体运作的层面进一步探讨出版传播与农村先进文化建设内在矛盾运动的一般规律与特殊规律，如怎样进一步在政策与资金上给农村出版传播创造良好的生态环境、强化农村出版传播的公共文化服务性质等。农村出版传播包括事业出版和产业出版两部分，而事业出版的特点更为突出，要求在当下文化发展特别是农村文化建设亟须加强的背景下，正确认识农村出版传播的实际价值与长远效益，充分利用地方优势，挖掘其特有的文化与出版资源，改善农村图书的出版结构，努力做足出版传播自身的文章；把握农村读者的特殊性，优化出版传播内容，实现其先进文化建设功能；广泛开拓农村图书营销渠道，改善营销状态，健全出版市场，为作为社会弱势群体的农民读者创造良好的文化消费环境；扩大出版传播的影响力，最大限度地实现社会效益与经济效益的有机统一，为农村先进文化建设注入不竭的活力。

本书的组织结构分为 9 个部分：

第一部分为绪论。主要分析了本书的研究背景、研究意义、研究现状和全书的基本框架，并爬梳了本书研究的一些基本理论问题。

第二部分为战略认识和现实作为：农村出版传播的文化担当。认为必须从"三农"问题的战略高度予以认识，看到农村文化建设的重要意义，出版传播要担当起文化重任，并从现实出发有所作为。

第三部分为读者把握与内容优化：农村出版传播的文化定位。分析了农村出版传播必须充分把握农村受众的特性，并以此为出发点优化出版传播内容，推进农村文化建设。

第四部分为媒介环境变化与受众新需求：农村出版传播的文化走势。对农村出版传播的文化走势予以探讨，主要分析了新的媒介环境下农民受众对媒介需求与内容需求的新变化，进而探究了农村出版传播主体如何应对这种变化的一些战略。

第五部分为渠道开拓与营销改善：农村文化建设的有力推手。从 5 个方面展开，具体提出了笔者的看法。

第六部分为农业科普期刊与新型农民：农村文化建设的不断提升。以农业科普期刊的发展困境与对策为研究个案，通过对其读者适应性进行界定，探究农业科普期刊如何服务"三农"的问题，并对其在塑造现代新型农民与推进农村先进文化建设中的重要功能与作用结合农村发展的实际进行理论的分析。

第七部分为阅读推广与文化民生：农村文化建设的多维导引。主要是在"全民阅读"语境下，基于农村先进文化建设的视域，探讨全社会如何对农村先进文化建设进行多维导引的问题。"全民阅读"是一项具有深远历史意义的文化民生工程，阅读推广对促进"全民阅读"起着至关重要的作用，在农村先进文化建设中尤其具有特殊的意义。农村阅读推广是社会主义新农村建设和先进文化建设的必然要求，是"文化民生"的重要组成部分，政府要发挥主导作用，出版主体要肩负起提供优秀阅读资源的责任，各级图书馆要积极认真地组织开展卓有成效的农村阅读推广活动，要号召民间公益组织积极介入到农村阅读推广事业中来，重构"新乡贤"文化，呼吁"新乡贤"回归，担当农村阅读意见领袖，从而形成农村先进文化建设的合力和活力，共同承担建设社会主义新农村的历史使命。

第八部分为公共出版与文化责任：农村先进文化的基础构建。主要分析了农村公共文化产品在农村先进文化建设中的意义，进而探讨了以农村公共出版促进农村先进文化建设的重要途径。

第九部分为读者调查与未来面向：农村阅读文化的个案审思。以农村学龄前儿童图书阅读情况为调查对象，阐述了阅读调查的缘由与基本情况，对结果进行分析，并得出基本结论，对农村阅读与先进文化建设提出建议。

第二章

战略认识与现实作为：农村出版传播的文化担当

农业、农村和农民问题，关乎我党和国家发展的工作全局，维系国民经济和社会稳定的根本。在缩小城乡差距、构建社会主义和谐社会、建设社会主义新农村、实现全面小康和保障、维护好民众基本文化权益的时代语境条件下，出版传播特别是图书营销传播如何服务于"三农"，如何在推进农村先进文化建设的历史进程中充分发挥作用，成为摆在广大出版工作者面前的一项重大任务。特别是在社会信息化过程中，城乡信息差别仍然不断扩大，以致由其信息鸿沟而造成受众主体之间无形的贫富分化，而一个国家或地区的出版发行政策对其人口的信息素质和整体文化状况、精神面貌等，具有内在的重要影响，对其社会结构、社会心理和社会变迁等产生积极或消极的作用，因此，出版传播在农村文化建设中具有独特的意义。

只有从解决"三农"问题的战略高度来把握出版传播在农村先进文化建设中的重要作用，才能进一步开拓农村出版市场，为广大农民群众创造良好的文化环境，切实满足广大农民群众对精神文化的多方需求，才能形成统一的思想观念，并真正从中国农村的现实发展出发，分析问题，抓住关键，有所作为。

一、"三农"问题：历史与现实的交汇

在现代化的历史进程中，中国社会的"三农"问题几乎与之同步而生，在历时与共时的交集点上汇合，凝结成折射出经济、文化、教育等各种共通性意义的时空坐标，使之既具有传统的内涵，又表征现代的意义。因此，要理解农村先进文化建设之于中国社会的深层价值，透析出版传播对农村先进文化建设的重要作用与终极意义，就必须将其置于中国农村发展的历史框架与变动向前的现实环境中。

基于此，我们可以对改革开放以来党和国家关于农村文化政策的基本线索与轨迹予以简要考论，把握其每个阶段的基本特点，并从中透析"三农"问题在历史与现实的交汇中所展示的时代意义，并在这一话语空间中思考出版传播作为农村文化建设重要坐标点的价值走向。

虽然"三农"问题吸引了众多人的眼球，研究"三农"的专家、学者也不少，但对农村文化政策尚缺少系统梳理。

中国共产党的农村文化政策，从整个历史发展阶段来说，可分为3个阶段。一是新中国成立前，由于中国共产党主要活动于中国农村，当时的文化政策涉及农村很多，或说立足于农村思考、安排和选择文化政策。就农村文化政策而言，侧重于两个方面：一方面通过文化宣传、建设以动员广大农民群众参与中国共产党领导的中国革命，以此获得农民自身的解放；另一方面积极推动农村物质文化的发展，以满足农民生产、生活的需要，在此基础上改造农民行为文化，丰富和发展农民精神文化。二是新中国成立后至改革开放前，中国共产党农村文化政策侧重于培养农民的社会主义价值观，以巩固社会主义在农村的基础地位，与此同时，推动农村物质文化、行为文化和精神文化的建设和发展。三是改革开放以来的中国农村文化政策，在坚持社会主义核心价值体系的基础上，逐渐由重政治思想理念向重文化政策落实、农村文化建设机制建立方面转变，越来越关注整体农村文化建设和发展，发展多元的、贴近农民生活的文化，以满足广大农民群众日益增长的文化需求。

根据每个时期政策取向不同，改革开放以来中国的农村文化政策发展可以分为两个阶段：

（一）1978年至1996年是改革开放以来中国农村文化政策发展的第一阶段，这个时期的农村文化政策以社会主义价值观占领农村阵地为政策取向

这个阶段的农村文化政策更多地延续以前的思想政治意识形态化的特征，特别强调用社会主义价值观占领农村阵地。在此基础上，也随着整个中国文化政策的转变，关注农村教育、科学技术的发展，强调农村文化、卫生等建设，提出了建设有中国特色的社会主义农村文化目标要求。

1. 以马克思主义为指导，用社会主义价值观占领农村阵地，建设农村社会主义精神文明；与农村基层组织建设和干部队伍建设相结合，培养有理想、有道德、有文化、有纪律的新型农民，建设和发展农村文化。

（1）我们可以从两次中共中央全会所作的决议和一次中共中央政治局会议通过的文件来认识中国共产党农村文化政策的基本理念和主要特点。

1979年9月，中国共产党十一届四中全会通过的《中共中央关于加快农业发展若干问题的决定》有两个地方与农村文化政策相关：一是指出"各级党委要继续引导广大干部和农民学习大寨的基本经验，即坚持政治挂帅、思想领先的原则，自力更生、艰苦奋斗的精神，爱国家、爱集体的共产主义风格"。[1]这里提到农村文化政策的基本原则和主要内容，凸显了农村文化政策思想政治意识形态化的特征。二是在文件的第四部分"加强党和政府对农业的领导"中强调，"必须十分注意发现人才、培养人才和使用人才，以便造就一支宏大的、德才兼备的、能够领导和管理现代化农业的干部队伍，来完成我国农业战线上的这场伟大革命"。[2]反映了农村文化建设和发展与农村基层干部、队伍建

---

[1] 中共中央党史研究室等.中国新时期农村的变革·中央卷（上）[M].北京：中共党史出版社，1998：64.
[2] 中共中央党史研究室等.中国新时期农村的变革·中央卷（上）[M].北京：中共党史出版社，1998：72.

设是密切相关的。

1987年1月，中共中央政治局通过的《把农村改革引向深入》的第八部分"加强基层组织建设和思想建设"涉及农村文化政策[1]：一是从整党角度提出要搞好农村物质文明和精神文明建设。该文指出："经过整党，充分发挥党支部的核心作用和党员的先锋模范作用，带头遵纪守法，带领群众搞好改革，搞好两个文明建设。"二是针对改革开放和商品经济（市场经济）对农村文化思想带来的冲击，提出了农村文化建设和发展的主要任务和基本目标。该文指出："我们要因势利导，加强坚持四项基本原则的教育，用社会主义思想占领农村阵地，引导农民逐渐摆脱小农经济思想的束缚，克服封建的、资产阶级的腐朽思想影响。要提倡民主和法制，反对以权谋私和违法乱纪行为；提倡科学和文明，克服迷信和愚昧；提倡勤俭节约，反对奢侈浪费。应当明确，改革是在党和政府领导下，使社会主义制度更加完善，而不是向后倒退。通过改革，要在广大农村形成一种经济上放开搞活、繁荣兴旺，思想上生动活泼、健康向上的局面。"三是强调了在农村文化建设中应办好几件实事，促使农村物质文明和精神文明的共同发展。该文件要求"各个乡、村都要根据本地条件，提出一个经济和社会的发展规划，作为全体居民共同奋斗的目标。同时，分年度提出物质文明和精神文明的建设任务，每年办几件实事，如学习训练、乡村建设、计划生育、环境卫生、移风易俗等"。

1991年11月，中国共产党十三届八中全会通过的《中共中央关于进一步加强农业和农村工作的决定》在第九部分"继续深入开展社会主义思想教育、加强农村精神文明建设和民主法制建设"中较为系统地提出了农村文化政策[2]：一是强调深入开展社会主义思想教育。文件指出，社会主义思想教育"是全面推进农村社会主义建设和改革的战略任务，是发动和组织农民实现第二步战略目标的一项基础工作，对于加强和改善党对农村工作的领导，提高干部和群众的社会主义觉悟，密切党与农民群众的关系，促进农村物质文明和精神文明建设，巩固农村社会主义阵地，具有深远的意义"。并明确了这次

[1] 中共中央党史研究室等.中国新时期农村的变革·中央卷（上）[M].北京：中共党史出版社，1998：465-466.
[2] 中共中央党史研究室等.中国新时期农村的变革·中央卷（中）[M].北京：中共党史出版社，1998：734-737.

集中进行的社会主义思想教育的基本任务是："深入开展爱国主义、集体主义和社会主义教育；全面贯彻党的基本路线和党在农村的方针政策，推动农村经济发展；切实加强以党支部为核心的村级组织建设。"与此同时，文件提出了一系列具体的措施、方法。二是具体说明了农村文化建设的主要内容和基本目标。文件提出要"抓好经常性思想政治工作，加强社会主义精神文明建设，努力造就一代有理想、有道德、有文化、有纪律的新型农民"；要"重视农村社会主义文化阵地建设。开展农民喜闻乐见的健康有益的文娱、体育活动，办好农村广播，做好电影下乡和电视转播工作。加强村镇建设，改善居住环境。坚持开展爱国卫生运动，抓紧农村医疗卫生网建设，建立健全合作医疗制度，努力消灭地方病"，等等。

（2）自改革开放以来，几乎每年都有以中共中央或国务院名义出台的农业和农村的政策文件（包括 1982 年至 1986 年连续五年的中央一号文件），这些政策文件大都或多或少地涉及农村文化政策。总体上来说，这些文件中提出的农村文化政策较多强调用社会主义思想占领农村阵地，坚持物质文明和精神文明两手抓，也提出了一些社会主义农村文化建设的具体要求和基本措施。例如，1982 年的中央一号文件[1]要求："我们必须动员各方面力量，采取一切行之有效的方法，在广大农村开展深入的思想政治教育和政策教育，并把这种教育经常化，不断对农民灌输社会主义思想，为建设具有高度精神文明和高度物质文明的新农村而努力。"1983 年的中央一号文件[2]提出："党在农村的工作，必须始终坚持两手抓的方针，一手抓物质文明，一手抓精神文明，使整个农村的物质生活不断改善，思想政治不断进步，文化知识不断提高。"同时强调："要加强农村各种文化、卫生设施的建设"；"要通过制订乡规民约，开展建立文明村、文明家庭的活动"等。1984 年的中央一号文件[3]明确强调："社会主义的物质文明和精神文明一齐抓，是我们党的长期战略方针。在农村不提清除精神污染的口号，但不能因此放松农村的思想政治工作。"在农村"要进行马克思列宁主义和毛泽东思想的教育，进行爱国主义、社会主义教育，

[1] 中共中央党史研究室等.中国新时期农村的变革·中央卷（上）[M].北京:中共党史出版社,1998:185-187.
[2] 中共中央党史研究室等.中国新时期农村的变革·中央卷（上）[M].北京:中共党史出版社,1998:232.
[3] 中共中央党史研究室等.中国新时期农村的变革·中央卷（上）[M].北京:中共党史出版社,1998:295-296.

开展'五讲四美三热爱'和文明村、文明企业、五好家庭活动，增强农民对资本主义、封建主义思想侵蚀的抵御能力，保证党的各项政策的实施和各项经济任务的完成"。并通过加强农村党组织建设，"带领广大共产党员、共青团员和社会主义建设积极分子，团结亿万农民，为建设社会主义新农村而奋斗"。1990年12月，中共中央、国务院《关于一九九一年农业和农村工作的通知》[1]提出："各地要把社会主义思想教育作为精神文明建设的基本内容，从今冬开始，用两三年的时间，分期分批在农村普遍开展这项工作。"文件指出，农村社会主义思想教育工作"主要是深入宣传党的基本路线，宣传爱国主义、集体主义、社会主义，重点放在教育党员坚定社会主义信念，带领群众自力更生、艰苦奋斗，走勤劳致富、共同富裕的道路；教育群众认清家庭联产承包为主的责任制的社会主义性质，培养集体主义精神，正确处理国家、集体和个人三者关系。特别要教育干部树立全心全意为人民服务的思想，改进思想作风和工作方法，密切党群、干群关系，以适应农村两个文明建设和改革开放的要求"。并提出了相应的具体方法和措施。

（3）中央还出台了加强农村社会主义思想政治工作的专门或相关的政策文件，以推动农村文化建设的发展。例如，1983年1月，中共中央《关于加强农村思想政治工作的通知》[2]，1984年1月，中共中央办公厅《关于转发＜全国文明村（镇）建设座谈会纪要＞的通知》[3]，1985年11月，中共中央整党工作指导委员会《关于农村整党工作部署的通知》[4]，1990年12月，中共中央《关于批转＜全国村级组织建设工作座谈会纪要＞的通知》[5]，1991年6月，中共中央批转《＜关于目前农村社会主义思想教育开展情况的报告＞的通知》[6]等，这些政策文件都强调坚持对农民进行社会主义、爱国主义、集体主义教育，加强农村社会主义精神文明建设，并提出了一些具体政策建议和政策措施。

（4）我们以江泽民1992年12月《在六省农业和农村工作座谈会上的讲话》[7]

[1] 中共中央党史研究室等.中国新时期农村的变革·中央卷（中）[M].北京：中共党史出版社，1998：627–628.
[2] 中共中央党史研究室等.中国新时期农村的变革·中央卷（中）[M].北京：中共党史出版社，1998：238–246.
[3] 中共中央党史研究室等.中国新时期农村的变革·中央卷（中）[M].北京：中共党史出版社，1998：297–307.
[4] 中共中央党史研究室等.中国新时期农村的变革·中央卷（中）[M].北京：中共党史出版社，1998：388–397.
[5] 中共中央党史研究室等.中国新时期农村的变革·中央卷（中）[M].北京：中共党史出版社，1998：630–641.
[6] 中共中央党史研究室等.中国新时期农村的变革·中央卷（中）[M].北京：中共党史出版社，1998：688–696.
[7] 中共中央党史研究室等.中国新时期农村的变革·中央卷（中）[M].北京：中共党史出版社，1998：814–817.

来进一步说明，这一阶段农村文化政策所表现出的思想政治意识形态化特征，重视中国共产党基层组织和乡村基层干部在农村文化建设中的作用。江泽民在讲话中提出，要"全面加强和改进党对农村工作的领导"，并从八个方面展开论述，其中涉及加强和改进党对农村思想政治文化工作的领导的内容，江泽民指出："在领导农村工作的过程中，各级党委要始终坚持'两手抓'的方针，'两手'都要硬。既要大力推进农村的物质文明建设，又要重视和加强社会主义精神文明建设。"江泽民强调："在搞改革开放和发展社会主义市场经济的条件下，更要重视和加强对农民特别是青年农民进行爱国主义、集体主义、社会主义教育。"江泽民认为："农村的阵地，社会主义思想和优良的社会风尚不去占领，落后的错误思想和消极不良的社会风气就会去占领。这个问题，各级党委务必注意。"江泽民要求，农村社会主义思想教育要"善始善终搞好，关键在于收到实效"。江泽民最后说："经过若干代人持续不断的努力，建设有中国特色的社会主义现代化新农村的宏伟目标就一定能够胜利实现。"

2. 强调科学、教育等在农业现代化中的作用，努力推动农村教育、科学、卫生等方面的发展。

（1）加强科学技术人才队伍建设，为农业现代化提供智力支持。"实现农业现代化，迫切需要用现代科学技术知识来武装我们的农村工作干部和农业技术人员，需要有大批掌握现代农业科学技术的专家，需要有一支庞大的农业科学技术队伍，需要有数量充足、质量合格的农业院校来培养农业科技人才和经营管理人才。同时，要极大地提高广大农民首先是青年农民的科学技术文化水平。"[1]1983 年 3 月，劳动人事部、农牧渔业部、林业部、财政部《关于加强农林第一线科技队伍的报告》[2]提出了一系列措施来推动农林第一线科技队伍建设。1984 年的中央一号文件还特别强调农村领导人才和专业技术人才队伍的建设："我们既需要合格的领导者，又需要大量的具有新素质的生产者和经营者。要从今年开始在全国有计划地普训人才。要政治政策教育、科

---

[1] 中共中央党史研究室等. 中国新时期农村的变革·中央卷（上）[M]. 北京: 中共党史出版社，1998：65–66.
[2] 中共中央党史研究室等. 中国新时期农村的变革·中央卷（上）[M]. 北京: 中共党史出版社，1998：255–259.

学技术教育、经营管理教育并进，争取在三五年内把基层主要干部轮训一遍，把基层的各类技术人员轮训一遍，同时，轮训一部分农村知识青年、专业户成员和劳动能手，并选送其中的优秀者经过考试到大、中专学校，实行定向培养。要以县为单位做出训练规划，建立训练中心，兴办各类专业学校和训练班。要注意发现、大胆提拔优秀人才充实基层领导。"[1]1985 年的中央一号文件以"鼓励技术转移和人才流动"为主题以推动城市与乡村、东部与西部、学校与社会等教育、科学技术的交流和发展。[2]1987 年 10 月，国务院《关于加强贫困地区经济开发工作的通知》非常重视智力开发，指出："贫困地区经济开发归根到底是人的智力开发。从长远看，发展基础教育是提高贫困地区劳动者素质的重要出路。"具体提出要大量启用农村乡土人才；稳定本地人才，吸引外地人才；以在乡知识青年为重点，认真办好农村职业技术教育和成人教育，有计划地开展对农民的专业技术培训；轮训干部，提高各级干部对经济开发的领导水平等措施。[3]

（2）以实现农业机械化为目标，广泛应用科学技术，提高农业生产率，推动农业和农村经济社会的发展。1979 年 9 月，中国共产党十一届四中全会通过的《中共中央关于加快农业发展若干问题的决定》强调："实现农业现代化，要积极地有计划地开展农业机械化的工作。"并从多方面说明："农业机械化必须服从生产的需要，从实际情况出发。"其本质就是科学技术在农业生产和农村经济社会发展上的应用和推广。如根据资源条件努力兴办农村小水电站、小火电站；大力推广沼气；积极利用风力和太阳能；逐步发展喷灌，实现农业水利化；加快发展农用化工产品，等等。[4]1987 年 7 月，国务院批转《农牧渔业部、国家机械委、水电部、林业部 < 关于当前农业机械化问题报告 > 的通知》指出："为增强农业后劲，加强农业的物质技术基础，保障农业生产持续稳定增长，必须采取生物措施与工程措施相结合，进一步发展农业机械化。"报告提出了九个方面的措施：分类指导，重点突破；扶持和加强农机工业；

---

[1] 中共中央党史研究室等 . 中国新时期农村的变革·中央卷（上）[M]. 北京：中共党史出版社，1998：291–295.
[2] 中共中央党史研究室等 . 中国新时期农村的变革·中央卷（上）[M]. 北京：中共党史出版社，1998：365–366.
[3] 中共中央党史研究室等 . 中国新时期农村的变革·中央卷（上）[M]. 北京：中共党史出版社，1998：504–505.
[4] 中共中央党史研究室等 . 中国新时期农村的变革·中央卷（上）[M]. 北京：中共党史出版社，1998：66.

机电排灌设施应当结合农田水利工程的建设和修复，更新设备，进行技术改造，提高排灌能力；大力发展林业机械，抓好造林、育林、种子采集加工、森林保护、木材生产和加工机械的研制和推广；推广农机化新技术；管好用好农业机械，改善技术状态；增强农村农机化技术力量；加强县级农机化服务组织建设，做好农机化服务网络的统筹规划和社会化服务的组织协调工作；加强对农业机械化的领导等。[1]

（3）重视科学技术教育与投入，以保持农业持续发展的后劲。1986 年的中央一号文件[2] 指出："科学技术必须为农村经济服务，发展农村经济必须依靠科学技术，这应当作为一条重要方针而突出起来。"在此基础上提出要加强科学技术教育与投入。1992 年 2 月，国务院《关于积极实行农科教结合推动农村经济发展的通知》[3] 从几个方面说明了农科教结合是实现农业现代化的重要途径，要加强政府统筹，加大投入，提高农民科学文化素质，树立现代农业的领导观念。

（4）把教育放在突出位置，为农村社会现代化奠定扎实的基础。1983 年的中央一号文件特别提出"必须抓紧改革农村教育"。[4] 为此，1983 年 5 月，中共中央、国务院《关于加强和改革农村学校教育若干问题的通知》[5] 就农村教育改革的必要性、方向、重点、具体措施以及意义进行了安排。正如文件所说："提高劳动者政治、文化素质，造就农村需要的各种人才，是农村社会主义建设的一个重要方面。"1984 年 9 月，中共中央、国务院《关于帮助贫困地区尽快改变面貌的通知》提出："要重视贫困地区的教育，增加智力投资。有计划地发展和普及初等教育，重点发展农业职业教育，加速培养适应山区开发的各种人才。"[6]1991 年 11 月，中共中央《关于进一步加强农业和农村工作的决定》[7] 明确提出要"抓紧实施科技、教育兴农的发展战略"。

应该说正是在这种重视科学技术、教育政策基础上，农村文化政策开始

[1] 中共中央党史研究室等.中国新时期农村的变革·中央卷（上）[M].北京: 中共党史出版社, 1998：483–487.
[2] 中共中央党史研究室等.中国新时期农村的变革·中央卷（上）[M].北京: 中共党史出版社, 1998：401–402.
[3] 中共中央党史研究室等.中国新时期农村的变革·中央卷（中）[M].北京: 中共党史出版社, 1998：752–759.
[4] 中共中央党史研究室等.中国新时期农村的变革·中央卷（上）[M].北京: 中共党史出版社, 1998：229.
[5] 中共中央党史研究室等.中国新时期农村的变革·中央卷（上）[M].北京: 中共党史出版社, 1998：268–273.
[6] 中共中央党史研究室等.中国新时期农村的变革·中央卷（上）[M].北京: 中共党史出版社, 1998：356.
[7] 中共中央党史研究室等.中国新时期农村的变革·中央卷（中）[M].北京: 中共党史出版社, 1998：727–728.

由重思想政治理念向重文化建设行动转变。1996 年底，文化、科技、卫生"三下乡"活动在全社会关注下展开，成为农村文化政策转向的重要标志。

（二）1997年至今为改革开放以来中国农村文化政策发展的第二个阶段，该时期的农村政策由重思想政治转向思想政治与文化建设并重

这个阶段的农村文化政策在强调社会主义价值观占领农村阵地的基础上，开始更加注重农村文化建设。以"三下乡"活动为牵引，农村文化建设有了一定的发展。

1．1998年10月，《中共中央关于农业和农村工作若干重大问题的决定》[1]提出了农村文化政策总纲，规定了农村文化建设的根本任务和主要措施。

（1）农村文化政策的总方针和总要求。文件指出："在文化上，坚持全面推进农村社会主义精神文明建设，培养有理想、有道德、有文化、有纪律的新型农民。加强思想道德教育，倡导健康文明的社会风尚；发展教育事业，普及九年制义务教育，扫除青壮年文盲，普及科学技术知识；发展农村卫生、体育事业，使农民享有初级卫生保健；建设农村文化设施，丰富农民的精神文化生活。"农村文化建设应坚持和贯彻"物质文明建设和精神文明建设两手抓"这一基本方针，以推动中国农村社会现代化的发展。

（2）农村文化建设的根本任务以及采取的主要政策措施。农村精神文明建设的根本任务"是全面提高农民的思想道德素质和科学文化素质，为农村经济社会发展提供强大的精神动力、智力支持和思想保证"。为了实现这一任务必须从以下几个方面展开："要坚持以邓小平理论为指导，紧紧围绕发展经济、建设小康的目标，同农村经济工作、基层民主政治建设和社会治安综合治理相结合，以创建'文明户''文明村镇'为主要形式，依靠群众，立足基层，狠抓落实，讲求实效"；"对农民进行爱国主义、集体主义和社会主义教育，

---

[1] 中共中央党史研究室等.中国新时期农村的变革·中央卷（上）[M].北京: 中共党史出版社，1998：5-17.

进行党的基本路线和方针政策教育，进行社会公德、职业道德、家庭美德教育"；"开展国防教育，做好民兵、预备役和拥军优属工作"；"引导农民移风易俗，革除陋习。反对封建迷信活动，禁止'黄、赌、毒'。全面贯彻党的宗教政策，依法打击邪教和利用宗教进行的非法活动"；"加强农村文化设施建设，扩大广播、电视覆盖面，组织好文化、科技、卫生'三下乡'，鼓励和支持农民业余文化体育活动"；"控制人口数量，提高人口质量，把计划生育工作与发展农村经济，帮助农民脱贫致富，建设文明幸福家庭结合起来"；"完善农村医疗卫生设施，稳步发展合作医疗，提高农民健康水平"，等等。

（3）农村文化建设过程中的教育发展政策。文件指出："发展农村教育事业是落实科教兴农方针、提高农村人口素质的关键。""必须从农村长远发展和我国现代化建设全局的高度，充分认识发展农村教育的重要性和紧迫性。积极推进农村教育综合改革，统筹安排基础教育、职业教育和成人教育，进一步完善农村教育体系。"具体有：抓紧实施农村尤其是少数民族地区和贫困地区的义务教育，切实解决适龄儿童尤其是女童的辍学问题；积极发展多层次、多形式的职业教育，办好农业高等中等专业学校，大力发展卫星广播电视教育，为农村培养大批专业技术人才；要十分重视农村成人教育，加大扫盲工作力度，实行多渠道办学；增加农村教育投入，动员社会力量支持教育事业，等等。

（4）依靠科技进步，优化农业和农村经济结构，推动农村社会现代化发展。文件强调："我国是农业大国，要把农业科技作为整个科技工作的一个重点，努力赶上世界先进水平。"具体方面有：推进农业科技革命，要在广泛运用农业机械、化肥、农膜等工业技术成果的基础上，依靠生物工程、信息技术等高新技术，使我国农业科技和生产力实现质的飞跃，逐步建立起农业科技创新体系；要面向农业，面向农村，面向农民，通过试验示范，大力推广先进实用技术，突出抓好"种子工程"和旱作节水农业技术，不断提高科技对农业增长的贡献率；加强县乡村农业技术推广体系建设，扶持农村专业技术协会等民办专业服务组织；鼓励科研、教学单位开发推广农业技术，发展高技术农业企业，等等。

2. "三下乡"活动十多年来，由行动逐渐形成机制，成为农村文化政策的一个重要安排，它与专门性农村文化建设政策文件出台和实施一起构成了这个阶段农村文化政策的基本内容，反映了当代中国农村文化政策开始以重在建设为其政策取向。

（1）"三下乡"活动全方位、广泛地和持续地开展和"三下乡"活动的常态化、政策化和制度化趋向。

"三下乡"活动起源于 1995 年 10 月，中宣部、文化部、农业部等 8 个部委联合发起的"文化下乡"。1996 年 10 月，中国共产党十四届六中全会通过的《中共中央关于加强社会主义精神文明建设若干重要问题的决议》指出："要以提高农民素质、奔小康和建设社会主义新农村为目标，开展创建文明村镇活动……继续做好文化科技下乡、扶贫工作。"[1]1996 年 12 月，中宣部、文化部、农业部、卫生部等 10 个部门联合下发《关于开展文化科技卫生"三下乡"活动的通知》[2]，把文化下乡进一步引向深入，组织开展了文化科技卫生"三下乡"活动。在此之后的每一年，都会出台相关的文件，以推动"三下乡"活动。2006 年 12 月，中宣部、教育部、农业部、文化部、卫生部、共青团中央等 14 个部门联合下发的《关于 2007 年开展文化科技卫生"三下乡"活动的通知》[3]指出："构建社会主义和谐社会，建设社会主义新农村，是党中央从全面建设小康社会全局出发提出的重大战略任务，体现了广大人民群众的共同愿望。实现这一目标，需要工业反哺农业、城市支持农村，实现城乡统筹发展；需要提高广大农民思想道德和科学文化素质，加快农村经济发展；需要提高农村公共服务能力，推动农村社会进步；需要积极培育和谐文化，促进农村社会和谐。各地各部门要认真总结开展'三下乡'活动的经验，坚持以邓小平理论和'三个代表'重要思想为指导，全面贯彻落实科学发展观和构建社会主义和谐社会的重大战略思想，紧密结合社会主义新农村建设的实际，贴近实际、

---

[1] 中共中央文献研究室.十四大以来重要文献选编（上）[M]. 北京：人民出版社，1999：2062-2063.
[2]《中央宣传部、国家科委、农业部、文化部、广播影视部、卫生部、国家计生委、新闻出版署、共青团中央、中国科协关于开展文化、科技、卫生"三下乡"活动的通知》（中宣发 [1996]16 号）.
[3]《中央宣传部、中央文明办、教育部、科技部、司法部、农业部、文化部、卫生部、国家人口计生委、国家广电总局、新闻出版总署、共青团中央、全国妇联、中国科协关于 2007 年开展文化科技卫生"三下乡"活动的通知》（中宣发 [2006]40 号）.

贴近生活、贴近群众，把促进农民增加收入、提高农民整体素质、丰富农民文化生活、培育农村文明新风作为重要着力点，求真务实、扎实进取，不断提高'三下乡'工作的水平。"

进入新的发展时期，党和政府更加重视在农村的精神文明建设，对开展"三下乡"活动提出了新的要求与目标。2015 年 1 月，中央宣传部、中央文明办等 12 个部门联合下发通知，要求 2015 年深入开展文化科技卫生"三下乡"活动，推动农村精神文明建设，促进农村经济社会持续健康发展。通知指出，开展"三下乡"活动，要以邓小平理论、"三个代表"重要思想、科学发展观为指导，贯彻落实党的十八大和十八届三中、四中全会精神，贯彻落实习近平总书记系列重要讲话精神，紧紧抓住培育和践行社会主义核心价值观的根本任务，围绕推动城乡发展一体化、提升农村文化科技卫生公共服务水平，着力丰富农村精神文化生活，着力提升农民群众综合素质。通知强调，各地各有关部门要把开展"三下乡"活动作为培育和弘扬社会主义核心价值观的有力抓手，作为践行党的群众路线、切实改进作风的具体举措，加强组织领导，加大投入力度。要加大对少数民族地区、革命老区、边疆地区、贫困地区和中西部地区的支持力度，重点解决农民群众反映强烈的突出问题。要创新工作内容和形式，面向群众需求，采取灵活多样、便民利民的活动形式。

在这十多年间，最为重要的变化可以说是，"三下乡"活动逐渐形成了一种机制，一种工业反哺农业、城市支援农村的机制。"三下乡"活动常态化、政策化、制度化，逐渐成为农村文化建设的一个重要力量和主要形式。

（2）专门性的农村文化建设政策出台，逐渐引导农村构建自己的文化体系，加强农村文化建设成为农村文化政策的主要取向。

1998 年 11 月，文化部通过《关于进一步加强农村文化建设的意见》[1]，这是第一个比较系统的针对农村文化建设的专门性文件。2001 年 1 月，文化部下发《关于贯彻落实"三个代表"重要思想进一步加强农村文化工作的通知》；2002 年 1 月，国务院办公厅转发文化部、国家计委、财政部颁发的《关于进一步加强基层文化建设的指导意见》；2002 年 4 月，共青团中央、文化部颁发《关

---

[1]《文化部印发关于进一步加强农村文化建设的意见的通知》（文社图发 [1998]80 号）.

于切实加强农村青年文化建设的意见》；2002 年 4 月，文化部、财政部下发《关于实施全国文化信息资源共享工程的通知》；2002 年 4 月，文化部、教育部下发《关于做好基层文化教育资源共享工作的通知》；2002 年 4 月，文化部下发《关于进一步活跃基层群众文化生活的通知》；2002 年 7 月，建设部、文化部下发《关于进一步做好基层公共文化设施规划和建设工作的通知》；2004 年 10 月，全国妇联、文化部下发《关于加强农村家庭文化建设的通知》；2005 年 1 月，教育部、文化部下发《关于在农村中小学实施全国文化信息资源共享工程的通知》等，均从各方面提出要进一步加强农村文化建设。2005 年 11 月，中共中央办公厅、国务院办公厅《关于进一步加强农村文化建设的意见》[1] 等文件是农村文化政策重在建设更具权威性和时效性的文件。例如，2006 年的中央一号文件 [2] 以社会主义新农村建设为主题，提出了农村文化政策新的取向。"生产发展、生活宽裕、乡风文明、村容整洁、管理民主"二十字的要求，明确包含了协调推进农村文化建设的内容。在文件第五部分"加快发展农村社会事业，培养推进社会主义新农村建设的新型农民"涉及加快发展农村义务教育，大规模开展农村劳动力技能培训，积极发展农村卫生事业，繁荣农村文化事业，逐步建立农村社会保障制度，倡导健康文明新风尚等内容。在繁荣农村文化事业方面，特别强调农村文化建设。文件提出："各级财政要增加对农村文化发展的投入，加强县文化馆、图书馆和乡镇文化站、村文化室等公共文化设施建设，继续实施广播电视'村村通'和农村电影放映工程，发展文化信息资源共享工程农村基层服务点，构建农村公共文化服务体系。推动实施农民体育健身工程。积极开展多种形式的群众喜闻乐见、寓教于乐的文体活动，保护和发展有地方和民族特色的优秀传统文化，创新农村文化生活的载体和手段，引导文化工作者深入乡村，满足农民群众多层次、多方面的精神文化需求。扶持农村业余文化队伍，鼓励农民兴办文化产业。加强农村文化市场管理，抵制腐朽落后文化。"

[1] 中办发 [2005]27 号 . 中共中央办公厅、国务院办公厅关于进一步加强农村文化建设的意见 [J]. 中华人民共和国国务院公报，2006（2）：5-9.
[2] 中发 [2006]1 号 . 中共中央、国务院关于推进社会主义新农村建设的若干意见 [J]. 中华人民共和国国务院公报，2006（11）：4-12.

可以说，中国共产党农村文化政策开始以重在建设为政策取向，强调两个方面：一个是"三下乡"活动以外部实际输入的形式，加强和推动农村文化建设；另一个是侧重于农村内部文化建构，充分发挥农民主体作用，以现实农村生产力为基础，以农村环境条件为依托，促使农村传统文化向现代文化转型，以造就一个全新的社会主义农村文化局面。

《国家中长期科学与技术发展规划纲要》明确提出加快农业信息技术集成应用，重点开展农村远程数字化、可视化信息服务技术及设备研发的课题。新世纪以来党中央颁发指导"三农"的11个一号文件，自2006年提出"积极推进农业信息化建设，充分利用和整合涉农信息资源，强化面向农村的广播电视电信等信息服务，重点抓好农业综合信息服务平台建设"，2010年提出"加强市场动态监测和信息服务""建立稳定的农村文化投入保障机制，推进广播电视村村通、文化信息资源共享"等惠民工程建设以来，2013年又提出"加快宽带网络等农村信息基础设施建设""加快用信息化手段推进现代农业建设""推动国家农村信息化试点省建设""发展农业信息服务"等改进农村信息传播途径、出版传播途径与服务模式的话题。

因此，从改革开放以来农村文化政策演变的趋向中，我们可以知道，中国农村文化政策无论是从现实的需要还是从构建农村和谐社会、实现农村社会现代化目标来说，都需要实现真正的转向，重新进行选择，把注意力放到提高农民文化素质和形成农村文化建设制度体系上来，其政策取向应是重在建设，共享文化发展成果。

今天的新农村建设，上承中国社会20世纪初期兴起于特定时代要求与社会发展环境之下的乡村建设运动，当时提出的"复兴农村""建设农村"等口号及其一些立足于其现实环境的践履，以中国传统文化为本位探寻中国社会的出路，重塑新的生活方式，也就是梁漱溟所说的，走一条既不同于西方也不同于苏俄的第三条道路，尽管这在现实中遇到了诸多误解与阻力，但对中国社会的深刻影响是不可否认的。从20世纪50年代开始，借助于合作化尤其是后来的人民公社制度，党和政府开始建设"社会主义新农村"，主要是平整土地、集中居住，试图逐步实现对乡村社会的整合，为新中国的工业化提供了原始资本积累。20世纪80年代中期以后，农民负担重、农民增收难等一系列问题困扰中国农村的发展，到90年代末期出现了"农村真穷，农民真苦，农业真危险"的呼声，如何建设与发展好中国农村的问题再次引起举国上下的重视，中国现代化的发展进入"工业反哺农业、城市支持乡村"的新阶段。[1]可以看出，在中国社会发展中，不论是理论研究还是实践探索，各层次的人们对于农村的建设和发展都给予了足够的关注，而且从其历史的展开与延续看，其精神走向、基本方略大体一致。但是，由中国的特殊国情特别是广袤农村的地域特征与差距所决定，加上短期内难以摆脱的历史因袭，中国农村的发展相对于其他国家可以说是十分的艰难，相对于城市的发展速度和质量来看，农村面临的发展任务相当繁重。

因此，"三农"问题历来得到党和国家领导人的高度重视，无论是革命与建设时期，还是在实行改革开放、全面建设小康社会的新的历史阶段，都必须认真解决好"三农"问题。毛泽东同志曾经指出："中国的主要人口是农民，革命靠了农民的援助才取得了胜利，国家工业化又要靠农民的援助才能取得成功。"[2]邓小平同志则认为，农业是中国社会的根本，不要忘掉这一根本，他说要"从中国的实际出发，我们首先解决农村问题；中国有百分之八十的人口住在农村，中国稳定不稳定首先要看这百分之八十稳定不稳定；城市搞得再漂亮，没有农村这一稳定的基础是不行的"。[3]江泽民同志在中国社会发展的新的历史时期紧紧把握改革开放历史环境下中国"三农"问题的新特征与新要求，把对"三农"问题的认识提到了一个新的高度，始终认为农民问题是我国革命和建设的根本问题，深刻地指出，"没有农业的牢固基础，就不可能有我们国家的自立；没有农业的积累和支持，就不可能有我国工业的发展；没有农村社会的稳定和全面进步，就不可能有整个社会的稳定和全面进步；没有农民的小康，就不可能有全国人民的小康；没有农业的社会主义现代化，就不可能有中国的社会主义现代化"。[4]党的三代领导人对"三农"问题的认识，其出发

[1] 申端锋，刘国庆.社会主义新农村建设研究评述 [J].贵州师范大学学报·社会科学版，2008（1）：28-33.
[2] 毛泽东.毛泽东选集·卷5[M].北京：人民出版社，1997：65.
[3] 邓小平.邓小平文选·卷3[M].北京：人民出版社，1993：65.
[4] 中央文献研究室.江泽民论有中国特色社会主义（专题摘编）[M].北京：中央文献出版社，2002：118.

点和落脚点是一致的，都立足于我国人口多、农村人口占绝大多数这一基本国情，结合各自不同的时代特征努力探索"三农"问题的解决办法，为在不同的历史条件下中国农村的建设和发展提供了方向的指导和思维的路径。

"我国是个农业大国。农民的事情办不好，中国的事情就办不好。没有农业的现代化就没有整个国家的现代化，全面建设小康社会也是一句空话。我国农村人口众多，农村群众的素质关系整个民族的素质，没有农村群众科学文化素质的提高，明显提高全民族文明素质的目标就难以实现"。[1] 自改革开放以来，党中央先后发布了关于农村卫生、农村教育和农村文化建设的 10 个中央一号文件，始终看到了"三农"问题在中国社会发展中的战略地位与历史意义，一直强调要推进农村社会事业发展。以胡锦涛为总书记的党中央，对"三农"问题给予了足够的关注，不论是科学发展观、全面小康的奋斗目标，还是建设社会主义新农村的重大举措和"五个统筹"的发展导向，都为"三农"问题倾注了深深的情感，为农村发展和农民生活提供了强有力的保障。从 2003 年明确提出国家新增的教育、卫生、文化等事业经费主要用于农村的要求，到 2005 年 10 月党的十六届五中全会做出"建设社会主义新农村"的决定，其"生产发展、生活宽裕、乡风文明、村容整洁、管理民主"的建设方针高度概括了社会主义新农村建设的实质，凝练了社会主义新农村的基本走势，各级政府以此为政策导向进行了积极实践，有效探索社会主义新农村建设的发展方式，为解决"三农"问题提供了现实的模本。2006 年中央一号文件，温家宝总理对于建设社会主义新农村作了具体的部署。2007 年中央一号文件提出了培养造就"有文化、懂技术、会经营"的新型农民的任务，要求大规模开展农村劳动力技能培训，提高农民整体素质。2007 年 12 月 31 日《中共中央、国务院关于切实加强农业基础建设进一步促进农业发展农民增收的若干意见》提出了 2008 年和今后一个时期农业和农村工作的总体要求，进一步明确了建设社会主义新农村的具体目标与路径。2008 年 10 月 9 日召开的十七届三中全会，进一步研究推进农村改革发展问题，标志着中国农村改革面临新的突破。

---

[1] 李东生. 做好出版战线文化惠民工程 [J]. 中国出版，2008（1）：11-12.

自十一届三中全会打开中国改革开放的大门，掀起了一股强大的农村体制改革浪潮，30 年后的今天，十七届三中全会的主题再次回到农村，在历史和现实的交汇点上，给人留下了深刻的思考空间。2013 年 11 月 9 日召开的十八届三中全会提出，城乡二元结构是制约城乡发展一体化的主要障碍，必须健全体制机制，形成以工促农、以城带乡、工农互惠、城乡一体的新型工业城乡关系，让广大农民平等参与现代化进程，共同分享现代化成果，进一步推进中国农村改革和发展。

党的十八大以来，习近平总书记就做好"三农"工作发表了一系列重要讲话。习近平同志深刻指出，抓农业农村工作要以深化农村改革为动力，大力推进农业生产现代化、农业经营体系现代化、农村建设管理现代化。要培养有文化、懂技术、会经营的新型农民。要继续选派大学生"村官"，深入开展支农、支教等志愿服务，鼓励社会资本投入农村，认真组织科技文化卫生"三下乡"等活动，形成合力推动农村发展的好局面。2012 年 12 月 31 日，《中共中央、国务院关于加快发展现代农业　进一步增强农村发展活力的若干意见》指出，要全面贯彻落实党的十八大精神，坚定不移沿着中国特色社会主义道路前进，为全面建成小康社会而奋斗，必须固本强基，始终把解决好农业农村农民问题作为全党工作重中之重，把城乡发展一体化作为解决"三农"问题的根本途径；必须统筹协调，促进工业化、信息化、城镇化、农业现代化同步发展，着力强化现代农业基础支撑，深入推进社会主义新农村建设。其中，对于改进农村公共服务机制，推进农村精神文明建设提出了新的要求：大力发展农村社会事业；完善农村中小学校舍建设改造长效机制；办好村小学和教学点，改善办学条件，配强师资力量，方便农村学生就近上学；设立专项资金，对在连片特困地区乡、村学校和教学点工作的教师给予生活补助；深入实施农村重点文化惠民工程，建立农村文化投入保障机制。[1]2013 年 12 月 23 日，习近平总书记在中央农村工作会议上发表重要讲话，对于农村工作提出了建设性意见与指导。总书记在讲话中强调，"农村经济社会发展，说到底，关键在人。没有人，没有劳动力，粮食安全谈不上，现代农业谈不上，新农村建

[1] 中共中央文献研究室.十八大以来重要文献选编（上）[M].北京:中央文献出版社,2014:93–118.

设也谈不上，还会影响传统农耕文化保护和传承。农耕文化是我国农业的宝贵财富，是中华文化的重要组成部分，不仅不能丢，而且要不断发扬光大。""提高农民，就要提高农民素质，培养造就新型农民队伍。有关部门要深入研究，抓紧制定专门规划和切实可行的具体政策，加大农业职业教育和技术培训力度，把培养青年农民纳入国家实用人才培训计划，确保农业后继有人。"[1]2014年的中央一号文件是自 2004 年以来连续第 11 年聚焦"三农"问题，是农村改革"全面深化"的开端，也是现代农业"加快推进"的起点。2014 年 3 月5 日，李克强总理在政府工作报告中回顾总结了 2013 年的政府工作并对 2014年的工作做了总体部署，把促进农业现代化和农村改革发展;加强教育、卫生、文化等社会建设作为 2014 年的重点工作来抓。2015 年中央一号文件《关于加大改革创新力度加快农业现代化建设的若干意见》继续聚焦"三农"，显示了党中央和国务院对农村、农业和农民问题持续而高度的关注。文件对如何在经济发展新常态下实现农业农村的新发展，给出了明确的答案。这就是，按照稳粮增收、提质增效、创新驱动的总要求，继续全面深化农村改革，全面推进农村法治建设，认真贯彻落实习近平总书记提出的"五新"要求，努力在提高粮食生产能力上挖掘新潜力，在优化农业结构上开辟新途径，在转变农业发展方式上寻求新突破，在促进农民增收上获得新成效，在建设新农村上迈出新步伐。进一步让农业强起来，让农村美起来，让农民富起来。[2]文件延续了 2014 年全面深化农村改革、推进农业现代化的思路，并进一步得到加强，指明了新常态下农村改革的重点和方向，对全面深化改革大局中的农村板块进行了全面部署，在全面建成小康进程中迈出了坚实一步。[3]2016 年 1 月 27 日，《中共中央、国务院关于落实发展新理念　加快农业现代化　实现全面小康目标的若干意见》发布，这是进入新世纪以来，党中央连续发出的第 13 个指导"三农"工作的"一号文件"。文件围绕加快农业现代化建设，实现全面小康目标，特别是如何以发展新理念引领农业农村新发展，提出了一系列新观点、新政策、新举措。文件提出要进一步深化农村精神文明建设:"深入开展中国特色社会

[1] 中共中央文献研究室 . 十八大以来重要文献选编（上）[M]. 北京: 中央文献出版社，2014 : 658–686.
[2] 中央政府门户网站 www.gov.cn.2015–02–01.
[3] 中共中央文献研究室 . 十八大以来重要文献选编（中）[M]. 北京: 中央文献出版社，2016 : 273–290.

主义和中国梦宣传教育，加强农村思想道德建设，大力培育和弘扬社会主义核心价值观，增强农民的国家意识、法治意识、社会责任意识，加强诚信教育，倡导契约精神、科学精神，提高农民文明素质和农村社会文明程度。深入开展文明村镇、'星级文明户''五好文明家庭'创建，培育文明乡风、优良家风、新乡贤文化。广泛宣传优秀基层干部、道德模范、身边好人等先进事迹。弘扬优秀传统文化，抓好移风易俗，树立健康文明新风尚"。[1] 这些都对做好"三农"工作具有十分重要的指导意义。

二、农村文化建设："三农"问题的无形纽结

不断提高广大人民群众的物质文化生活水平，是我党的执政目的。随着改革开放的深入和党的执政能力的提高，我国民众的物质生活水平已有很大的改善，正在向全面小康迈进，但在社会经济结构转型的特定时期，随着有形的物质财富的增长和物质消费水平的提高，如何进一步改进和提高人民群众无形而又更关其长远发展的文化生活，不断满足其日益增长的精神文化需求，既逐步解决其绝对的文化贫困，又能消除其相对的文化贫困[2]，是社会进步和经济繁荣发展中面临的一大新的课题。尤为突出的是，中国城乡经济二元结构特点的现实存在，城乡差别特别是文化、信息鸿沟的难于消解，人口素质与整体教育水平的巨大差距，各级政府对经济发展指标的单一追求等，使农村文化发展难于走出现实困境。我国农村的文化发展滞后于经济发展，封建落后文化、宗族帮派势力、不良陋习抬头，文化交流融合缓慢，不少农

[1] 人民日报.2016 年 01 月 28 日 10 版.
[2] 王亚飞.城乡统筹中的农村文化贫困问题与对策研究 [J].农业经济, 2008（4）: 75–76.

民法律意识淡薄，处理问题和辨别是非的能力有限，价值取向趋于多元化，茶余饭后的文化娱乐活动单调，凝聚力和向心力不够等，导致农村文化具有明显的封闭性，缺乏文化活力、可持续发展的动力和对先进文化的吸纳能力，又反过来在很大程度上制约农村经济的发展。正因为种种发展障碍和制约因素造成了农民这一特殊的社会群体在思想道德素质、文化知识水平、价值观念、风俗习惯、思维方式和行为方式上落后于社会物质生产方式，就必然会影响其物质生活资料的获取和精神生活需求的满足，影响其生存状态。加之我国"以城市和消费主义为中心的文化发展模式，导致农民了解到的并不是他们自己的生活，而是另一个对他们充满诱惑和刺激的社会，增加了他们心理上的不平衡"。[1] 而文化贫困从本质上说"是一种落后的稳定的生活方式与行为方式""穷人基本不能依靠自己的力量去利用机会摆脱贫困之命运，因为他们早已内化了那些与大社会格格不入的一整套价值观念"，并且"文化贫困一旦形成，便会对周围的人特别是后代发生影响"[2]，因而，在新的社会环境下，农村先进文化建设成为解决"三农"问题的无形纽带，集中反映出中国农村的发展状态和社会的整体和谐度，是社会长远发展的内在需求，也是农村物质文明、政治文明和精神文明协调发展的重要保证。

农村文化建设，从根本上说就是人的建设、人的发展，是提高乡村居民素质的建设，培养和造就新型农民。而农民思想道德素质不高，文化科技素质差，一些政府部门和干部的认识不足，成为培养新型农民中存在的主要问题。[3] 因此，建设社会主义新农村，就必须缩短差距，充分发挥广大农民群众的主体地位与本位作用；就必须实现由传统农民向新型农民的转变，切实提高农民自身的科技技能、文化知识水平和道德水准。只有这样，才能促进传统农业向现代农业转变，将人口压力转变为人口资源优势，推进农村工业化、城镇化进程。而"农村文化建设具有凝聚、整合、同化、规范农民的行为和心理的功能，担负着教育农民，提高农民素质，激发农民在经济活动中的积

[1] 郑风田，刘璐琳. 新农村建设中的农村文化：现状、问题与对策 [J]. 中南民族大学学报·人文社会科学版，2008（1）：112-115.
[2] 王亚飞. 城乡统筹中的农村文化贫困问题与对策研究 [J]. 农业经济，2008（4）：75-76.
[3] 陈冬生. 新农村视角下的新型农民培养问题探析 [J]. 长白学刊，2008（2）：108-110.

极性、主动性和创造性，推动农村经济发展的重任"[1]，农村文化发展了，农民的积极性与创造力激活了，经济发展带动了，各种因素就进入良性发展程序。可见，加强农村先进文化建设，成为解决"三农"问题的重要抓手、带动农民脱贫致富的软动力、统筹城乡发展的助推器与活性因子。为此，党和国家采取了一系列措施，加强农村文化建设，推动农村文化发展，满足农村居民不断增长的精神文化需求，充分发挥其在推动农村经济和社会发展中的"思想保障功能""智力支持功能"和"资源功能"。[2] 以胡锦涛为总书记的党中央立足民生，坚持以人为本，实行科学发展观，提出了构建社会主义和谐社会和建设社会主义新农村的伟大方略，把农村文化建设和农民的文化权益等问题提到了新的时代高度。2005 年 11 月 7 日，中共中央办公厅和国务院办公厅联合下发了《关于进一步加强农村文化建设的意见》，在 2006 年制定的《国家"十一五"时期文化发展纲要》中特别强调加强农村文化建设的重要性，提出了"增加政府投入，调整资源配置，着力推进农村文化建设重点工程，加大文化资源向农村的倾斜，建立农村文化建设的长效机制"的目标与要求，政府的重视为农村文化建设提供了政策性支持与推动，为农村经济社会的发展注入了新的活力，是建设与发展农村文化的可靠保障。

　　党的十八大以来，以习近平同志为核心的党中央始终高举中国特色社会主义伟大旗帜，从"深化改革""推进创新"的角度积极探索社会主义新农村建设的新理念、新途径，将对"三农"问题的关注与解决推向了新的历史高度与发展起点。2016 年 3 月出版的《中华人民共和国国民经济和社会发展第十三个五年规划纲要》中再次强调了农村文化建设的重要性，提出了"加快建设美丽宜居乡村"的任务。"加强农村文化建设，深入开展'星级文明户''五好文明家庭'等创建活动，培育文明乡风、优良家风、新乡贤文化"。将公共文化设施建设纳入重点文化工程，特别提出要"提高村级综合文化中心功能和使用效率""贫困地区县县配有流动文化车""实施少数民族新闻出版东风工程、少数民族电影工程""统筹建设数字农家书屋"等[3] 具体的有力举措，

[1] 邱丽莉. 农村文化发展存在的问题与措施 [J]. 山东农业管理干部学院学报，2008（2）：43-45.
[2] 黄向阳. 文化建设——推动农村经济发展的新动力 [J]. 特区经济，2008（4）：16-18.
[3] 中华人民共和国国民经济和社会发展第十三个五年计划 [M]. 北京：人民出版社，2016：87，172-173.

为农村先进文化建设提供了强有力的政策保障与切实可行的发展方略，具有重要的历史与现实意义。2016 年 4 月，习近平总书记在安徽调研，在凤阳小岗村主持召开农村改革座谈会并发表重要讲话。他强调，中国要强农业必须强，中国要美农村必须美，中国要富农民必须富。要坚持把解决好"三农"问题作为全党工作重中之重，加大推进新形势下农村改革力度，加强城乡统筹，全面落实强农惠农富农政策，促进农业基础稳固、农村和谐稳定、农民安居乐业。建设社会主义新农村，要规划先行，遵循乡村自身发展规律，补农村短板，扬农村长处，注意乡土味道，保留乡村风貌，留住田园乡愁，等等，均表明党中央进一步加大强农惠农富农政策力度，推进农村改革发展稳定的决心，对进一步大力推进农村先进文化建设，开创"三农"工作新局面具有重要的指导意义。

三、出版传播：面向时代的文化担当

农村先进文化的建设和发展是一个涉及诸多因素的系统，与农村传媒及其市场的建设和发展密切相关。可以说，农村传媒市场对农民的精神文化生活的影响极为广泛与普遍，是农村先进文化建设的重要表征，也是带动农村先进文化建设的不竭动力。然而不论是政府对农村传媒市场的投入与建设，还是理论界对农村传媒市场的关注与研究，均以农村广播、电视为重点，相对忽视了农村图书、期刊等纸质媒体。其实以农村图书的策划、出版、营销为关注点的出版传播，是农村传媒市场系统的重要部分，同样能反映农村传媒市场的生成活力与基本状态，甚至更能说明农村先进文化建设的现实困境与未来走势。

　　文化的价值取向，在一定程度上影响和决定着社会发展的方向。先进文化的建设与社会生产力的发展构成了社会进步的根本动力和根本标志。在农村先进文化建设中，一方面，出版传播特别是出版物市场建设是一个关节点，无疑起着重要的作用，必须面向时代，担当重任；另一方面，农村发展的现实也对出版传播如何更好地服务于农村先进文化建设提出了新的要求，"不论是培养农民良好的思想道德素质、科学文化素质，还是丰富农村的精神文化生活、营造良好的文化环境、满足农民休闲娱乐的需要，出版业都应该为广大农民提供具有乡土气息、贴近生活、针对实际、通俗易懂、雅俗共赏的精神食粮，为农村的繁荣富强做出自己应有的贡献"。[1]特别是"当代中国农村和农民的生活和命运都更多地与市场、与现代民族国家，甚至间接地与全球化相联系了"。[2]在中国这样的农业大国、农民大国，改革开放带来的劳动力流动、物流与信息互动等新的变化，使农村和农民更多、更深地与国家、民族的利益和发展联系在一起。而阅读对于国民素质的提高和社会的发展具有独到的功能。农村出版传播者作为文化的使者，必须心系农民，怀抱农村先进文化建设的使命意识与推进新农村建设的大局意识、责任意识，充分实现和发挥出版传播的功能。

　　在农村传媒市场，出版传播的潜力没有得到有效的开发，电视成了大多数人接触的主要媒体。在文化消费主义时代和追求娱乐时尚的文化氛围中，电视作为大众化的传播工具，日益融入文化消费的浪潮，内容缺乏深度与科技含量，至少它对科技知识的传播难于与一般娱乐、消遣的资讯一样，获得受众的充分注意，对国民教育和国民素质并无深层引导功能。时下农村传媒市场结构失衡，城乡文化资源开发畸重畸轻，尽管近年来党和政府对"三农"图书在政策、资金等各方面给予了支持，农家书屋投入了大量资金，书香社会的氛围正在逐渐形成，但从整体上讲，出版传播没有引起足够的重视。要特别予以强调的是，农民文化素质的提高、科技知识的获取，仅靠广播、电视是不够的。这些传播媒介虽然有不可替代的优势，但广播注重"听"，电视在于"看"，是闪动的、短时的，难于在大脑中留下长久的印象和更多思考、

[1] 王鹏涛. 试论出版业如何为社会主义新农村建设服务 [J]. 出版科学，2008（1）：41–44.
[2] 苏力. 新乡土中国·序言 [M]. 桂林：广西师范大学出版社，2003：6.

想象的空间，一些重要内容和关键技术，农民无法现场记住和摘抄，无法留下深刻的印象，因而代替不了纸质出版物的作用。而且，在农村文化基础设施建设中，县级图书馆、文化馆，乡镇文化站和文化馆及村文化室，作为农村基层重要的文化网络和文化活动阵地，是农村文化建设的重点和难点，必须依托出版物作为其载体和中介。阅读是一种思维的沉淀，是一种心态的培植，是一种人格的养育，对于精神境界的提升，对于价值观念的定性，对于美好情感的固化等，都具有独特的作用。因而在农村先进文化建设中，出版传播起着十分重要的作用。

出版作为农村文化建设的重要信息通道，是传播先进文化的恒定平台。在建设社会主义新农村的历史征程中，信息成为重要的战略资源和宝贵的社会财富，成为社会发展的主导因素，特别是信息社会形成了社会发展的独特的信息逻辑。"在社会信息化发展的条件下，财富的创造力和占有量主要取决于社会成员的知识贮备程度和社会成员开发利用信息的能力大小，它在一定程度上决定着社会成员在社会信息化发展条件下的最终社会经济地位。信息分化的加剧会使社会成员的社会经济地位差距迅速增大，从而也就可能导致社会结构的失衡。"[1]这就说明信息的传播与获取直接影响社会的发展与社会成员的地位，而阅读是获取信息的重要途径，对个人和社会具有不可替代的作用，一定时期的阅读水平在很大程度上代表了社会的文化发展状态和精神生活走向。尤其是在受教育程度参差不齐、信息条件有限的农村，不管是现实中发展经济、致富奔小康，还是农村未来新型劳动力的成长，优化其出版信息及其传播途径，提高农民的整体阅读水平，克服城乡信息分化，都显得十分重要。

出版传播对于宣传科学理论、塑造美好心灵，对于全党全社会树立共同理想和精神支柱起着十分重要的作用，必须真正贴近群众，贴近农民的生活，贴近社会实际，加强对农村社会政治经济文化领域新情况、新问题、新变化、新特点的思考和研究，更好地把握农村社会发展的脉搏，回应现实挑战，引领农村社会潮流；必须不断探索和把握农村出版传播的规律和特点，坚持把社会效益放在首位并做到两个效益的统一，以精品力作对广大农村读者的心

[1] 谢俊贵. 信息的富有与贫乏：当代中国信息分化问题研究 [M]. 上海：三联书店，2004：105.

理需求在适应、满足的基础上，达到引导其情感价值走向，提升其精神境界，从而推动农业与农村社会发展的目的。

在当下建设社会主义新农村的时代背景和文化消费多元化的社会语境下，发挥出版传播对于农村先进文化建设的作用，除了要摆正经济效益与社会效益的关系，坚持以社会效益为主，多出精品力作外，还必须处理好两个关系：

一是普及与提高的关系。中国农村经济上还不发达，农民受教育的程度不平衡也不高，整体科学文化水平还比较低，文化与教育良性循环的环境氛围难于形成。据有关调查显示，掌握了现代农业技术和具有一技之长的农民只有10%，大部分人还固守着传统的农业生产方式，因此提高农民读者的科学文化素质迫在眉睫。加之农民对精神文化产品的消费有特殊的要求与接受心理，其理解力与消费力有限，出版传播的内容必须充分契合其目标消费者的特殊性，使政府行为与市场运作相对接，做到"普及"与"提高"相结合，并且强化出版传播的文化普及功能，把着眼点放在普及上，从内容到形式，从策划到发行，都把广大农民读者的基本需求放在突出位置，并注意出版信息传播的层次性，在普及中实现提高的目标。"普及"是让出版传播及其成果更多地惠及广大农村受众，是从出版传播及其影响的范围而言的，具有普遍性；"提高"是以出版传播及其成果教化和提升更多的农村受众，达到提高农民思想文化素质的目的，是从出版传播及其影响的层次而言的，具有重点针对性，两者结合，就会由点到面，以点带面，在普及中提高，从提高中普及。同时，对农村出版传播应有与时俱进的探索精神，将数字技术等新的出版手段运用于经济发达的农村[1]，创新传播形式，既紧跟时代步伐，又充分适应和满足农村受众的多样化的正常需求。

二是满足需要与提升精神的关系。农民受众的需求是多方面、多层次、多侧面的，有正当的也有不正当的，有健康的也有病态的，有积极向上的也有消极落后的，况且农民容易安于现状，市场意识有待培养，接受新事物的能力不强，出版传播应在满足农村受众正当健康、积极向上的精神需求和心理追求之后，全力用优秀的作品引导农民读者，提升农民读者，推动农村社

[1] 邵玩玩，梁春芳.建立我国农村数字出版服务系统的有效途径 [J]. 编辑之友，2008（5）：18-20.

会的进步与农民素质的提高。出版工作者应该发挥"把关人"的作用，以既适应农民文化要求又高于农民阅读现实水平的眼光来提供出版物的内容，切忌以满足一些读者寻求刺激的需要，迎合某些低级甚至庸俗的趣味，有意地"抢占"读者眼球而迷失导向，丢掉出版传播的价值尺度与责任。这些正是与农村先进文化建设相悖的。

四、如何作为：基于现实态的理想构设

提高对出版传播与农村文化建设的认识，看到出版传播在农村文化建设中的作用，同时必须立足于中国农村发展的现实，挖掘和整合广大农村的文化与出版资源，让服务于"三农"的出版回归于农村，施惠于农民，作用于农业，从而构建农村出版传播的信息网络与文化空间，形成共通的文化理想。

由于党和政府的高度重视和中国农村发展的现实要求，自新世纪特别是2003年以来，针对农村出版传播停滞和落后的局面，许多编辑出版单位将目光移向农村，抓选题，拓渠道，找市场，投入了相当多的人力和财力，取得了一定的成就，培育了农村文化市场，推动了农村文化发展，从整体上看呈现出以下6个特点：

其一，党和政府提供了政策支持和保障，为农村出版传播的畅通开辟了道路。在书号分配、农家书屋建设、销售网点布局、优秀图书推荐、出版基金设立、税收减免等方面给予了优惠政策，较好地调动了编辑出版单位的积极性，便于形成出版活力。

其二，一些出版社开始青睐农村图书市场，关注农村图书传播，取得了可喜的出版成就。金盾出版社、中国农业出版社、中国农业科技出版社、中国农业大学出版社等行动较早较快，化学工业出版社、中国化工出版社、中国林业出版社、中原农民出版社及各省、自治区、直辖市的科学技术出版社等也非常重视农村图书，出版了一批为广大农民读者喜欢的读物，从而在出版界带动了农村图书的出版传播，特别是金盾出版社在出书与营销方面形成了一种出版精神，实现了经济效益与社会效益的双赢。

其三，农村图书的选题呈逐年递增之势。既是受到政策因素的推动，又是为了满足农民阅读和农村发展的要求，申报农村图书选题的出版社增多，选题的数量增加，选题的质量提高，表明农村图书出版传播的势头与加强农村文化建设的政策走向一致。

其四，农村图书出版传播的领域得到拓展，力求贴近农民生活实际。主要是围绕农业增产、农民增收、新农村建设、文化娱乐等基本主题，同时跳出了分工过分专业化的范围，从多角度、多层次来开拓出版传播内容，比如反映农村生活的文艺作品、培养向城市转移的农村劳动力素质的图书、进城务工实用知识类图书、休闲消遣类图书等，近年来均得到了重视。湖南科学技术出版社在2006年推出了《农民工宝典》，为农民进城务工给予了创业、维权诸多方面的操作性知识，既是一份出行向导，又可作为法律咨询，还是一本求职指南，具有实用价值。

其五，出版传播形式开始多样化。在传统出版形式的基础上，还推出了小册子、口袋本、活页资料、专题书系、挂图、图说图解及书配盘等不同的形式，从多方面分层次满足农民读者的需求。同时在对内容的表现形式上做了探索，通俗易懂，质朴如话，做到尽力能为农民读者所接受。湖南科学技术出版社2006年1月出版的《建设社会主义新农村五言歌》，以群众喜闻乐见的诗歌形式予以表现，朗朗上口，易懂易记，封面与装帧喜庆大方，反映了民俗民风，通过"三下乡"活动可以做到家喻户晓，活跃和引导农村文化。

其六，坚守和拓展农村出版传播阵地。新华书店集团切实履行主渠道职责，几十年来坚守农村图书发行阵地，不断创新营销形式，巩固和发展农村发行网点，在农村出版传播中较好地发挥了骨干、示范作用。截至目前，湖南省新华书店共有县市中心门市 115 个、集镇门市 183 个、联营或代销点 100 余个，并建立了覆盖全省新华书店所有网点的连锁经营平台，进一步提高了出版物的货源组织和市场配供能力；同时一些出版单位的发行部门也逐步在农村建立发行渠道和网络，积极投入社会主义新农村的先进文化建设。

在农村出版传播取得的成就背后，更让人省思的是，农村出版传播应该如何更好地适应农村发展特别是农村先进文化建设的要求，这或许比对所取得成就的分析更具文化学、人口学与社会学的意义。据笔者的观察和了解，当下农村出版传播存在的问题或所面临的困境主要集中在 5 个方面：

其一，中国城乡长期以来形成了分立体制，尽管城乡统筹早已提出，而且在新农村建设中正不断加快步伐，但在实际发展中不可能于短期内达到平衡，信息差与知识沟客观存在，知识接受的差距难于缩短，加之农村经济发展缓慢，农民收入水平增长不快，对信息的获取与消化的能力有限，文化消费力和对出版物的现实购买力低下，甚至必要的知识和信息都缺乏，在事实上形成了农村出版传播及其市场构建的滞后局面。

其二，尽管党和政府对农村文化建设给予了很大的支持，在一定程度上突出了农村出版传播的公共文化服务特征，给予了较大的财力投入，但整体上存在资金不足的情况，稳定的农村文化投入保障体制与机制难于建立，完备的农村公共文化服务体系的形成尚需时日，而且由农民对精神文化产品的消费力（包括经济能力和阅读理解能力）所决定，农村出版的盈利模式较为单一，盈利空间难于拓展，销售渠道长而流量小，经营的回旋空间闭塞，且回款分散、拖沓。这些客观外在的制约因素无法在短期内摆脱。

其三，各出版传播机构的积极性难于充分调动起来，在资金使用、书号分配、出版规划、市场开拓、人力资源培育等各方面，缺乏可持续发展的动力和远大的目标。在劳动力市场的发育与成长过程中，农村有一定文化水平和事业追求的青壮年劳动力大量流入城市，而他们在城市远没有稳定的根基和依靠，其生存和发展在很大程度上依赖于社会经济状态，社会的动荡和经济金融的风波都会导致其重新回到故土。这是由中国农村的经济发展现状和固有的城乡差距决定的。因而在读者群的培育与读者层的把握上存在更多的不可预测因素。这是由中国农村的经济发展现状与社会特点决定的。

其四，中国农村长期以来文化教育水平处于落后状态，而且东西部的发展极不平衡，内陆和沿海的差距很大。这些都决定了广大农村受众群体的认识能力不强、消费观念滞后，决定了其阅读水平处于较低层次，诸多潜在的文化发展欲望处于抑制状态，很难从潜在的出版物消费者转化为现实的消费者，因而精神文化消费水平东高西低，农村出版媒介市场的拓展难度大。而要改善农村的教育状态，整体提高农村人口的受教育水平，并以此推动农民读者阅读水平与阅读能力的提高，并非一日之功，这在事实上为农村出版媒介市场的发育与拓展带来了难度。

其五，由农村地域广阔、人口居住不集中等因素所决定，加上处于社会转型期的中国农村劳动力以前所未有的规模向城市转移，客观上给出版传播的选题定位、内容提供、编辑策划、渠道建立、受众需求把握和长效机制建立等带来了困难，因而从现有农村出版传播及其产品来看，缺少特色与品牌，没有规模效应，难成系列，如何从不同的地域特征出发，抓住各种层次受众群体的需求，开发农村精神文化产品的生产潜力，尚需进一步努力。

正视现实，就要认真对待这些因素的影响，正确认识和努力改善农村出版传播生态环境，推进农村先进文化的建设和发展。

依乎此，分析当下农村出版传播的特点，把握其现状，直面其问题，笔者认为充分发挥出版传播在农村先进文化建设中的作用，在服务于"三农"的事业中有所作为，在整体上充分挖掘农村出版传播市场的价值，就必须在整体上对以下5个问题予以重视：在政策与资金上进一步创造良好的生态环境；强化其公共文化服务性质与功能；正确认识其实际价值与长远效益；充分利用地方优势，挖掘特有的文化与出版资源，改善出版结构；做足出版传播自身的文章。

其一，进一步在政策与资金上给农村出版传播创造良好的生态环境。中国农村文化建设由于长期以来十分薄弱，需要投入大量的资金作基础，不断加大投入；农村出版传播一直以来受到忽视，在开放的文化环境与灵活的市场机制面前，农村图书更需要法律、政策和制度的保证。"要从国家政策层面和出版社内部制度层面进行特殊的制度安排，以便调动出版社及其编辑人员的积极性，实现'三农'图书的持续稳定增长。"前者主要是"尽快落实在选题审批、书号配置、税收、三农出版基金等方面的优惠政策，并探讨更多的优惠扶持政策"。后者要在"考核、分配、奖励等制度上对出版三农图书的编辑人员实行倾斜措施，解除其后顾之忧"。[1] 同时可以吸引各种资本对农村文化产业进行投资，建立农村文化产业示范基地和出版传播网络。各级政府和部门应树立长远的目光，以科学发展观为指导，优化农村出版传播生态，从可持续发展的高度来规划和落实农村出版传播这一文化战略工程。就其市场发育与成长来看，城镇化趋势和农村乡镇企业的发展，在农村传媒市场的社会资本赞助、广告资源开发等方面提供了日渐看好的发展空间，但还处在市场的孕育期，政府的支持与引导尤为重要。

其二，强化农村出版传播的公共文化服务性质与功能。农村出版传播包括事业出版和产业出版两个部分，而事业出版的特点表现得更为突出，也更为重要。这是由中国农村的社会条件、客观现实特别是经济基础决定的，也对我国出版的分层管理、分类统筹等提出了要求。"在我国农村的扶贫工作中，经济扶贫应该只是扶贫工作的一个方面，而具有造血性质的文化扶贫才是更重要的扶贫内容。广大农民通过'三农'图书的学习、培训，掌握农业科技知识、提高自身的文化修养应该是精神扶贫的重要组成部分。"[2] 农村出版传播特别是农业实用技术、农业科技知识、医疗卫生、科学普及等，更多地要体现其公共文化服务的功能，应主要由政府来予以支持和扶植，要履行政府服务民众的权力职能，强化政府意识及其行为的引导性，与实行农村文化扶贫、建立农村文化出版基金等举措相结合，由政府"买单"建立起农村公共出版服务体系，体现农村出版传播产品的公共物品性质与公众享用性质。这也是确保农民文化消费权益，强力推进农民文化素质提高、造就新型农民的必要条件。当然这与农村出版传播市场的开发与培育是一致的，必须将其与农村出版的营销策略相结合，彼此共同推进。

关于出版的产业化转型，我们不能偏离文化产业自身的本质特征与内在要求。"文化的产业化，必然使其商业价值、经济价值、实用价值、娱乐价值

[1] 沈银书, 刘建, 徐平丽. 从农民阅读需求的提升, 看三农图书的创新 [J]. 出版发行研究, 2007（3）: 38-40.
[2] 张利洁. 对"三农"图书出版现状的思考 [J]. 中国出版, 2008（4）: 8-11.

等要素不断凸显，在这一进程中，如果不考虑文化产业的特殊性，而与其他产业相等对待，将会导致文化产业放弃思想认识、教育审美等内在功能，以追求利润最大化为唯一目标，造成没有文化理性、科学理性、审美理性的利润争夺和文化衰落，这与发展文化产业的根本目的是背道而驰的。"[1]农村出版传播及其媒介市场的发展，必须走产业化经营、市场化发展和公共文化服务、保证农民基本文化权益两者共进的路径，并且在产业化经营的道路上坚守文化自身的特质，把握出版传播与农村文化发展的内在关系，在其公共文化服务性质上突出农村出版传播的内在要求，以政府行为为主导优化农村媒介生态系统，引导编辑出版机构在农村文化建设中依据其各自的宗旨找准生态位，进行农村媒介产品的市场定位。

其三，正确认识农村出版传播的实际价值与长远效益。对于解决"三农"问题的重要性，全社会已从上到下形成共同的思想，对于加强农村文化建设也达成了共识。从农村出版传播来说，尽管这个市场为人们看好，但不少人仍有一种急功近利的观念，缺少长远目标，因而动力不够、规划不明、创新欠缺。编辑出版是对于文化的积累、选择、优化和创构，出版传播人是时代精神的张扬者，是文化传承的使者，理应勇担文化建设的历史重任。这对于农村出版传播来说无疑更为重要。在农村先进文化建设中，出版物是最具文化生长力的精神产品，对于提高农民思想道德水平，倡导科学的文化价值观，形成共同的理想信念，发扬农村新风尚等，具有诸如广播、电视等不可替代的作用，为"三农"问题的解决能从长远上提供精神动力、智力支持和思想文化保证。"政府应当以公共文化服务的理念为先，带着热情和感情来反哺农村。对出版发行单位而言，也应当明白，这并非是做义工。如果持续地培养农村读者阅读的习惯，那么必然会开发出一个内需旺盛的图书市场。"[2]农村出版传播的实际价值就在于以阅读的方式影响个人和社会的发展，但并不能在短期内呈现，也不如广播、电视那样能产生快速的受众反应和市场信息回馈，而是一个内化的过程，因而不能以单纯的市场效应来权衡，相比于其他传播

[1] 章永宏. 文化人与文化商人？——兼谈市场化进程中出版人的道德意识 [N]. 中国新闻出版报，2004–5–31.
[2] 翁昌寿. 社会主义新农村建设与"三农"图书——一种传播学的视角 [J]. 现代传播，2006（2）：50–53.

媒介来说，更应看到其长远价值。因此党和政府、各级出版部门均应以一种文化责任和使命意识来看待，甚至可以将其纳入地方政府官员的考核指标，改变单纯考之以经济指标的看法，为农村出版传播建立长效机制，提供制度保障。

其四，通过充分利用地方优势、挖掘地方特有的文化与出版资源等举措改善农村图书的出版结构。自 2003 年以来，我国农村图书的出版领域得到了拓展，图书的结构品种得到了改善，但相比农村的发展与农民的需求来说，其选题仍然较为集中，有关实用技术、农业科技方面的图书所占的比重大，而关于精神文化生活、身心健康知识、土地与森林管理、住宅建设、法律知识、文艺创作方面的选题不多或缺少精品力作。笔者以为，改善农村出版结构，应该立足于农村地域特点与生活实际，发挥地域优势。出版传播可与弘扬中华传统文化相结合，如广大农民读者喜欢的年节文化，特别是法定假期调整以后，传统的年节文化将得到进一步的重视和开发；可与乡土气息浓厚的地域文化相结合，发挥农村区域文化优势，如自然文化、历史文化、民族文化、传统手工艺、旅游文化等，而且不同的地域范围有不同的文化界域与特质，如齐鲁文化、吴越文化、湖湘文化、荆楚文化、中原文化、岭南文化等，而在这些文化区间又有可以细分的亚文化，有的与历史人物密切相关，如湖南岳阳的屈原、益阳的"三周"、邵阳的魏源、娄底的曾国藩等，都可以与农村出版传播的选题内容相结合进行开发。特别应该关注体现区域民族特点、突出民族风情的出版传播项目，打造具有地域代表性的出版产品和文化品牌；还可与农村多样的群众文化活动、地方文艺剧目，与农村教育发展及其需求，与农村广播电视节目相结合，从而在农民读者喜欢的领域有所作为，走自我发展、自我完善之路。如使之与生活实际相关的职业教育相结合，分层、分批开展职业技能培训，开办农村职业学校，培养适应当地农业发展要求的劳动力，又能够促进劳动力的流动和转移，将人口压力转变为人口资源优势，推进工业化、城镇化和农业产业化。

特别要提到的是，应该大力加强农村题材的文艺创作与出版，与农民艺术家合作，发扬民间艺术优势，包括民间文艺资源的开发，如地方戏曲、民间歌谣、民间手艺、民间工艺品等。中国是典型的农业大国，农民的命运与民族的前途密切相关，悠久的农业文明铸就了中华民族独特的生存方式，广阔的农村大地为文学提供了丰富的创作素材。出版工作者应该鼓励、支持作家从丰富多彩的农村生活中寻找题材，激发情感，塑造反映农村生活的农民形象，并从中组织选题，开发出版资源。同时，不管是什么题材，采取何种形式，出版传播者应该多生产真正适合于农民读者阅读的文艺作品。随着农业基础地位的加强和以城带乡长效机制的逐步建立，城乡经济社会发展一体化的新格局必定形成，文化资源将会在发展中更为合理地整合，农村出版资源将日益凸显其价值与优势。

其五，努力做足出版传播自身的文章。在有关农村图书出版的研究中，普遍认为应该做到内容在普适性的基础上有实用性和针对性，出版形式应该符合农民口味，便于农民接受，定价应该合理，适合农民的现实购买力，等等。这些无疑是十分正确的。笔者以为，在当下的农村出版传播中，首先，农村图书的整体规划设计应坚持精品图书与实用农业科技、科普图书并重的原则。农业科技图书要成为优化资源配置、推动传统农业升级、提高劳动生产力、转变农业增长方式的重要参谋。其次，开发农村大众读物的出版资源，既服务农村大局，又以此指导农业生产；既引领政策导向，又追求市场效应。对于农村大众图书，应该针对其受众需求分散、人力和费用投入较高、营销决策难度大的实际，把握受众需求的层次性与多样化原则，整合营销，形成发行合力。第三，在一些重点专题的开发与策划上，如农业新科技的应用、新品种的开发、新型产业项目的投入、疾病防治、乡土文化，尽量形成系列和规模，分层次、分阶段推出，并且使之与推动农村文化建设与经济发展相结合，勃发出版传播的引力和文化本身的魅力。中国农业出版社出版的"九亿农民致富丛书""全国无公害食品行动计划丛书"，江苏科学技术出版社出版的"跨世纪农村书库丛书""农民金口袋丛书"，广东科学技术出版社出版的"建设21世纪农村丛书"，就是成功的例子。第四，要花力气培养一批适合于写作农村出版物的作者，要经常关注种养大户与农民中有一定写作能力的人，从中挖掘作者。农村出版传播的受众特殊性对其内容和表达形式提出了特殊的要求，而且内容来源也必须立足于农村，因此必须有熟悉农村生活，了解农村发展，具有与农民读者胃口相同的写作风格的作者，用农民热爱的语言和思维方式写作。最后，在出版物制作上，坚持实惠、便利、质朴、好用的总原则，同时各出版单位又要坚持走出自己的特色之路。重庆市的"两元钱实用知识丛书"，坚持一书一题，分为"种植""养殖""综合技术"和"综合知识"4个系列，每册图书不超过两个印张，定价不超过两元钱，受到农村读者的普遍欢迎。

笔者的这些构设，既从我国农村出版传播的现实出发，又朝向较高的目标，因而是农村出版传播的一种理想态，而对于新农村建设特别是农村先进文化的发展具有重要的参照意义。

第三章

读者把握与内容优化：农村出版传播的文化定位

在构建和谐社会、建设社会主义新农村的历史进程中，出版传播对于农村先进文化建设具有十分重要的作用。笔者以为，其中的关键因素之一，就是在农村图书策划中没有充分把握其读者的特殊性，在供给和需求之间出现了脱节。多年来我国农村出版多定位于农业应用技术尤其是种植和养殖等方面，缺少对农村读者作为消费者的系统分析，特别是对其需求的细化和读者层的变化把握不够。农村的现实生产及其目的性，农村读者阅读需求的变化、经济状况、受教育程度、所处的地域特征及其阅读习惯与信息处理方式，对图书出版的内容和形式提出了与之相适应的要求，农村图书策划的关键就是把握读者的特殊性。笔者认为，把握农村读者的特殊性，优化出版传播的内容，是实现出版传播先进文化建设功能，推进农村先进文化建设的关键。

一、农民读者的消费差异与角色变化

相对来说，由于中国农村的特殊性和媒介生态环境的影响，虽已普遍认为农村图书策划大有可为，农村图书营销市场广阔，但在具体的选题运作与内容提供中，总是感到困难重重，难以适应和满足广大农村读者的需求，不能充分实现出版传播在社会主义新农村建设中的功能与作用。笔者以为，其中的关键因素之一，就是农村图书策划及其内容生产缺乏农村生活活力，有的甚至脱离农村发展实际与农民读者需求，没有充分把握其读者的特殊性，没有具体分析农民读者的差异和在新的时代环境下角色的变化，因而在供给和需求之间脱节，在阅读现实与策划理念之间疏离，在出版布局与农村信息之间屏蔽，导致难于打开市场而获得预期的效益。

自改革开放以来，中国农村社会发生了翻天覆地的变化，农民的物质生活从温饱到小康再到全面小康，经济生活则由自给自足转向商品经济、市场经济，在生活追求上不只是单纯的物质生活的满足，而是物质生活与精神生活同步发展，包产到户、乡镇企业、村民自治、基层民主、城镇化、进城务工等，这些层出不穷的新事物、新现象，为农村的发展带来了活力，也给作为出版传播受众对象的广大农民带来了新的观念与新的向往，促使他们产生了新的文化消费需求，要求出版传播的内容与形式随之发生变化。但中国农村地域广阔，人口庞大，加上长期以来城乡差别的影响和传统观念的约束，这就决定在中国特殊的国情条件下，农村的发展具有艰巨性，农民文化素质的全面提高和农村文化的高质量发展，是一项长期而特殊的工程。一些农民虽然从经济上摆脱了贫困落后，但文化意识、思想观念、社会价值取向等方面，依然受到种种约束，加上长期以来农村公共文化服务体系不健全、文化设施落后，农民缺少贴近自身生活与社会发展实际的文化信息载体和知识获取方式。落实科学发展观、构建和谐社会，就是要让农村经济、政治、文化、社会协调发展，建设社会主义新农村就必须切实保障广大农民的基本文化权益，就必须建设农村先进文化，必须在信息传播及其导向上符合先进文化建设的要求。

党的十六大报告就已指出，"农村富余劳动力向非农产业和城镇转移，是工业化和现代化的必然趋势"。全国总工会的一份调查表明，目前，仅跨地区流动的农民工就有 1 亿多人，已有超过 1/3 的农村劳动力转移到非农产业，使得社会上其他职业队伍的结构发生了变化。随着相关限制性规定的取消，农民进城就业的门槛降低了，城乡统一的劳动力市场将逐步形成。同时，大中城市户籍改革的进一步推进，为农民身份的转变创造了条件。一些农民工的政治地位也发生了变化，被选举为各级人大代表、政协委员，有了话语权。农民这种职业角色与身份的转换，给农村出版传播提出了新的课题，一方面是农村实际上长期居住的人口减少，出版物消费总量发生了转移，其阅读消费主体在流动，而且有的居住在农村，但从事的工作大不相同，其文化需求与阅读趣味并不在单纯的农业生产；另一方面，至少出版传播的内容要满足从农村向城市转移的劳动力的需求，并在城乡图书内容选择与发行环节等方面有效衔接，在其连续性消费中实现出版传播的目的。

二、从现实生产要求出发的针对性

农村的现实生产性及其生产的目的性，直接要求出版传播具有明确的针对性，选题策划、内容定位等应建立在预期目标读者需求的基础之上。这是农村出版传播最基本、最重要的要求，如农民快速致富技术、农作物栽培技术、蔬菜种植技术、家禽家畜养殖技术。农民是农业生产一线的劳动力，是农村生活的主体人群，生产质量、劳动效益和产品收成，是其直接关注的目标和价值的权衡标准，要求自身的阅读直接为之服务。农、牧、渔、林等各行各业的生产，都面临一个共同问题，就是如何改善劳动方式，提高劳动生产力，优化劳动效益；就是如何改进农业生产技术，更新品种，提高单位劳动时间里的效率和单位田土里的收成。生产劳动的直接效益是广大农民致富的直接而传统的途径，也是一种现实而可靠的办法，因而他们阅读、学习、获取信息的目的性十分明确。就拿农民工来说，他们是游离于农村和城市社会生活之间的边缘群体，进城务工求生存，主要靠技术或劳动力，需要学习建筑装饰、家政服务、高级护理等方面的知识。

科学技术就是生产力，现代农民日益摆脱粗放型的生产方式，开始走集约型的科学种田之路，农业生产技术的提高与生产工具的改进，是其获取财富的重要因素，比如对其生产劳动等有直接帮助的农业科技书等，是其阅读的首选。如广东科学技术出版社的"果树早结丰产栽培技术丛书"，成系列推出，共14本，对荔枝、龙眼、香蕉、芒果等具有浓郁岭南特色的果树的早结丰产技术做了介绍，每本介绍一个树种，且地域特点明显，读者目标明确，直接解决生产技术问题，定价也在5～8元，于2000年11月一次性上市，受到广大农民读者的欢迎，并获得第四届全国优秀科普作品奖。另外如中国农业出版社出版的《沼气用户手册》《测土配方施肥技术规范》，金盾出版社的"禽畜养殖技术管理丛书"等都直接针对农业的现实生产性要求。在一段时期的农村图书出版中，农业科技书占了很大的比重，市场份额大，对于促进农业生产的发展，推动农业的现代转型，起到了重要的作用。有调查表明，随着农村机械化程度的提高，一些对其现实生产有帮助与推进作用的简单维修、机械工艺类的图书比较受欢迎，如《四轮车常见故障诊断图解》一类的书就受到农民读者的称道。出版传播者应该把握广大农民读者的现实需求与现实发展，服务于其现实的生产劳动活动。

同时，农业生产还具有明显的季节性特点。农村生产的季节性特点要求出版传播者把握农民读者需求的变化规律，在选题确定、资金投入、渠道流通等方面做出及时的调动和合理的决策。城市不知季节变换，而农村四季分明，农业生产带有明显的季节性甚至周期性，而农民读者的阅读大多直接为生产劳动服务，特别是对于一些实用技术类、农业机械修理类的图书，都应该选择适时的营销时段和上市机会，既服务于农民读者，又能够在对其需求变化的动态把握中，促进图书出版传播的发展。

三、由读者特质决定的专门化与多样性

农村读者特征特别是阅读需求的新变化，要求出版传播者既能满足其专门化的需求，又要有多样化的内容提供与出版形式。随着中国农村现代化、城镇化等新趋势的出现，农村读者的阅读需求出现了许多新的特点，其需求多样化，且不断出现新的受众群体。有研究者指出，农业生产逐渐专业化，生产经营从一家一户的小生产方式向专业户的现代规模生产方式过渡，"现阶段我国农民实际已经分化为农业劳动者、农民工、个体劳动者和个体工商户、雇工、私营企业主、知识分子、乡镇企业管理者、农村管理者等几个阶层，为农民的服务将不仅仅是为农业劳动者提供农业生产方面的科技服务，还要为其他各个阶层的农民提供与其相关的科技服务"。新时期农民对科技的需求变化表现为 3 大趋势："由仅仅限于对农业科技的需求向包括农业科技和非农业科技在内的'三农'科技的需求转变""由单一产中农业生产技术需求向包括产前、产中和产后全过程信息的需求转变""由传统农业技术需求向现代农业技术需求转变"。[1]这说明新时期农民群体发生了变化，随之而来的文化需求与对知识、信息的获取也呈现出多元化的特点。

---

[1] 沈银书.农民科技需求的变化趋势及其图书优化对策 [J].科技与出版，2008（6）：6-8.

正因如此，农民读者的分化与信息需求的变化，对出版传播提出了专门化与多样化的要求，也导出农村图书市场细分这一必然结果。

第一，由"传统农民"向"职业农民"转变。

一些农民并未停留于自家的田土劳作，而是为一些农业企业，农业大户，种植、养殖的专业户打工，干着熟悉的农活，领的是固定工资，这种"农业工人"在一些发达的农村已有不少，他们还成立了各种各样的专业合作社，有的土地入股成了股东。这一类农村读者对知识、信息的需求具有专门化与技能化的要求，也需要在所从事的劳动领域有新的提高，出版传播必须及时作出反应，注重提供专门的技术专题、提供某些实用性强的技能培训知识。

第二，农民职业成分走向综合化。

农业科技水平的提高，农民的分工细化，专门化的成分增强，养殖业、种植业、农副产品加工等专门性行业的出现，使农民的阅读具有专门化特征。由于农村人口向城市流动加剧等原因，一部分人不再从事或不仅仅只从事农业劳动，与传统意义上的农民形成区别，成为农村综合生产力的代表，其阅读取向又具有多元性与多样化特征。而且在整体上，农民的阅读需求并不再局限于能够指导其致富的种植、养殖类图书，在一些经济状况较好的农村，养生保健类、育儿类图书也受到欢迎，如《自我保健230法》《育儿宝典》《40岁登上健康快车》《家庭医疗小药箱》等。

第三，农民读者对精神文化产品的需求日益增长。

据《2006年中国居民生活质量报告》，在影响满意度的各种因素中，业余娱乐生活第一次成为左右农村居民生活感受的关键，其影响力甚至超过经济因素。农民的精神文化需求更广泛，向农村精神文明、农村政策法规、农村民居工程、农民工职业技能培训、子女教育、健康卫生知识、休闲娱乐知识等方面扩展。[1]生活小康了，物质产品丰富了，经济基础有了相当的发展，物

[1] 张利洁.从读者定位审视三农图书的选题策划 [J]. 出版发行研究，2007（11）：12-16.

质生活水平不断提高，广大农民不断追求高水平的精神文化生活，休闲娱乐开始成为其生活中的内容，通俗文艺读物、休闲娱乐消遣类的图书成为其阅读之必需。特别是贴近农村生活、反映新农村建设、描写农村中人和事的出版传播内容应该在推进农村先进文化建设中得到加强。这就是现代新型农民区别于传统农民的时代特征，也为出版传播提供了信息空间与效益领域。

第四，农民读者获取信息、学习知识的意识强烈。

农民读者的阅读目的性明确。由于受到各种因素的影响，农民群众的文化教育处于较为落后的状态，其阅读直接为了获取有用知识与信息，对于普及性读物、大众化读物、知识型读物的需求较多。这种需求在物质生活得到相对较好地满足之后表现更为突出，也是中国现代社会一代新型农民成长和追求发展的要求。

第五，农民读者的阅读层次有区别，应该满足不同层次读者特别是新兴读者的需求。

在以往的农村出版传播中，注重于农业生产第一线劳动力的需求，因而有关生产技能、种植、养殖等领域的内容较多，出版物过剩。在农村文化已经得到一定发展的经济环境下，农民读者是一个内涵更广的概念，出版传播应该从文化建设与农村人口现实出发来选择内容。一则，农村的青壮年劳力不少外出打工，农村留守儿童处在一种特殊的生存状态，出版传播应该找准并满足他们的需求，在趣味性、知识性、智力发展等方面做好内容开发，滋润其心灵，满足其精神需求。以往的农村出版传播偏向于定位在专门从事务农工作的"专业农民"，而少年儿童、农民工、农村妇女、老人等人口没有得到应有的关注。[1] 这就导致农村图书市场潜力难于全面开发与深层挖掘。二则，在劳动力向城市和非农领域转移的过程中，出版传播要满足人口职业转移中对知识与技术等方面的要求，提高劳动者的素质。三则，要具体分析不同经济条件下农民读者的文化需求差异，特别是由经济差异引发的消费差异。"从

---

[1] 张利洁. 从读者定位审视三农图书的选题策划 [J]. 出版发行研究，2007（11）：12-16.

农民的消费水平来看，目前大体可分为小康型、温饱向小康过渡型、温饱型、贫困型。消费水平层次明显，且差别较大，直接导致了较明显的图书需求差异。"[1] 出版传播应该充分考虑农民受众的经济状态，分层提供内容。

四、诸种制约因素所表征的特殊性

农村读者自身具有的一些制约因素，要求出版传播者因对象制宜，量体裁衣。相比于城市读者，农村读者具有十分突出的信息接受制约性，这些因素与制约同历史的因袭有关，同城乡的差别相联，从而对于出版传播者提出了新的要求。

第一，经济的因素。

图书阅读消费需要经济作基础，尽管现在通过公益性途径确保农民的文化权益，比如建立农家书屋、免费开放博物馆、展览馆等文化场所，但真正的阅读活动还是以消费者自身的经济条件作基础的，而农村的经济状态整体上落后于城市，农民购书具有节约求廉、实用便用能用的消费心理。这给图书营销提出了具体要求，可能利润较薄，且需要时间和精力予以关注，也为图书的印制与定价提出了要求，必须充分预计农民读者的消费水平，把握农民读者的现实购买力，实施合理的定价策略。而从整体上看，正因农民的生活消费目前大部分停留在生存型状态，图书消费方面的现实购买力较低，求实惠、讲节约的心理明显，对价格十分敏感，所以其购书的目的性明确，基

---

[1] 张静，王玉华 . "三农" 图书选题策划的思路与策略 [J]. 出版科学，2007（4）：32-34.

本上是打算干什么，就学什么、买什么。编辑出版部门应尽力推出农业图书的经济实惠版，采用口袋本、简易本、专题本、活页本、科普卡片、光盘等灵活多样的形式，做到价廉书美。农业科技图书就可以一本小册子介绍一项技术，开门见山，简易实用，与其购买能力相适应。而综合性农业科技书一般价格不菲，且部分内容与其需求无关，难以诱发农民读者的购买欲望，应更好地注意针对性。

第二，文化教育的因素。

阅读以识字为基础，首先要求阅读主体有相应的文化教育素质。受教育的程度和文化水平决定其阅读状态和信息处理方式，决定其对出版物的选择向度与消费层次。而中国农民的教育文化水准较城市读者整体要低得多，这就决定了出版传播内容的差异。有资料显示，据全国第五次人口普查统计，乡村人口中，初中以上文化程度的仅占40%，远低于城市的65%；小学文化程度占43%，15岁以上的文盲率为8%，分别高于城市的24%和4%。这就对出版物的内容定位、知识含量、信息密集程度和语言表达方式等提出了具体要求，内容要根据不同读者群体进行出版决策，整体上要求文风平实，切合受众群体所达的教育文化程度，同时在满足其阅读需求的基础上有所引导和提升。

第三，地域的因素。

农村幅员辽阔，但交通并不发达，信息传播渠道有限，特别是一些边远贫困地区，更是十分不便利，给图书营销带来了困难，也提出了挑战，必须有吃苦耐劳的精神，有持久的市场拓展能力，才可能将图书送到农民读者手中。同时，受到地理环境、自然条件、区域位置、气候状况、资源分布、风俗习惯等的影响，各地农、林、牧、渔等领域种植和养殖的生产方式、品种结构、耕种习惯、技术应用等不同，决定了其农业生产的特殊性，也决定了其文化及其表现的特殊性。这既是出版传播所要体现的地方特色，又是其内容应具有针对性、差异化和适应性的根本所在。比如果树的栽培，有明显的地域特点；

水稻、玉米、小麦、棉花的种植，南北区域有别。云南、贵州，广东、海南，湖南、湖北，甘肃、新疆，不同的地方有不同的地理资源、地形结构和气候特点，在推出农村出版物时，必须因地有别，因时而动，充分利用其优势产业之长，彰显个性特色，不能以普适性压盖特殊性与个别性。"台州特色农业实用技术培训丛书"（共 54 种），于 2007 年由中国农业科技出版社与浙江省台州市农业局共同策划出版，主要读者对象锁定为当地农民，而且以当地的农业技术推广人员为作者，内容突出当地已有的优势种养业，密切联系地方实际，具有明确的地域适用性和内容针对性，以其鲜明的地域特色与技术实用性赢得了广泛的读者。

五、接受习惯与信息处理方式呈示的要求

农村读者有自己的阅读、接受习惯和信息处理方式，要求出版传播者既顺势而行又主动适应与介入，争取出版主动权，开拓新的出版传播途径，不断加以引导。

农村读者人多面广，深受传统与环境等多种因素的影响，形成了较为固定的阅读习惯与信息处理方式，从而对图书出版提出了相应的要求，因为一种传播媒介及其传播方式要成为消费者的忠实朋友和青睐对象，获取消费者的忠诚度，就必须了解其对象对信息的接受习惯和处理方式。

第一，在人际传播与阅读传播之间整合其作为读者的注意力走势。

农村受众，不管是从传统的交往方式、传播渠道看，还是从其心理接受

场域、信息播散时空而言，或是从其所处地理环境与居住布局考察，人际传播对其观念与思想取向的影响较大，具有稳定性与固守倾向。有研究者在对农村家庭调查后认为，"在农村现代化、城市化的发展道路中，始终存在两股力量在互相牵扯。一种是由引导和促使社会向现代化迈进的种种因素所构成的推进力，另一种则是由种种迟滞现代化脚步、维持传统社会结构形态的因素构成的挽留力"[1]，"在农村的转型过程中，如何利用不同传播方式的特性，处理好它们之间的关系以利于人的现代化成了促进农村社会更加快速、和谐发展的重要途径"[2]，说明在农村社会的交往格局与生活环境中，人际传播具有不易破坏的模式，较为固化，因此应该努力促使农民读者逐步突破定式，培养阅读习惯，扩大阅读传播的影响力，同时以出版物的质量吸引农民读者，以切合其实际需要的精神产品满足需求。这种吸引和满足必须有目标和针对性，必须分层次和阶段，在不同区域不同需求的读者群体中策划不同的出版内容，采取不同的营销策略，同时，发挥农村文化人的引导作用，注意培养农民读者中具有影响力的"阅读领袖"或阅读积极分子，以一批有较高文化修养和阅读能力的农民读者作引导和推介，宣传和影响其他人，从而形成一定的阅读导向力，在人际传播和阅读传播中整合其注意力，形成阅读风气，带动图书出版。已经开展的在毕业大学生中选拔村官的方式，就为农村文化建设注入了新鲜血液，他们以大学生的身份深入农村，必然给农村发展带来新的活力，是出版传播的引领性人物。

第二，强化出版传播的功能和印刷媒介的作用。

相比于广播、电视及地方戏等区域性文化文艺活动，纸质媒介对农民读者而言，其亲和力正在建立之中，广播、电视的影响力和亲受众性远强于纸质媒介，这也是城乡信息基础、城乡信息交流、城乡信息消费的差别，因此要让出版传播更好地服务于农村、服务于农民、促进农民观念的更新和农村

[1] 顾炜程，朱娇娇. 社会转型中农村的传播媒介与观念变迁、交往格局的关系研究——以青浦农村家庭调查为例[J]. 新闻大学，2007（2）：70-74.
[2] 顾炜程，朱娇娇. 社会转型中农村的传播媒介与观念变迁、交往格局的关系研究——以青浦农村家庭调查为例[J]. 新闻大学，2007（2）：70-74.

的发展，就必须强化出版传播的功能和印刷媒介的作用。印刷媒介有自己独特的传播方式，它不依附于其他工具和科技手段，时空的移动性大，读者可自由灵活地选择和控制，且在阅读和理解中，心灵的导引功能和精神的渗入性更大，对人的精神文化的提升是深层和内在的，特别是对于进城的农民工而言，印刷媒介是其接受社会信息的重要传播渠道，对于城乡之间信息的互动和观念的变化起着重要作用。"乡村受众对印刷媒介接触态度、行为的改变，往往能反映乡村社会发展状况"，"关注乡村社会系统中印刷媒介的受众的变化，对研究乡村社会有着重要的参考价值"[1]，而农村图书的普遍化流通能促进农民精神文化的提升，使农民现代性提高，开发其心智与能力，形成公民文化。

第三，随着现代科技对传播的深刻影响，阅读出现了许多新趋势，但这种趋势城市强于农村，新媒体对城市的冲击大于农村，为农村出版发行提供了广阔的空间。

相对于城市的阅读传播现象，农村读者的阅读方式要稳定得多，基本上是传统的阅读方式。据统计，"我国网络用户中纯粹的农民极少，城市的互联网普及率为农村的 740 倍。1999 年，我国城市电话拥有率为 19.19%，而农村仅为 3.92%，多数边远地区和农村仍游离于社会信息化进程之外，社会信息化还没有为他们带来什么好处。"[2] 可见，农民读者的阅读习惯与趋势仍趋向于纸质图书，农村的媒介环境变化比城市小得多，在纸质媒介的城市读者人数急剧减少的情况下，今后一段时期内农村读者受网络等新兴媒体的影响小，其纸质图书市场的开拓空间巨大。

农村读者需求的特殊性，要求出版传播者重视出版策划，把能够适应广大农民读者要求与层次，能满足其多种需要的精神产品生产奉献出来。出版策划包括内容策划、形式策划和营销策划等各个方面，对于面向农村读者的出版传播者而言，应立足于其特殊性，把内容策划放在首位。出版传播者要深入进行农村图书市场调研与预测，立足于既有的出版资源优势，在产品特征、营销策略、价格把握、服务与宣传、连锁网络的建立等方面做足文章，细致

[1] 谢咏才，李红艳.中国乡村传播学 [M].北京：知识产权出版社，2005：143.
[2] 谢俊贵.信息的富有与贫乏：当代中国信息分化问题研究 [M].上海：三联书店，2004：4-5.

入微地开发图书市场。

有调查显示，"今天中国西部农民阅读和购买书刊的意愿和能力并不是造成农村图书市场发展滞后的关键性因素，而是出版界和发行商在针对西部农民阅读所做的决策偏移了农民实际的阅读需求。这使得农民在书刊的使用与需求的满足之间出现了阻隔或错位，从而抑制了他们的阅读活动。"[1] 虽说该调查以西部农民为对象，但在某种程度上对农民读物的出版与传播具有普遍的启示意义，只有内容定位符合农民读者的需求，才能充分发挥出版传播在农村先进文化建设中的作用。

六、有计划、有目标地开展读者调查

据笔者的浅见，我国出版业的读者调查极为不够，更谈不上深入，与出版传播的发展不相适应，许多选题与决策都是在对市场的预测与设想中确定下来的，即使是论证，也多缺乏实在的数据作支撑，容易产生盲目性。这种情况的出现，主要原因在读者调查是一项具体而较为复杂的工作，涉及的环节也不少，需要一定的投入，做起来并不简单。中国科学院心理研究所王极盛教授早在 2002 年 4 月提出，我国的阅读心理研究仍为空白，特别是对读者阅读心理的调查研究十分急需。对国内不同职业、不同人群的阅读心理进行研究非常重要，但几乎没有人来做这方面的工作。国内读者往往被一些炒作所误导，一些出版单位也缺乏对读者与市场需求的正确分析判断，一味跟风出书，形成滞销和浪费。就农村出版传播而言，其读者调查则更为欠缺。这

[1] 李苓，冯剑侠.中国西部农民阅读素养调查 [J]. 中国出版，2007（6）：23–27.

主要是由农村地域宽广、人口分散、读者层次多样、文化站点与营销网点布局未成阵势等因素决定的。这实际上给农村图书的内容开发与市场拓展带来了许多盲目性，难于从源头上找到准确的定位与发展规模。特别是在农村社会的转型期，农民读者的接受心理与需求取向也在发生变化，读者调查显得尤为重要。

调查的方法很多，如观察法、谈话法、问卷法、试销法、个案法，在不同的场合与要求下可选择采用不同的方法。观察是人认识世界和改造世界的基本方法之一，在农村出版传播实践中是具有现场感与可信度的一种方法，聪明的编辑往往能凭其直觉和悟性在直接的观察中做出判断。调查能把准读者的消费心理走向和需求脉搏，就能产生良好的效益。金盾出版社深入调研在农村城市化过程中城郊农民与普通村民在致富上的需求差异，分析读者对象细分后，归纳城郊农民的信息需求特点，策划出版了"城郊兴村富民丛书"16种，获得了不错的市场效益和社会反响。

编辑要经常深入农村生活第一线进行调查研究，到丰富的农业生产过程和农民实践活动中寻找选题、发现题材、整合内容、激活灵感，通过专题了解、座谈讨论、亲身观察、科技下乡、科技集市、免费赠阅、优惠售卖、义务咨询等不同方式，积极主动地与农民读者沟通，了解他们在生产生活中的实际要求，收集他们对农村出版物的意见，让自己的思维与设想贴近农村社会与农民生活特别是其实际需求，使选题策划符合市场的基本走势，从而获得良好的经济与社会效益。江苏科学技术出版社形成了"三农"图书出版的优良传统，在农村出版传播中产生了影响，取得了良好的效益，其中重要的一个成功因素，就是抓住对农村读者需求做及时的调研这一环节不放，经常"组织专项调研小组，深入田间地头，与农民朋友就关心的、需要解决的问题进行交流，认真听取农村读者对'三农'图书的需求和意见"[1]，然后以此作为决策的依据，使出版传播行为具有科学性和可行性。

同时，要同农业科研院所、农业院校、职业技术院校保持经常的联系，与服务农业生产一线、关注农村发展的专家、学者开展学术文化交流，组织

[1] 杨嘉. 真情奉献"三农"出版 [J]. 出版参考，2008（3）：6-7.

出版专题座谈，了解有关"三农"的最新信息和科技进展。也可以拿出已有明确思路与选题轮廓的内容与之讨论，征求意见，决定是否切实可行，从而使农村出版传播及其产品合乎农村社会发展的现实需要。

第四章

媒介环境变化与受众新需求：农村出版传播的文化走势

随着媒介文化环境的变化，新媒介对农村出版传播产生了显著影响，特别是使农民受众的媒介需求与内容需求呈现出诸多新的特点。对此，出版传播主体必须予以正确认识和把握，从农民受众的真实需要出发，开展有效的出版传播活动：以政府为主导，加快农村信息化步伐；融合传统出版和新媒介出版，建立农村立体化、复合化出版传播体系；建立多层次、多途径的动态信息反馈系统，充分发挥农民群众在新农村建设中的主体性作用。

农民是新农村建设的主体和农村出版传播的主要对象，农村出版市场是我国出版产业的重要组成部分。由于长期以来城乡二元结构体制和政策的束缚，农村与城市之间不仅在经济上，更重要的是在文化建设中出现了巨大的信息鸿沟，这使得"三农"问题变得日益突出。出版业作为文化建设的中坚力量，承担着发掘和弘扬先进文化的重大责任，现实的困局迫切需要出版传播活动深入农村读者市场，为新农村建设注入文化活力。基于这样的认识，学界和业界对于农民受众及其需求特征进行了一些有益的探索，取得了一定的成果。这些研究主要是从出版传播者的角度来分析农村出版市场的编辑发行策略，但缺少对农民受众需求特征的深入分析。

笔者以为，问题的核心症结就在于出版传播过程中农民受众作为出版物市场消费主体的长期缺席与沉寂。农村出版传播研究应当转变视角，从农民受众的需求层面入手，剖析其特点、变化及原因，以此出发，寻求对策。事实上，要解开这个症结，关键就是要在出版业转型特别是在新媒介环境下，正确认识和把握农民受众的需求特征，从农民受众的真实需要出发开展有效的出版传播活动，以为之所喜闻乐见的科学知识武装农民读者，开阔其视野，提升其素质，焕发其精神，从而充分发挥农民群众在新农村建设中的主体性作用。

一、农村媒介环境的变化

由于居住分散、消费能力较低、传播渠道不畅、受众层次参差不齐等原因，农村一直是大众媒介辐射的薄弱区域，特别是农村出版物市场的开发远远落后于城市，成为制约农村文化建设的一个关键纽结。从媒介发展历程来看，中国农村媒介环境大致经历了从 20 世纪 80 年代的广播＞电视＞报纸的初级阶段，到 90 年代的电视＞广播＞报纸的过渡阶段，再到新世纪初的电视＞报纸＞广播的媒介格局。[1] 但就整体而言，农村媒介发展水平明显落后于城市，在经济浪潮与媒介新科技发展的冲击下，城乡信息差距、文化差距不断拉大，知识沟和信息沟呈扩大趋势。特别是由于出版传播成本和出版效益之间的巨大反差，许多出版单位对农村市场不够重视，不愿投入过多的精力和资源，致使农村成了出版传播的"鸡肋"，出版市场异常冷清，优秀的对口文化产品少之又少。其中，对农村受众的研究尤其不够，对其需求的调查分析可以说还没有起步，导致"三农"图书选题面狭窄，出版产品供需脱节，唯有农村科技类一枝独秀，无法从不同的信息层面与知识领域满足农民受众多样的文化需求。

进入新世纪以来，随着社会经济的发展，新农村建设的稳步推进以及迅猛变革的媒介技术的渗透，中国农村的媒介环境发生了新的变化，在媒介分布结构、媒介接触等方面呈现出了新的特点。一项全国性的媒介受众调查显示，至 2002 年底，我国受众的媒介接触已经形成了一种新的模式：电视＞报纸＞广播＞互联网。[2] 并且，互联网的受众增长速度不断加快。近年来，互联网和手机等新兴媒介渗透到普通农村家庭，特别是经济发达地区的农村，其使用率逐年增高，增长速度甚至超过了城市。据统计，中国农村网民规模持续快速增长，截至 2009 年 12 月底已经达到 10681 万人，年增长 2220 万人，年增

[1] 谢咏才，李红艳.中国乡村传播学 [M]. 北京：知识产权出版社，2005：173.
[2] 徐辉明.中国发展传播学·总报告 [M]. 杭州：浙江大学出版社，2009：30.

长率 26.3%。[1] 网络和手机已经成为农民特别是青年农民的重要消费媒介，并对报纸和广播的地位形成了很大冲击，而作为新的传播载体，必然为城乡信息的联通、互用提供桥梁，为农村出版传播引入新的变革因素，为新的出版业态在农村的出现奠定基础。

就出版领域来说，新媒介和出版新技术的发展对出版业的转型影响深远，使出版向数字化迅猛进军，数字出版成为新媒介环境下出版业发展的新方向。据报道，2009 年中国数字出版总产出达 799.40 亿元，同比增长 41.5%，增长速度超过纸质出版物。而且数字出版的产业领域不断扩展，载体不断延伸，日渐融合了传统媒体的主要特征，既引入了新媒介，也整合了传统出版媒介，其巨大的冲击力使传统媒体不得不作出相应的战略调整。这一总的趋势在城市已经十分明显，对农村特别是经济发达地区的农村的影响也是必然的，虽然其间传统媒体和新媒体的交互共存局面较之城市更为明显，时间也会更长，但农村出版传播面临新的媒介环境的挑战已是不可避免。

当下的农村，数字出版产业有的还没有起步，有的尚处于探索阶段，既面临许多现实困难，又充满市场潜力。事实上，新媒介的许多传播特性和市场优势在当前农民受众的使用过程中尚未明显地展现出来。不过，随着三网融合、"电脑下乡"、3G 普及等工程的推进，中国农村新媒介的发展空间会日益彰显，数量庞大的农民群体有望从数字出版物的潜在消费者转为现实消费者，为新媒介环境下中国农村出版的数字化转型带来新契机。

---

[1] 中国互联网络信息中心 . 农村网民规模首次过亿 [N]. 中国文化报，2010-10-4（02）.

二、农民受众的媒介需求特征

在新的经济环境和媒介语境下，随着农村人口自身结构的变化，农民受众对媒介的需求、选择和使用等，均在不同程度上受到经济因素的影响，从提供生产、生活的便利和提高劳动效率方面的实际要求出发，而且农民受众对新媒介好奇而又存在矛盾心理，其中青年农民群众对新媒介认同度较高，能较好地发挥新媒介的作用。

（一）经济因素仍是影响农民媒介使用的首要因素

需求指向选择，选择源自需求，而人的需求又受制于经济、文化及自身条件等各种因素。在新的经济文化条件与媒介环境下，农民受众群体的文化需求特征，较为明显地反映在对媒介消费的选择上。与城市居民相比，农民对媒介的拥有和使用更多地受到经济因素制约，具有"信息接受制约性"。[1]自改革开放特别是新农村建设以来，农民人均纯收入持续增加，农民相对富裕了，大部分已解决了温饱问题，精神文化需求不断增长。农民已经在现实中意识到，要寻求自身发展，就应该与社会发展同步，就应该拥有文化知识，就应该学习，因而其阅读意识有所觉醒。在当前农村，一些有文化的新型农民，开始有意识地定期购买书籍，坚持长期订阅报纸、杂志等出版物，但整体上看并不在多数。对于农民群体来说，他们仍然面临巨大的生存压力，物质生活条件的改善整体上仍是其最重要的需求，经济因素特别是其现实购买力，仍是其选择使用媒介和进行出版文化消费的首要考量标准。同时，农民阅读习惯的培养需要一个长期的塑造过程，既与其经济条件的改善、物质生活水平的提高有关，又与其对知识文化的需求增长与阅读兴趣的激发、精神

[1] 周国清. 策划农村图书要把握读者的特殊性 [J]. 中国编辑，2008（1）：29–31.

境界的提升相联。在现实的经济能力制约下，出版文化消费对农民来说仍是一个不小的支出，只有不断增加其人均收入，提高其消费水平，使其从经济负担中解放出来，并树立对知识文化的正确观念，才能使之成为出版物消费的活跃动力。

相对而言，传统出版物较多地考虑到了农民的现实消费能力。"三农"图书大多内容精炼易懂，印张少，装帧朴素，讲究实用，定价低廉，以低价位赢得农民读者的青睐，但也造成其出现利润空间不大、市场发育不健全的局面。而新媒介或数字出版媒介开发成本较高，和传统图书媒介相比没有显示出太多价格优势。实际上大多数新媒介是针对城市居民用户开发的，直接以农民为目标受众的产品少之又少，而且价格错位进一步加大了新的出版形式在农村推广的难度。出于对出版成本的考虑，许多功能完备、性能优良的新媒介产品，因其价位过高，超出了农民的承受能力而造成市场上应者寥寥、反响平平的尴尬局面。这也打击了出版单位开拓农村市场的积极性。就互联网使用而言，购买电脑等基本的硬件设备需要不小的支出，再加上不菲的宽带接入费用，让不少农民望而却步。不管是何种形态的出版方式，农民对于价格都十分敏感。数字出版在农村的发展，首先要解决的就是农民的媒介接触问题。在数字化出版大潮中，农民的经济弱势进一步造成了其在新媒介环境中的边缘地位，新技术的巨大进步与快速发展已明显影响到城镇居民的生活方式与思维方式，但尚未引发农村深刻的文化和社会变革。但可以肯定，在加速改革城乡二元体制、实行教育机会平等、建设新农村的历史进程中，随着农民经济地位特别是精神文化需求的提升，农村巨大而潜在的文化消费空间将因农民的现实购买力而转化为丰富多样的出版市场。

（二）对新媒介的好奇心和保守性并存的矛盾心理

农民对于新事物的接受需要一个较长的适应过程。在不断数字化的时代潮流中，一方面农民受众对新的出版形式充满期待，希望通过新媒介更快捷地获取更丰富、更有用的信息，以满足生产实践需要和精神文化需求。数字出版媒介表现形式生动活泼，呈现方式多彩多样，具有良好的传播效果，对农民受众特别是知识型农民有较大的吸引力。

但另一方面，农民自身的素质水平和数字出版媒介的技术要求之间存在落差，这也是新媒介在农村推广过程中长期"遇冷"的原因。由于长久以来接触传统出版媒介而形成的使用习惯和依赖感，以及受教育水平和文化视野造成的认识局限，不少农民受众对数字出版媒介有不适应感，持保守态度。目前数字出版媒介的技术特性对农民受众的素质提出了较高要求。大多数农民不具备基本的信息技术和操作能力，有些农民在初次使用数字出版媒介过程中遇到困难或遭遇失败后，就认为自己无法学会，难于掌握，转而回到传统的出版环境中去。这种畏难心理和自卑心态在中老年农民群体中较为常见，其文化保守性和技术落后性制约了自身在新媒介环境下的发展。比如，手机作为数字出版的重要载体，尽管在农民群体中普及率已经不低，但其使用仍处在浅层次阶段，许多人还是视之为单纯的通信工具。许多手机出版形式，如彩信、彩铃、手机报纸、手机期刊、手机小说、手机游戏等，尚未在农民群体中得到广泛应用，许多扩展功能和新的应用模式没有得到深度开发。对于不少农民而言，技术难度也是其融入数字出版环境的一大障碍。他们渴望得到的是界面简洁、操作简单、收藏简便、具备多种使用提示功能并且价格合理的出版媒介。农民受众群体这种好奇心和保守性并存的矛盾心理，随着新一代农民工进城、"大学生村官"的出现、城乡信息鸿沟的缩减、大众传播媒介的影响与渗透等，将会不断得到疏通，但因其固有的群体特性而较之城镇居民将持续更长时间。

（三）青年农民群体对新媒介的认同度较高

农民中的青年群体是新媒介使用的主力军。较之于老一辈，社会生活条件不断改善；受教育的机会更多，文化水平普遍提高；社会更加开放，视野更加开阔；新信息的接受更多，观念更新加快；交通便利，人口流动频繁，城乡观念交融，等等，使农村年轻一代的素质普遍提高，很自然对媒介特别是新媒介的接受和适应能力增强。调查显示，"与网民总体的年龄结构相比，农村网民更加趋于年轻化。农村网民中 30 岁以下群体所占比例高达 69.2%，其中19 岁以下年轻网民所占比重达 41.1%。大量年轻网民的存在，一方面大大活跃了互联网在农村的应用；另一方面，农村地区网络应用的基础教育也更为紧迫。"[1] 这部分人群的特征是年轻、有活力、受教育程度较高，对新事物、新应用兴趣浓厚，感知能力较强，具有发现和使用新媒介产品的偏向，消费意愿较强，其中不少人具备基本的新媒介消费与使用能力。在城镇化过程中，数量庞大的年轻农民涌入城市，在与城市文明的融合中，受到城市文化的熏陶和影响，视野变得开阔，信息意识增强，改变了媒介使用观念。这个青年群体正是农村市场新媒介扩张的活力所在。农村新媒介消费主体的年轻化要求出版单位重新研究农村的出版传播生态。在选题策划、内容选择上更为注重年龄层次，细分农村受众市场，充分抓住这一部分年轻人的消费需求；要花力气培养这个群体的阅读风尚和媒介消费习惯，充分发挥其主体作用，培育新型的农村出版市场，并以此为立点，着眼长远，培养一代新型农民。这也是出版传播在农村文化建设中承担的崇高使命所在。

（四）媒介使用的互动性需求明显增强

受众的媒介需求不只是一种选择，也表现于整个传播与使用过程之中。传统媒介环境中的信息从传者到受者单向度传播，渠道单一，模式刻板。这在农村传播活动中更为突出，农民作为"受众"被传播者定义和影响，成为传播活动的被动接受者，传播者不能了解农民受众的真实需求，无法实现有效的信息反馈，常常出现传播错位的现象。以往的许多农村出版传播活动就是如此。出版单位缺少有效的读者调查手段，且受众调查成本高，无法深入

[1] 中国互联网络信息中心 .2009 年中国农村互联网发展状况调查报告 [R/OL]. 北京：中国互联网络信息中心，2010[2011-4-5].http://www.cnnic.cn/research/bgxz/ncbg/201004/P020101230475751808990.pdf：14.

田间地头，导致对分布于广袤农村土地上的分散的农民及其需求了解得不够全面和深入，有些出版物只能是无的放矢。这点，金盾出版社的成功堪称探索了农村出版传播及其市场开拓的新路。

在新媒介环境下，虽然基本的媒介格局特别是出版传播生态尚未发生根本性改变，但以互联网和手机为代表的新媒介为农民提供了互动和反馈的机会。农民也是自己的主人，是传播活动的主体，可以通过自主搜索获取相应信息，一定程度上掌握传播的主动权，而且现代农民的表达意识、社会参与意识、民主意识、维权意识和平等意识增强，自然影响到他们对媒介的选择和使用。部分媒介素养较高的农民和村集体，通过建立网站、开设博客等形式，向外界传递农产品市场供求信息、旅游信息、技术信息、需求信息，或者通过手机向传统大众媒介进行积极反馈，使得农村传播的互动性明显增强，活跃了农村传播环境，显示出部分农民主体性意识的觉醒。这也是现代新型农民成长的一个标志。

三、农民受众的内容需求特征

不管是传统媒介环境还是新媒介环境，"内容为王"始终是所有出版物不变的定律。农民受众群体对出版物的需求，从传统媒介环境到传统媒介与新媒介互动共存、仍然以传统媒介为主的局势，虽然会有新的变化，但总的指向是一致的，基本点是不变的。因而，分析新媒介环境下农民受众的需求特征，既要看到其变化的动态性，又要把握其内容的本体性。

（一）农民的生产实践要求内容具有实用性和多样性

农民是直接从事农业生产实践的一线劳动力，农业生产的效益高低和质量优劣，直接关系到农民的收入水平，因此，农民对信息的需求有较强的实用目的性，满足生产生活实际需要是其购买、阅读媒介产品的基本前提。这一明确的实用指向要求出版物能够为农民提供迫切需要的实用技术、致富信息、农产品需求、农业经营管理等与农民生产生活密切相关的知识信息。农民的阅读带有明显的实用性和功利特征，与城市受众追求休闲、娱乐、风尚等需求有明显差异。长期以来，"三农"出版物主要集中开发、策划科普、技术类等实用型书刊的选题，为农民的生产生活提供具体有效的帮助，直接指导其生产实践，为农民的增产增收提供有力的智力支持与技术保障。

在新形势下，特别是随着交通运输的日益发达，城乡之间的交往与劳动力流动变得频繁，农村社会分工不断细化，出现了不同于传统农民形象的新型农民，其生产生活开始改变单一的模式，生产实践活动日益多样化、复杂化，"随着现代化的演进，中国庞大的'传统农民'正在向'非农民'转变。在这个过程中，农户的家庭经济在解体，农民正在非农化，农业正在产业化，乡村正在城市化。随着社会从封闭的身份分层向开放的职业分层转变，'乡土社会'日益融入'现代社会'，被制度束缚于土地的农民正在用流动和迁移改变着自己的社会属性。传统社会留给农民的特性在当前的转型社会中正在解体。"[1]在城市化进程中，越来越多的农民正从土地中解放出来，摆脱土地的束缚，依靠土地而不单纯依赖土地，开始融入社会洪流，从事多样化的工作。农民已经不再是一个同质性极高的闭合整体，他们作为出版媒介的消费者呈现出各自不同的文化需求。"随着以往同质性的农民群体不断分化，现在农村社会既有传统意义上的农民，又有经营较多土地的专业户，还有亦工亦商的兼业农民，以及农民企业家、农民工等多个阶层。其中，善经营、会管理、敢创新的农民企业家，拥有技术专长和现代意识的非农产业工人以及带领农

[1] 殷晓清. 农民的传统特征在解体 [J]. 江西社会科学, 2005（2）: 14-20.

民共同致富的基层干部，就是新型农民的典型代表，他们已成为新农村建设的中坚力量。"[1] 从变化的角度来说，传统意义上面朝黄土背朝天的农民形象正在发生转变，而且其生产劳动的领域和空间在扩大，"农民角色多元化发展必将导致受众群的分化"[2]，从事不同工作的农民自然会对出版物的信息提供产生不同的需求。比如从事种植业的农民又可分出粮农、瓜农、果农、烟农、茶农、菜农等等，具体从事的工作专业化分工明显。如果按照传统的农民形象及其需求制定选题计划，受众定位不准确，提供的内容就会与农民的实际生活和迫切需求相脱节，造成农村出版传播的错位。农民群体由于其经济水平差异、工作分类不等、文化教育程度不同等原因出现了阶层分化，其中农民工这个庞大的社会群体已成为新媒介环境下农村出版传播的重要推动力，接受城市文化的熏陶感染后返回农村，带动农村发展，是农村社会进步的新希望。相应地，农村社会阶层的分化要求农村出版传播实现多元化转变，并在新媒介与传统媒介之间细分受众，准确定位，满足不同类型的受众需求。

（二）农村的地理和文化差异要求内容体现地域性

我国幅员辽阔，地域广袤，农村是个广阔的天地，其地理环境和文化面貌各不相同，都在漫长的历史进程中形成了自己独特的地域文化，许多古老的历史文化资源在农村得到了较好的保存。无论南北之间还是东西之间，由于较大的文化和自然条件的差异，各地民众在各自的文化条件下，养成了不同的文化习俗与阅读习惯；而且，由于地域的不同、气候的差异，各地的农事都具有自己的特点，因而对用以直接指导其生产生活实践的知识信息就有不同的需求。农村出版传播应当立足不同地域的经济文化条件，结合自身的历史文化背景，开发出独具特色的出版产品，既满足不同地域受众的需求，又能以此打造地方文化品牌。

[1] 吴林玲，魏文迪.农民分化对新农村建设的影响分析[J].沈阳大学学报，2009，21（3）：12-15.
[2] 方晓红.大众传媒与农村[M].北京：中华书局，2002:30.

"改善农村出版结构,应该立足于农村的不同特点与生活实际,发挥地域优势。"[1]特色鲜明的传统文化在具体的地理环境和历史演变中形态各异,是出版工作取之不尽、用之不竭的宝藏。从选题角度来看,出版策划既要从农村全局的高度展开,关注农村生活,贴近农村实际,关爱农村受众,更要从区域性农村风貌与文化遗存的层面挖掘丰富的出版资源。比如深受广大群众喜爱的地方戏、地方农谚、传统工艺、民间传说、历史典故、名人轶事、能工巧匠、民风民俗民歌等,就要大力整理、推广与弘扬。在具体的出版运作中,就可以依托本地区的文化资源,针对农村的少年儿童,结合当地的民间传说,创作具有浓郁地方特色的少儿故事书、童话书、图画书,策划编撰有关乡土风俗的小册子,激发农村受众热爱乡土、热爱祖国的情感。在内容表现方式上,也要注意各地区农民的接受特点与阅读方式,不仅要通俗易懂,还要地方性十足,有些选题甚至可以开发出独具风味的方言读本,还地方文化以原汁原味。

总之,如何体现农村的不同特点,展现各区域的独特面貌,满足各层次农民受众的精神需求,充分显示出版物的地域特色与文化个性,都要求出版传播在新农村建设中充分挖掘各地的历史文化资源,取材于农村,挖掘于农村,发扬于农村,承担起地方传统文化承续和复兴的重要使命。

(三)受电视等大众媒介和社会消费潮流影响产生的娱乐化倾向

目前,互联网对广大农民的吸引更多地源于其独具的休闲娱乐功能。农民文化程度普遍不高,信息理解能力差,对专业性、理论化的内容缺乏兴趣。新媒介环境下,农民群众更倾向于以视频、图片等轻松的方式获取信息。这一倾向在年轻农民受众中间体现得更为充分。中国互联网络信息中心的调查数据显示,到2009年,"网络游戏在农村网民中的使用率约为69.9%,比城镇高1.3%,使用率年增长9.8%。农村网络游戏用户7466万人,比2008年增长了2381万人,年增长率46.8%。农村地区网络音乐的使用率为82.7%,与城

[1] 周国清.农村出版传播对策论略 [J].中国出版,2009(3):62-66.

镇网络音乐使用水平相近。农村网络音乐用户规模达 8833 万人，用户量年增长 1997 万人，年增长率 29.2%。"[1] 不难看出，自网络等新媒体出现以来，农民精神文化消费的内涵发生了很大变化，农民受众对信息的接受倾向于通过"视听"而非"阅读"的方式。这当然有其负面影响，正如有论者指出的，"互联网的娱乐化应用虽然能够大量激发农村居民'触网'兴趣，提升农村互联网普及率，但是如果对互联网的应用持续局限在聊天、游戏、听音乐、看电影等休闲娱乐方面，将会大大阻碍广大农民阶层通过互联网改善自身社会和经济地位的发展路径，有可能造成城乡'数字鸿沟'的进一步扩张。"[2] 正如现代社会的人们习惯于"读网"而疏于"读书"一样，其间隐含一个事实，那就是现代农民受众的文化消费有了娱乐化的倾向。

正是在全社会普遍追求娱乐化的大背景下，出版传播主体作为先进文化的构建和弘扬者，要正视这一新的变化。一方面，这种趋向表明农民受众不仅关注实用性信息，也对娱乐性内容充满期待，不仅"求知"，而且"求乐"。农民的文化消费观念有所改变，信息意识和娱乐休闲普遍增强。农民不仅认识到获取信息的重要性，努力通过各种媒介改变农村闭塞的信息环境，而且在闲暇之余追求文化享受，文化需求往更高层次发展。另一方面，新媒介环境中的信息内容良莠不齐、思想潮流纷繁复杂，容易让农民受众陷入娱乐陷阱和信息迷雾而不能自拔。出版传播者有责任对农民受众进行正确的文化引导，为之提供优秀的文化产品，并强化文化引导功能，提高农民受众的信息鉴别能力，培养其健康的出版文化消费观念。

那么，在新的媒介环境下，面对农民受众对于媒介与内容的新的需求特征，应该如何应对呢?

[1] 中国互联网络信息中心.2009 年中国农村互联网发展状况调查报告 [R/OL]. 北京：中国互联网络信息中心，2010[2011-4-5].http://www.cnnic.cn/research/bgxz/ncbg/201004/P020101230475751808990.pdf:22.
[2] 中国互联网络信息中心.2009 年中国农村互联网发展状况调查报告 [R/OL]. 北京：中国互联网络信息中心，2010[2011-4-5].http://www.cnnic.cn/research/bgxz/ncbg/201004/P020101230475751808990.pdf：21.

四、政府主导的农村信息化建设

政府主导的农村信息化建设，即要以政府为主导，加快农村信息化步伐。政府是新农村建设的主导力量，农村出版传播牵涉面广，运作难度大，需要政府部门在其中发挥主导作用。

（一）完善农村信息基础设施建设，解决好农村出版传播"最后一公里"问题

在新媒介环境下，农村信息基础设施建设对农村出版市场的开拓作用日益凸显，亟须大量资金和设备的投入，特别是西部欠发达地区这方面的问题尤为突出。有研究者实地调查了甘肃省白银市白银区农家书屋的情况，发现电子音像制品和网络资源的配置无法满足农民群体的需求。[1] 笔者以为，政府部门应站在新农村先进文化建设的高度，把农村信息化建设作为一项宏伟的文化工程来加以重视，长远规划，维护农民的文化权益，关注农民的精神需要。继续深入开展"家电下乡""电脑下乡"活动，扩大对农民的优惠范围，增加补助额度，激发农民购买和使用新媒介的热情，提高新媒介的普及率。"只有媒介发展了，才能使广大农村和农村人口能够接触媒介、消费媒介，从而接受新的观念、新的文化和新的知识，掌握新的科学技术，开创新的生活"[2]，才能推动农村的长久发展。总之，在资金投入、政策扶持、宣传引导等方面，政府职能部门要开动脑筋，具体落实，加大农村基础设施建设，建立地方特色专题资源库，加快农村信息化进程，扮演好政府在农村出版中的"导演"角色，为出版内容和先进文化的顺利传输铺平道路。这也是建设服务型政府的题中应有之义。

---

[1] 张利洁，李艳，樊兴博.从农家书屋建设中存在的问题看农家书屋功能的延伸[J].现代出版，2011（2）：54–57.
[2] 蒙南生.新闻传播社会学[M].北京：中国传媒大学出版社，2007：103.

（二）组织开展技术培训，加强农民媒介素养教育，提高其获取信息的能力

有针对性地开展科技、文化下乡等活动，分批分层次展开技术培训，结合"阳光工程""跨世纪青年农民科技培训工程""新型农民创业培植工程""农业远程培训工程"等工程计划的推进，有计划地制订短期培训和长期培养相结合的媒介素养教育机制，提高农民受众的媒介使用能力和信息搜索能力，改变固有的思维模式和思想观念，使之融入新媒介环境，享受新媒介技术带来的生活变革，塑造有文化、懂技术、善经营的新型农民。

（三）创新农村文化与信息服务模式，积极参与农村出版传播活动

在新形势下，政府部门应转变服务理念，站在新农村先进文化建设的高度整合多方资源，以出版的方式深入开展文化惠农工程和民生工程。利用新媒介，结合本地区的发展实际、气候特征、地理条件、文化传统、农业结构、农产品布局状况和农民的现实需求，巧妙结合新媒介技术，有针对性地主动介入对农传播。继续加强公共文化服务体系建设，保障农民的公共文化权益，让出版业为新农村建设和新农业发展注入文化活力和科技动力。

在这方面，东部省份已积累了一些可资借鉴的宝贵经验。浙江省丽水市以"政府主导，企业参与"的建设模式和免费共享的服务模式，由丽水市政府主办，市科技局、丽水学院、市信息中心、市图书馆、市职业技术学院、市电信等单位共同参与建设，在 2008 年建立了丽水市网络图书馆，成为全国首家全市免费共享的市级网络图书馆。丽水市网络图书馆建立了"中国农业知识仓库""农业实用新技术知识库""农业视频库""丽水市农业专家知识系统"等多个专门针对农民受众的特色数据库。特别是"丽水市农业专家知识系统"，对花卉苗木、食用菌、笋竹、蔬菜、水产、中药材、水干果、畜禽、茶叶等九大农业支柱产业的相关知识进行系统整理，对各种农作物的生长特性、环境要求、品种选择、科学栽培、病虫害防治方法以及采收、贮藏与加工等各

方面，分门别类地进行图文并茂、深入浅出的技术指导。讲解详细，技术实用，内容丰富，针对性强，基本涵盖了丽水市本地的主要农业生产项目，农民受众可以通过导航和检索系统方便、灵活地选择与自己生产实践相关的信息内容，快速掌握先进的种养技术，从而满足其迫切的信息需求。正因其具有创新的区域共享模式、丰富的信息资源、浓郁的地方特色、高度的共享程度、便捷的检索等特色，为丽水市新农村建设提供了强大的信息服务支撑，产生了良好的传播效应，该工程被评为浙江省 2010 年度十大民生工程。可见，新媒介环境下形式日渐丰富多样的农村出版传播，有效破解了传统农村出版环境中农民群众的需求问题和发行困局，突破了传统出版方式的时间、空间局限，大有可为。

五、立体复合的农村出版传播体系

立体复合的农村出版传播体系，即融合传统出版和新媒介出版，建立农村立体化、复合式的出版传播体系。现阶段农村的传统媒介和新媒介交叠并存，相互渗透，相互影响，难以分割，因此建立农村多媒介融合的复合式、立体化传播就显得十分必要。

（一）传统出版继续扎稳脚跟，坚守阵地，并利用新媒介技术整合出版内容

内容是传统出版的核心资源，传统的纸质出版物仍是农民群众接触的主

要媒介。由于农民受众媒介使用的惯性以及纸质媒介自身的传播特质，纸质出版物仍有极大的市场空间，并将在很长时期内引领农村出版文化市场。同时，传统出版单位要充分发挥内容优势，对现有出版物的内容资源进行数字化、"颗粒化"处理，深度挖掘，重新开发，使之可以灵活应用，适应农村出版市场的多元化需求。书报刊等传统出版的内容优势应与新媒介的传播优势有效融合，打造为农民群众喜闻乐见、易于接受的优秀出版产品。

（二）发挥新媒介的技术优势，开拓数字化出版

在传统出版依然不断探索的同时，依托新媒介技术的数字出版产业已成为一种重要的补充和新的选择。数字化出版为农村出版市场的细分、农民受众多样化需求的满足等提供了新的可能。为应对激烈的出版市场竞争，许多媒体和出版单位采用分众化策略，以受众为中心，通过内容的专业化锁定市场。在新媒介环境下，出版单位可以根据不同农民的阅读能力、媒介使用习惯、传播环境、内容需求差异等因素，采取灵活的出版形式，向农村数字化出版方向迈进。对于农业科技如指导粮食蔬菜种植、水果培育、病虫防治等农民朋友迫切需要的技术，既可以通过书籍的形式，也可以利用光盘、图片、视频、数据库等形式加以传播，让农民受众更加直观、便捷地掌握实用技术。随着手机的日益普及，手机出版将在农村文化传播中扮演越来越重要的角色。"手机传播是一种数字化传播，其信息传播的速度快、时效性强。这种即时贴身的传播媒介恰好可以很好地适应农牧生产的开放性、移动性和变化性。手机传播的更新速度也很快，而且更新成本低。尤其是当发生一些突发的气象和病虫灾害的时候，可以有效地保护农业生产。"[1] 不独如此，手机作为出版传播终端，应用前景十分广阔。不仅在实用性信息方面，可以及时向农民受众传递农产品供求、农业技术、劳务招工、卫生保健、生活小窍门等信息，传播新知识、新技术、新观念，而且在文化消费方面可以便捷地提供以农民为

[1] 李亚玲.手机媒体与农村信息化分析 [J].传媒观察，2008（10）：24-25.

受众定位的手机报纸、期刊、音乐等出版内容，也可以作为传统出版物的推荐平台，发送书讯、书目等。总之，出版的数字化技术潮流为出版形式的诸多可能性打开了闸门。农村出版传播就是要打开思路，把出版内容的适应性与传播形式的灵活性和多样性相结合，以新媒介出版服务"三农"，以数字化转型开拓农村出版传播的新局面。

（三）建设"数字化农家书屋"

农家书屋工程是党和政府为保障农民群众基本文化权益而实施的惠民工程，也是社会主义新农村建设的一项重要内容，在农村出版活动中具有不可忽视的作用。原国家新闻出版总署在《关于加快我国数字出版产业发展的若干意见》中表示，要"积极支持农家书屋向数字化方向发展"[1]，这无疑为新媒介环境下农家书屋的发展指明了方向。新的媒介技术和设备也客观上促使农家书屋加快向数字化方向转变。在"2010信息化与现代农业博览会"上，一种数字新农村多媒体阅览系统受到了青睐。"数字新农村多媒体阅览系统对农家书屋工程进行了延伸和有益补充，为广大农民提供了更加广泛、实用的内容资源，为国家农家书屋工程实现信息化、数字化提供了完善可行的解决方案，与传统报刊书籍相比，农家书屋移动阅读终端在信息发布和物流环节节能降耗，充分体现了'绿色''低碳'的时代要求。"[2]通过无线网络，在广大农村地区就可利用该阅览系统方便地浏览报刊、图书、音像及各种资讯。国家新闻出版总署副署长李东东指出，要"利用农村现代信息网络迅速发展的契机，高起点建设农家书屋数字出版平台和服务平台，进一步建立产业化的运行模式，逐步建立产业化的可持续发展长效机制。"[3]据了解，"同方知网公司自2009年启动数字化农家书屋建设项目以来，将专业期刊、报纸等数字化

---

[1] 新闻出版总署.关于加快我国数字出版产业发展的若干意见 [J].中国出版，2010（21）：6-8.

[2] 中国网.数字新农村多媒体阅览系统受青睐 [EB/OL].http://fczh.china.com/201012/35-a11774.html，2010-12-28/2011-2-10.

[3] 程晓龙.高起点建设数字化农家书屋 [N].中国新闻出版报，2010-7-22（02）.

资源，用个性化的方式推向了农村，建成了'三新农'知识库产品，制定了1000个知识库产品标准，建成300个知识库，目前已经在全国23个省（区、市）的68个地市建设完成1万个试点。"[1] 在信息容量、传播速度、表现方式等方面，数字化农家书屋均表现出了巨大的优势，可以满足不同农民受众的文化需求，农民的自主选择性大大增强。农家书屋的数字化转型，必将对农村出版生态产生重要影响，使农家书屋这一文化民生工程在新媒介环境下发挥新的作用，并带动农村出版传播迈向新的高地。

（四）注重人际传播，培养"阅读领袖"

中国传统农村社会是以人伦关系为本位，以血缘关系和地缘关系为纽带维系着的熟人社会。尽管随着时代的发展，传统农村社会的这一特征有所淡化，但人际关系在实际的社会活动中仍起着重要作用。这种基于人际关系的传播网络重视"口碑"效应，在出版活动中也一样，获得农民朋友喜爱的出版物，通过邻里、亲友推荐，人与人之间口耳相传，有极强的说服效果。一般来说，那些有文化、懂技术、善经营的农民在传播过程中有不同于普通农民受众的信息权威。笔者以为，在信息相对闭塞、农民分散居住的现实传播环境下，农民作为"原子化"的接受个体，其文化需求差异较大且难以把握，常常导致出版物市场定位困难甚至滞销的不良局面。因此，在农村出版传播过程中培养"阅读领袖"就显得十分重要。农村社会中的"阅读领袖"将起到整合农民受众、阐释传播内容、带动农民积极学习新知识，主动参与到农村传播活动中来的重要作用。出版单位可以挑选有一定媒介素养、人际关系活跃的种养大户开展技术培训，定期联系，给予一定的技术支持和征订优惠，充分调动"阅读领袖"的传播积极性，引导农民群体形成阅读习惯，改变落后的文化消费观念，打开农村出版市场的突破口。只有这样，出版单位才能在基

[1] 程晓龙.高起点建设数字化农家书屋[N].中国新闻出版报，2010-7-22（02）.

层农村中扎稳脚跟,建立坚实的发行据点,充分发挥"二级传播"的宣传能量,提高农村出版发行的效率。

六、多元动态的农村信息反馈系统

新媒介环境下,农民受众的媒介接受或图书阅读的互动性增强,对出版单位提出了新的要求,必须及时收集和处理农民受众对出版物的意见,与之形成互动的信息交流系统。

(一)充分利用基层传播组织,收集农民对出版文化的需求

近年来,农家书屋建设成绩斐然,目前全国已建成农家书屋 30 余万个,覆盖全国一半以上的行政村,实际上成为了农村重要的信息辐射点和传播源,是一个信息集散地。出版单位要加强与基层农家书屋的联系,不仅要送文化下乡,还要根据农民群众的借阅情况和评价信息,了解其阅读倾向和喜好,统计分析农民受众的需求特点,动态掌握其变化,作为出版选题与策划的重要依据。长期以来,农村出版市场发育不健全,农业科技类出版物占据绝对优势,而其他方面的内容较为匮乏。比如针对农村少年儿童的文学读物就较为缺乏,农村孩子除了课本,很难读到表现农村生活的图书,而那些反映都市生活或玄想类的图书,又与其实际生活脱节。农家书屋可以充分掌握那些留守儿童、妇女、老人等不同群体的需求特点,为出版单位的选题策划

提供相应的市场信息，既可满足农民受众的现实需求，又能有效降低出版风险。另外，"阅读领袖"作为出版传播者和普通农民受众之间的重要桥梁，深深扎根于农村，其信息反馈能力也不容小觑。那些种养大户都是来自劳动一线，靠自己的双手致富，体验深，感想多，了解普通农民迫切需要的知识和技术，其提供的反馈信息更切合农村生产实际。出版单位可依托这些基层传播组织开展读者调查和意见收集工作，在一些选题的策划上征询"阅读领袖"的建议，甚至可以邀请他们加入到出版策划活动中来，以保证出版物市场定位的准确。

（二）建立以互联网为基础的信息反馈平台

"新媒介在技术上实现了传播过程的实时双向性，为传者与受众互动的实现扫平了技术上的障碍。"[1]作为新媒体的网络在农村出版传播中具有无限的空间，可以借此及时收集整理农民受众的意见和建议，对某些市场前景没有把握的出版产品进行受众调查；还可以通过农民博客等途径发现、挑选优秀的农民写手、农民作家，急农民所想，写农民所需，使出版物发出来自基层、来自农村的真正草根的声音，赢得农民受众的青睐。另外，还要注意培养农民积极的反馈意识，使其从消极被动的受众角色转变为积极主动的参与者甚至是传播者角色。

（三）出版传播者要主动深入田间地头

新媒介环境下，出版传播主体更有必要深入农村基层，进入田间地头，融入农民生活，与农民群众打成一片。只有在这样零距离的人际接触和田野调查中，才能深切感受和把握农民最真实的心理特征和需求走向，克服城市化的出版传播思维，真正从农民视角出发来展开一系列的出版传播活动。作为出版传播者，要从农村生活中发现素材和灵感，寻找选题策划的空白点，

---

[1] 董成双，等.农业科技传播[M].北京：中国传媒大学出版社，2006：137.

发掘农村出版市场的潜力，培育农村出版市场，搭建出版传播与农村先进文化建设的桥梁。

　　总之，对于出版业来说，受众是出版物的消费者，满足受众需求是出版工作的目的和动力。农村出版传播要适应新的形势变化，重新分析新媒介环境下农村出版市场的新动态，找准立足点，打开突破口，要与政府部门良性互动，形成出版传播合力。出版传播主体要深入了解农村实际，从农民受众的真实需求和迫切需要出发，顺应农村社会发展和出版业转型的历史潮流，为新农村的文化建设提供精神动力和智力支持。

第五章

渠道开拓与营销改善：农村文化建设的有力推手

农村图书营销关系到农村文化建设和农民整体素质，必须与出版策划形成一体化力量，以个性化选题构建内容特色和营销亮点；把握农民读者的现实购买力，找到合理的市场对接点；整合营销，开辟多种渠道，形成发行合力；充分发挥、利用和延拓农家书屋的功能与作用，构建农村图书营销的传播平台；放眼长远，开展读者调查，注重培养农民的阅读习惯，提高其阅读水平，实施可持续营销战略。

在构建和谐社会的时代语境与建设社会主义新农村的历史进程中，广泛开拓农村图书营销渠道，努力改善营销状态，健全出版市场，才能为作为社会弱势群体的农民读者创造一些好的文化消费环境，切实满足其对精神文化产品的独特需求，才能扩大出版传播的影响力，最大限度地实现其社会效益与经济效益的有机统一，为农村先进文化建设注入不歇的活力，并为出版产业化环境下的编辑决策提供启示。在很大程度上，这是农村先进文化建设的现实依托与有力支撑，是文化影响力、辐射力的发动源。

农村图书是指与农业、农村、农民密切相关的图书，其读者对象的主体是农民，内容主要是指导农民提高劳动生产技能，掌握农业科技知识，丰富精神生活，提高文化素质，提升农业的产业化水平。自改革开放特别是实行社会主义市场经济以来，我国农村的人口结构发生了很大变化，农民已不单纯是传统农业意义上的概念，出现了庞大的农民工队伍、乡镇企业的生产工人和管理者、小商品生产者、个体劳动者、私营企业主和农村管理者，在各自的生产生活领域和发展空间涌现出不同的需求，要求出版内容多样化。如农民工是游离于农村和城市社会生活之间的边缘群体，在农村图书营销中具有特殊的意义，他们进城务工求生存，主要靠技术或劳动力，需要学习建筑装饰、家政服务、高级护理等方面的知识。

一、构建选题特色　打造营销亮点

　　农村图书营销传播渠道的开拓，与农民读者的需求和阅读特殊性相关，也受到地域条件和因袭的城乡差别的影响。尽管通讯技术十分发达，信息传播飞快，但由于种种因素的存在，农村图书营销传播渠道并不畅通，市场开发仍然比较落后，特别是农村地域跨度宽广，人口分布不集中，交通依然不便，读者需求密度低，生产成本和物流成本高，图书发行网点不多且难以建立，市场规模不易成型，加上农民读者消费力弱，图书赢利少，发行难度大，市场规模化、特色化趋势尚不明显。有研究统计显示，图书消费在国民消费支出中的比例我国仅占2%，发达国家则超过20%，而农村市场容量约占我国市场总量的一半以上，消费总量和潜力巨大，农村图书市场确实大有可为，但农民的阅读习惯需要培养与引导，消费需求需要激活与集中，购买潜能需要开发与延展。目前的关键就是如何把出版物送到农民手中，找到开启市场大门的钥匙，构建农村出版营销通道，培育和发展农村出版营销产业。

　　这就要求与出版策划形成一体化力量，以个性化选题构建内容特色和营销亮点。发行是出版的重要环节，是编辑工作的延续，出版策划与营销策划必须同时指向市场，联体互动，好发行的书往往在编辑环节就具有市场潜力，就已切入细分市场。因此，就必须从以下几方面下工夫：第一，拓展农村图书的发行空间，就要从选题策划这一环节抓起，主动深入农村，密切联系实际，细心了解农民的生活状态，密切把握农民的阅读需求，从中捕捉选题与创作灵感。特别是在城镇化、工业化和农业产业化的农村发展环境下，要把农民最关心、最直接、最现实的问题作为首要选题。第二，在内容定位上符合农民读者的阅读需求，既关心其物质生活，又关心其精神文化取向，如社会保障、权益保护、致富能力、基层民主、人口质量、进城务工、留守儿童、老人问题，而且以多品种的图书来适应农村多元化的产业结构。第三，不讲空话套话，减少理论，增加操作步骤及其演示，少说历史演变过程，多联系生活实际，让农民读者真正"买得起，看得懂，用得上"。第四，细心分析各类、各层（包括不同地域、文化环境，不同生活、生产方式，不同文化趣味、阅读水平，不同消费习惯、购买能力）农民读者的需要，研究图书在农民阅读、农村传播的特点和规律，把握农民对图书的阅读接受方式，并注意吸收其他媒介在农村传播的优长。有研究者对我国农村报刊发行现状进行了调查："村民喜欢看报刊的原因主要有四个方面，按选择频数高低依次为了解国家大事、学习知识技术、打发时间和教育孩子，选择比例分别为 31.02%、28.59%、24.23%、14.86%"，"43.06% 的村民认为应增加农民致富信息，25% 的村民认为应该增加农民维护权益信息，19.38% 的村民认为应该增加农村政策相关信息，还有 12.56% 的村民认为应该增加反映农村生活的娱乐、文学故事"[1]，这从一个侧面对农村图书营销的内容策划等提供了启示和借鉴，也提出了要求。以往的农村图书策划存在品种单一、针对性不强、内容更新不及时、通俗性不够等方面的不足 [2]，加强选题策划，优化农村图书的内容与结构，关键在于编辑主体自身的作为与创造。就拿农业科技图书而言，在农业产业结构调整、全面建设小康社会和社会主义新农村的今天，农业科技图书对于引领广大农民学习科技知识、提升科技技能、致富奔小康，无疑具有不可忽视的现实意义，但至少要考虑两个具体问题：一是究竟什么是农民读者迫切需要的内容？一般来讲，农村科技读物有 3 个层次的读者：农技员、乡村干部和要求致富的农民，他们有不同的阅读需求，而且是分层次的，出版传播者应尽量从不同侧面和角度满足其不同需求，特别是农民的物质生活、经济生活和生活结构发生了新变化，应及时把握住农民读者的阅读走向，分技术专题、特定门类、专业层次等来满足其不同的新的需求，如果树、大棚蔬菜栽培，医疗卫生，法律常识，环境保护，致富信息，农村设施建设，摩托车、农用车等基础交通设备，化肥、农药、种子方面的知识，病虫害防治，维权、打假方面的知识，农业机械，子女教育，防灾抗灾救灾，民间工艺，适合农村青少年阅读的科普书等。二是如何处理好实用技术和基础理论的关系？农村读物的选题和出版，必须

[1] 吴锋，曹英群.关于我国农村报刊发行现状的调查报告 [J].今传媒，2007（8）：22-24.
[2] 沈银书.农民科技需求的变化趋势及其图书优化对策 [J].科技与出版，2008（6）：6-8.

站在广大农民的立场，尊重其思维习惯和话语权，科学处理好两者的关系，坚持以实用技术为主，并依此来优化和调整选题结构，多出普及型、实用型、通俗型、注重可操作性的技术类图书，做到知识科学，技术可靠，能回答农民在生产生活中遇到的实际问题；同时辅之以轻装上阵、通俗详细、简明好用、浅显易懂、文风朴实的理论读本，力避抽象、高深，以适应不同文化层次的读者，能"一看就懂，一学就会，一用就灵"。中原农民出版社的"农民科普丛书"紧密围绕种植、养殖和农副产品精深加工，采取一本书介绍一种技术的形式，基本上做到了让农民看得懂、学得会、用得上，市场效应良好。化学工业出版社采取了"三农图书套餐发行"法，将可以进入县店销售的农业、医药等品种制成相关图书目录，为基层书店"分套配方"，每套书从1万到几万码洋不等，将发行工作具体化。而中国农业出版社的"口袋本丛书"针对农民的需要制作，本身就具有市场导向作用，体现了一种以需求为主线的发行意识。[1]

　　同时，农村图书编辑人员要有全面的知识、发展的意识和实用的眼光，关注农业政策，关注农村形势，关注农民需求，对农作物的品种、农产品市场信息要熟悉，对新的农药、兽药使用和病虫害防治技术要了解，对新农具、灌溉技术、施肥技术等农村的发展动态要跟进，对农业科技的新标准、新知识特别是现代农业的高新技术要掌握和了解，使自己具有合理的、适应农村发展新要求的知识结构和策划能力，并根据作为消费对象的农民读者的文化水平具体确定出版的内容和形式，既考虑不同生产方式、生产领域的要求，又分析各自的地域特点与环境变化规律，南北不同，东西有别，分类策划，划片发行，并且做到传统农业与现代农业兼顾、基础技术与高新技术结合，既凸显普遍规律，又抓住特殊本质，在内容的一般与个别的统一中寻求特色和亮点。

---

[1] 范占英."三农"读物：四把钥匙开启市场大门 [N]. 中国新闻出版报，2004-09-22（B05）.

二、把握现实购买力　有效对接市场

　　农民读者从潜在读者转化为现实读者，是以其购买力为现实依托的，必须把握农民读者的现实购买力，科学进行价格决策，寻找合理的市场对接点。中国是农业大国，农民占了我国人口的绝大多数。据报道，当代中国农民占全国人口总数的70%，世界总人口的15%，世界农业人口的35%。[1] 这就是国情，不同程度地决定着中国的政治、经济和文化特征。如果说中国最大的问题是农民问题，那么中国农民最大的问题则是经济条件问题，是如何进一步致富奔小康，不断提高经济收入、改善生存和发展状态的问题。农村的经济贫困导致了文化贫困，而文化贫困从根本上说又是导致经济贫困的重要原因，只有通过多种途径提高广大农民群众学科学、学文化、学技术的积极性，走知识脱贫、知识致富之路，才能从根本上改变其贫困面貌。而从目前的情况来看，尽管农民占全国人口的70%，但仅购买了全部图书零售的25%，一方面说明潜在市场很大，农村图书销售大有可为，另一方面也暴露出城乡文化生活的反差、信息获取的"鸿沟"和知识拥有的极不平衡，反映农民阅读的贫乏和农村文化的落后。从整体上看，农民的生活消费目前大部分停留在生存型状态，渴望自我发展和学习知识的心情迫切，但受到自身经济条件的制约，图书消费方面的现实购买力较低，图实惠、讲节约、求廉价的心理明显，对价格及其变化、对比等十分敏感，其购书的目的性明确、针对性强，基本上是打算做什么，就学什么、买什么。这些都是影响图书定价的重要因素，是农村图书价格决策的重要参数。"当消费者收入水平一定时，有限收入与消费欲望的矛盾使得消费者追求'物美价廉'，图书的性价比因此而显得异常重要……在出版业营销活动中面向农村市场的图书出版、选题定位、读者对象、装帧设计、纸材选择和定价策略的运用等，都需要掌握目标顾客的购买力和消费特征，科学和深入地了解读者购买力，确定选题目标和提供优质

---

[1] 林晓华.少数民族农民媒介素养现状调查[J].当代传播，2008（2）：63-65.

服务。"[1]"一般而言，内容相同而版本有别的图书，价格低的较价格高的更能吸引读者。收入低的读者比收入高的读者，更关心价格的高低。"[2]出版部门应多方考虑农民读者的实际，从开本、装帧、用纸、印刷等各个环节综合权衡其市场支持力，降低发行成本，以最廉的价格推出最优的图书商品。农民阅读主要基于一种致富求发展心理，而不是以图书装门面、图虚荣，因此应以出版普及本、单行本、简易本、小册子为主，尽力出经济实惠版，采用口袋本、专题本、活页本、科普卡片、光盘等灵活多样的形式，分门别类，降低成本，增加针对性，做到价廉书美，真正让文化惠民、出版惠民。比如农业科技图书，就可用一本小册子介绍一项技术，开门见山，与其购买能力相适应。而综合性农业科技书往往价格不菲，其中部分内容与其需求无关，难以诱发农民读者的购买欲望，应更好地注意专题分类和内容的针对性。同时，还可通过有奖销售、附加销售、买送结合、赠送消费优惠卡等方式吸引农民读者购书，既是一种价格的优惠，让利于读者，也能从中获取市场信息，有利于销售网点读者群的成型和阅读文化的积淀。

价格是图书营销组合中的活跃因素，具有买卖双方双向决策与制约的特点，往往对图书的营销质量和效果产生重要影响。出版发行者必须在调研的基础上对农民的消费心理有所了解，充分考虑其购买习惯，图书定价以农民读者的认同程度为依据，以其可接受的价格为基准，并根据不同的内容和对象确定不同的价格。一般而言，消费者对商品价格存在习惯性心理和倾向性心理两种走向。习惯性心理要求买方稳定价格，切忌随意提价，否则易造成逆反心理，这在农民读者的图书消费中表现尤为明显。倾向性心理有这样几种：求廉心理倾向、自尊求荣心理倾向、求实心理倾向、求同心理倾向、求新求异心理倾向[3]，其中求廉、求实等心理在农村读者购书行为中表现明显，农村图书应该始终坚持高质量、低价位，少出豪华本、精装本，多出平实本、简易本，内容上精写精编，装帧设计实用平朴，在印刷用纸等方面经济实惠，将图书价格规限在农民读者可以承受的范围之内。有资料统计，"2005年农民

[1] 张孝安.农村图书的流通渠道和营销模式研究 [M].北京：中国水利水电出版社，2007：75-76.
[2] 刘拥军.现代图书营销学 [M].苏州：苏州大学出版社，2003：82-83.
[3] 杜军燕，张伟，巩霞.消费者的价格心理及营销策略研究 [J].淄博学院学报·社会科学版，2001（2）：18-21.

人均纯收入达到 3255 元,但是,城乡居民收入之比仍为 3.2:1。"[1] 在这样一种差距面前,出版发行部门应深入了解市场,多与农民读者沟通,以其所能接受的价格和价值感受作为基准,并加强后续信息跟踪,对农村图书的定价策略做出符合其经济状况、实际需求与消费心理的调整,同时使选题、品种结构更为合理。现行的图书定价制度对农村图书市场不完全适合,农民读者购买力低下,高定价低折扣的市场运作方式应该退出农村图书营销,代之以薄利多销、广开渠道等适合农民生活实际的方式。

尤其应该转变营销观念,以往正是因为农民需求点分散、现实购买力低,误认为农村图书销售是无效益发行而放弃对其市场的开发,没有反思图书性价比及其实用性等因素对农村图书市场的恰切性、适应度等问题,致使农村图书市场发育不良甚至在有些地方难以发育,农民的爱书意识和读书兴趣也就没有依托、无法培养。当然,低价并不一定就能进入市场,就能拉动消费,也不是说农村图书一味使用低价策略就战无不胜,而是要具体问题具体分析,充分把握农民读者的消费能力,运用价格杠杆调节图书供求,激发市场活力。

三、整合渠道力量　形成发行阵势

农村图书市场需要精心培育,应调动各方面的力量开拓营销渠道,整合营销,形成发行合力。渠道是发行的血脉、市场的触角,决定出版物的发行覆盖面和传播范围,但绝大多数农村没有完善的图书发行零售点,或者渠道不畅,或者在服务水平、发行质量等方面很难跟上,图书营销传播的有效开

---

[1] 夏珺. 新农村建设要做长远打算 [EB/OL].http://www.agri.gov.cn/jjps/t20060915687504.htm, 2006–09–11/2007–09–26.

展与改进就必须解决这些现实问题。

（一）发挥出版发行人员自身的主体能动性，及时介入农村图书市场

金盾出版社长期坚持为"三农"服务，根据农村不同层次和生产领域读者的需求调整出书结构，策划贴近农村生活和农民实际需求的选题，把基层书店和乡镇农技推广中心当成营销服务的重点，在农村图书发行中捷足先登，成绩显著，起到了示范作用。其发行人员背着行囊，搭乘班车，走进基层书店，深入田间地头，长年坚持与农民读者打成一片，了解信息，把握需求，凭着军人的素质，把农村图书市场做活做强了，其面向农村特别是偏远地区农村的"金盾图书读者俱乐部"已有会员 60 多万人，在图书策划、营销等环节起到了重要的中介作用。中国农业出版社的发行员经常开车往乡村跑，到县级新华书店做工作，深入农业生产第一线，到农村赶大集、搞活动，往往投入与产出不成比例，要赔钱，但他们不言放弃，利用这种高投入打通的渠道，有针对性地组织开发符合农民读者需求、能为农村和农业解决实际问题的选题，如将种植养殖类农技书先期打入农村市场，利用已通的渠道，将生活、文艺等其他图书一并送到农村地区，调动农民的购买愿望，开发农村图书的潜在市场。[1] 这就是发行人员主体性、创造性所在，体现了其对农村的热爱和对农村出版传播的责任。

（二）充分发挥新华书店在农村图书发行中的主渠道功能

新华书店长期以来积累了较为丰富的发行经验，拥有稳定的发行渠道，形成了自己的发行模式和品牌优势，在农村图书发行网络建设中无疑具有重要作用。特别是在发行体制深入改革的历史条件下，随着民营资本进入图书营销领域，市场竞争必定更加激烈，新华书店更应树立长远眼光，增强服务"三农"的意识，形成完整的服务体系和灵活的运行机制，主动占领农村图书市

[1] 范占英. "三农"读物：四把钥匙开启市场大门 [N]. 中国新闻出版报，2004-09-22（B05）.

场这块大蛋糕，不要以俯视的姿态坐等顾客，而应主动送书下乡，加强与邮政、乡镇街道图书站点、农技站点等方面的多维联系，形成能退能进、能上能下的信息流通网络，并且想方设法减少退货率，赢得主动权。

（三）多家出版发行单位联合下乡

在农村图书营销发行中，出版单位要善于打组合拳，联合下乡，以一定的发行阵容与营销声势形成规模效益；同时广辟融资渠道，吸纳社会资本和民营资本进入农村图书市场，在资本的多元背景下力争以较少的投入取得最佳的效益，改变其单打一和营销乏力的局面。我国农村地广人多但分散，读者需求不仅集中度低而且季节变化明显，在东部、中部和西部地区，其经济文化水平及购买力差别较大，在生产生活需求方面，南北地域之间又有明显的区分，而在以往的图书营销中，一些出版发行单位单个深入、各自为战，虽然便于发挥自身优势，但难于对农村文化状态的不同层面有全面系统的了解，因而缺乏营销的整体性和规划性，不能使优势变为现实，也就难于全面开发农村图书市场，使其长期处于疲软和无作为的状态，因而形成出版与发行合力很有必要。在其联合行为中，各出版发行单位应尽力展现自身的特点，发挥优势，相互之间形成互补市场，同时又有联合计划与切实措施，既分区分段，有区别、有重点予以落实，又能形成营销的统一战线和共同战略，做到全面市场覆盖策略与差异化目标市场营销策略的结合。这与商业竞争及其保密性没有矛盾。同时还可探索出版发行单位图书直销等办法，发挥地方优势与民营书店的力量，依靠当地图书代理商负责某一区域的发行，与出版社连锁经营，并设立相关的系列分店，形成发行销售的流通网，加大图书的覆盖面，改变地广而发行人员难于到位的状态，努力提高在农村的销量。

（四）利用当地相关部门的中介作用

出版发行人员深入农村，应在调研的基础上，与当地相关部门互动，比如培训部门、劳务中心、邮局、广播站、电视台、教研室、乡镇综合性文化站、村文化室、车站等，调动各种积极力量起到推介和宣传作用；也可进行区域代理，由代理点逐步扩展，形成辐射趋势；还可同文化下乡、送书下乡等活动结合起来，齐推共进；联系当地文化、教育、卫生等单位，请懂农业技术、熟悉农村文化的专业人士开展读书报告会、进行相关知识的辅导、举办培训班等，既能现场传播农民需要的信息，营造文化氛围，又可将其内容与图书的选题、策划相结合；供销社商场等为新华书店代买图书已形成传统，应在新的经济环境和营销条件下探索新的途径；并制定、完善和落实发行网点建设规划，将其与当地经济社会发展规划统筹布局。

（五）采取灵活的、目的明确与效益优化的营销方法

针对农村及其图书发行的特点，可化整为零，单元组合，也可在分散经营中形成合力。化整为零法，就是"将某一图书区域市场分成若干块相互关联的'战区'，每个'战区'再分成若干个相互呼应的'战点'，每个'战点'又可连成若干条紧密相连的'战线'，目的是梳理市场脉络，突出重点，抓住关键，带动全局。"[1]这对农村图书的营销传播具有启示性。农村图书营销既要联合力量全面铺展，深入开发，又要以点带面，点面结合，以点连线，点线相串，从对市场作出积极反应，到寻找突破口，到把握主动权，到逐一落实营销点，从而在逐步突出重点营销区域的基础上形成发行网络系统，做到无差异策略与差异策略的统一，既有一定的市场面，又突出市场的集中度，在此基础上"对农村传媒市场进行细致的划分，实行小城镇、集体农户和分散农户的分层发行，逐渐拓展它们在农村传媒市场中的占有率。"[2]同时还可以聘请熟悉当地情况的乡镇企业骨干，农村专业户代表，退休教师、干部等不同层次的人担任图书信息沟通员或发行联络员，成为发行网络的重要补充，并进行营销信息的收集与反馈，便于出版发行部门及时调整营销方案与对策。

---

[1] 文硕、吴兴文.图书营销传播 [M].北京：中国广播电视出版社，2000：316.
[2] 曹凤祥.大力开辟我国农村传媒市场 [J].编辑之友，2008（5）：11-14.

（六）争取各级政府部门的支持，为农村图书营销传播提供绿色通道

提高农民整体素质，培养造就有文化、懂技术、会经营的新型农民，是社会主义新农村建设的迫切需要，而农村图书营销无疑起着重要作用。"三农"图书发行困难多，市场开发难度大，各级政府部门应站在为"三农"服务和建设社会主义新农村的战略高度，为"三农"图书的市场营销提供政策保证和环境支持。服务"三农"也是一种公益活动，一些农村读物及其出版发行工作带有"准公共产品"与公共服务性质，是建设农村公共文化服务体系，保证农民文化权益的一部分，政府已经在税收等方面实行了优惠政策，还要进一步采取措施，兼顾农民与出版发行企业之间利益的平衡，考虑农村公共出版服务因素，改变倾情城市忽视农村的思维定势，着眼长远利益，在书号管理等方面对农村图书出版给予政策、制度和机制的倾斜。

四、利用农家书屋　搭建文化平台

农家书屋建设是一项重要的文化工程，是新闻出版工作服务于社会主义新农村建设的重要方面。它是农民学习文化科技知识的场所和免费借阅的服务站，是农村图书营销的一个信息平台与市场需求观测点，作为精神文明建设的阵地和农村图书营销的网结，在构建社会主义和谐社会、建设社会主义新农村的历史进程中，将起到不可替代的引导、带动和示范作用，应该充分发挥、利用和延拓农家书屋的功能与作用，构建农村图书营销的传播平台。2007 年 3 月召开的十届全国人大五次会议上，温家宝总理在《政府工作报告》

中专门提到要突出抓好农家书屋工程，6 月 16 日，中央政治局研究加强公共文化服务体系建设时，再次把农家书屋建设工程纳入议事日程。原国家新闻出版总署等 8 部委印发了《"农家书屋"工程实施意见》，《新闻出版业"十一五"发展规划》中将农家书屋工程的建设实施列为"十一五"新闻出版业发展的战略重点，统一规划，分头实施，力争到 2010 年在全国建设 20 万个农家书屋。这是保障好、维护好民众基本文化权益，满足农民基本文化需求，惠及 9 亿农民，推动农村文化建设的重大举措。据报道，到 2007 年 10 月，重庆市落实配套经费 340 万元，在 9986 个行政村建设农家书屋，配置图书及设备，已建的 3000 家村级公共服务中心暨农家书屋出版物的配送全部到位，涉及文化教育、普法、农业科技、卫生防疫、城镇务工实用知识等。江苏省通过多渠道结对帮扶、多形式定点捐赠、多途径推动建设等，加快推进农家书屋建设，各级财政已拨出农家书屋建设专项资金 2255 万元，社会各界捐赠农家书屋总额达 1705 万元，全省农家书屋总量达 2105 个；同时结合农家书屋建设举办农民读书节，组织丰富多彩的读书文化活动，如农民读书演讲会、"三农"读物展销、专家咨询服务、农民读书明星评选、作家签名售书，以此营造读书氛围，推动阅读活动与农家书屋的结合，引导农民多读书、读好书，不断提高其文化素质和致富能力。"随着农家书屋网点持续增加，统一配送、连锁经营、信息服务等现代流通方式推广普及，服务功能不断增强，农家书屋将成为我国十分重要的出版物传播实体。出版社大力开拓农村出版物市场，农家书屋将成为绕不开的发行渠道"[1]，必然给农村图书营销创造良好的环境因素，带来环境机会，从而带动农村图书营销。据有关资料显示，20 万家农家书屋所激发出来的农村图书市场的消费规模将达到每年 20 亿元。如今，农家书屋已形成规模，步入规范化建设的轨道，在农村文化建设中成为重要的阵地，发挥着独特的作用。

农家书屋的经营应充分发挥地域优势，把准自身特点，利用区县图书馆系统实行资源共享，在图书馆、新华书店、乡镇文化站（发行网点）、农家书屋之间形成资源的有效流动网络，以农家书屋为终端信息发散源，并紧密结

---

[1] 张忠月 . 出版单位在农家书屋建设中的责任与机遇 [J]. 编辑之友，2008（5）：21-23.

合农村的实际，如怎样为留守儿童服务，怎样与农村教育普及相结合，如何系统地整合各类资源，如何针对不同的农民读者实行阅读分层，从而使农家书屋充分体现出各自的特色与优势，贴近农民的思维方式、思想感情、审美习惯和价值取向，并以此为延伸点，逐步达到县有书城、乡有书店、村有书屋的网点建设目标。这样，农家书屋就无疑成了联结读者与社会、读者与出版发行人员的重要纽带，成为透析农民读者需求的一个信息聚焦点和折射区，成为农民精神家园的一个符号，促进全民文明素质的提高和经济社会的全面协调发展。一方面，农民读者可从中了解文化、出版信息，获取精神养料，形成阅读风气和阅读导引；另一方面，出版传播者可充分利用农家书屋这一平台，把握农民读者的阅读动态，分析其阅读心理与需求，开展选题策划，激发创造热情，寻找营销灵感，宣传出版信息，进行市场细分，并以此为依托，不断顺延、拓展其功能，开展图书代购等出版信息服务，逐步开拓农村图书发行网点和扶农渠道，既能弥补发行网点的缺陷，又可使现有的农村出版资源得到有效利用。如农家书屋的图书阅读信息登记表，就集中反映出农村图书的市场要求；农家书屋的经常性读者与借阅者，在很大程度上就是农民读者中的"意见领袖"，在农村图书消费中具有代表性和导向性，出版发行部门应该发挥其在农民读者中的影响力，借力开发市场；出版发行部门可与书屋图书的来源、渠道形成既合且分的合力群，并从中寻找创意点；农业专家、编辑人员可依托农家书屋建立咨询、服务的互动机制，对农业科技、致富求发展等问题提供分类而有针对性的指导，并在长期互惠的信息交流与问题分析中发现有用的选题。甘肃省就依托农家书屋的建设，"在出版发行网络向乡村延伸方面进行了有益的尝试，农家书屋功能的拓展，有力地刺激并促进了新闻出版业的体制创新和服务职能的发挥，为农村出版物发行市场的日益多元化和农村文化市场的培育提供了良好的契机。一方面，农民是农村社会生活的主体和新农村建设的主体，可以充分利用农家书屋这一公共文化空间，通过'书香农家'等一系列讲读图书、交流读书心得、科技文化讲座等农民阅读活动，培养和促进农民的文化兴趣和文化自觉意识的养成，使之在农村文化市场的建构中发挥主体作用；另一方面，可以大力推进农村图书发行体系和网络的构建，使之与农家书屋相结合，实现出版物等文化产品的农村终端市场的多元化建设，最大程度方便和满足农民群众的多样化文化需求。这二者的良性互动，使我们在推进农村文化建设的过程中，找到了一条开拓农村出版物市场的新途径"。[1] "在很大程度上整合了农村极其分散的低密度的图书需求，使出版企业容易精确定位和找到消费者，从而大大降低了农村图书的生产成本和物流成本，这无疑为出版企业提供了新的市场机会。"[2] 可见，农家书屋对农村图书营销传播具有激活、导向、延展、转接等方面的功能和作用。

另外，农家书屋作为健全基层文化服务体系的一个部分，是一种文化公益性事业，体现了党和政府对农民文化权益的重视，给农村出版发行业带来了新的活力，农村图书市场随着农民阅读风气的逐步形成，将成为重要的一翼，同时也是对书价偏高、内容不适甚至低俗等出版现象的一种反驳。

五、立足长远决策　追求持续发展

在农村出版营销与先进文化建设中，农村出版传播主体要放眼长远，开展读者调查，从逐步培养农民的阅读习惯和不断提高农民的阅读水平做起，实施可持续营销与建设战略。

农村读者市场空间巨大，但受到经济状态、教育程度、文化氛围、传统观念、生活习惯、进城务工引起的人口流动等因素的影响，这一市场遭到无形的切割，消费力变得分散，如何将潜在的读者转化为现实的读者，使农民认识到读书的重要性，爱读书，想读书，改变不读书照样种田的想法，将看书学习知识

[1] 甘书屋.让农家书屋真正成为新农村建设的助推器[J].中国出版，2008（1）：43-45.
[2] 杨红卫."农家书屋"是"长尾"而非"蓝海"[J].出版广角，2007（12）：35-37.

变成其生活的一部分，是当前农村文化建设中的一个现实问题，也是破解农村图书营销瓶颈的难题。而其中的关键之一，就是形成阅读风气，养成阅读习惯，重视农村年轻一代特别是未成年人的阅读活动，与发展农村教育相结合，从长远目标来培养农民读者、发育农村图书市场。只有在农村形成了一定的阅读风气，农村的文化环境改善，农民的整体素质提升，图书需求才会被激发，出版发行业才会拥有更大的市场空间和盈利机会，农村图书营销才能可持续发展。

我国农村的文化教育水平整体上落后，但也应看到，在新的历史时期，农村不仅经济发展了，生活水平提高了，而且人口的文化结构发生了很大变化，出现了一批拥有一定文化水平和知识技能的新型农民，带动了农村产业结构的优化与升级，成为发展农村和农业的新生力量。他们在生产劳动中摸索、积累了丰富的经验，也渴望拥有文化科学知识，如何引导他们通过阅读来得到提升和发展，既是农村发展的现实所需，又是开拓农村图书市场对出版发行人员的要求。2006 年 4 月 28 日，中宣部、中央文明办、新闻出版总署等 11 个部门和团体联合发文，在每年的 4 月 23 日"世界读书日"期间开展"爱读书，读好书"的全民阅读活动，学习型社会成为人们的共识，终身学习已是人们的共同追求。这种思想和观念应该广泛地深入农村，武装农民，并变为其求得自我发展的自觉意识。面对全民阅读率连年走低的现状，对于阅读的倡导，实际意义已远不止其本身，而是关乎民族的素质与未来。"一个人的精神发育史实际上就是一个人的阅读史；一个民族的精神境界，在很大程度上取决于全民族的阅读水平。"[1] 全民阅读水平标志着一个国家社会发展的文明程度。我国城乡生活水平的差距在精神文化生活方面表现尤为明显，农民的阅读水平和图书拥有量均远远低于城市居民，因此培养农民的阅读习惯是建设和谐文化的重要内容，也是开拓农村图书营销渠道的根本举措。应该看到的是，图书阅读相对于其他文化消费有更高的门槛，不仅要有经济基础，而且要有一定的文化素质，需要时间、热情、心态和追求，农村图书的需求量就直接受到农民教育程度、阅读水平的制约，加之电视、报纸、广播、网络

[1] 李玉龙. "全民阅读"倡议引发广泛回应 [N]. 人民政协报，2003–03–10（C01）.

等的替代与竞争，对于图书的阅读率是一种挑战。因此，在关心、丰富广大农民的文化生活，引导、指导其阅读活动以不断提高阅读能力和水平等方面，应该形成制度。政府部门应针对农民读者的特殊性作出有针对性的制度安排，也以此进一步促进农民自身阅读意识与知识意识的觉醒。

另外，在以往相当长的时期里，农村图书市场难以培养和开拓的一个重要原因，就是忽视对图书的宣传和出版信息的推介。由于广告费用昂贵，农村图书本身利润又不高，出版发行单位都不愿意为农村图书做宣传，以致出现供需双方信息互闭、农民读者无法获得所需图书的状态。其实，要改变农民根深蒂固的传统观念和获取信息的滞后性，让其认识到购书、读书的好处，养成购书、读书的习惯，就必须进行科学知识的宣传，包括社会科学和自然科学的相关普及工作，设立科普基地，让农民增强读书学习的自觉性，对此各级特别是地方政府部门应该定期举办图书宣传的公益活动，对适合农民需求或具有普遍意义与共同价值的图书，进行必要的宣讲，对一些有关种、养技术的专题图书进行定期的展览等活动，在农村社会形成有书可读、读书有用、知识就是力量、学习改变命运的势头。还可充分利用图书自身做好宣传工作，一是其本身的封面直观、形象，设计、颜色、图案、版式等符合农民读者的阅读和生活习惯，以此带动图书销售，激活农民读者的热情；二是利用图书进行连环介绍，农民读者阅读一本书，可同时获取多本书的信息，产生阅读的连续刺激，在这种长期的信息发布中，丰富其获取图书信息的渠道。也可利用广播、电视、报纸、录像等其他媒体进行图书宣传与推广，增加其说服力、亲和力和影响力。2007 年 9 月的"湖南新华汽车书店"活动，以"汽车书店"促公共文化建设，就是一种很好的现场宣传活动，"一方面，它可以为农民朋友送去更多看得懂、用得上、买得起的图书报刊和音像制品等出版物；另一方面，也可以有效缓解农村售书网点数量不足、结构不优的矛盾，规范农村出版物市场"。[1] 诸如此类，通过组织有效的系列性的宣传推介活动，农民读者的阅读和购买欲望一定会逐步激活，农村图书市场将会得到拓展，农村文化建设将跨上一个新的台阶。

---

[1] 南木. 以"汽车书店"促公共文化建设 [N]. 中国新闻出版报，2007–09–12（B02）.

　　编辑还要经常深入农村生活第一线进行调查研究，到丰富的农业生产过程和农民实践活动中激活营销灵感，寻找发行路径，通过专题了解、座谈讨论、亲身观察、科技下乡、科技集市、免费赠阅、优惠售卖、义务咨询等不同方式，积极主动地与农民读者沟通，了解他们在生产生活中的实际要求，收集他们对农村出版物的意见，让自己的思维与设想贴近农民生活与农村社会，符合市场的基本走势，从而获得良好的经济与社会效益，特别是在农村社会的转型期，农民读者的接受心理与需求取向也在发生变化，读者调查显得尤为重要。

第六章

农业科普期刊与新型农民：农村文化建设的不断提升

　　在建设社会主义新农村，推进农村先进文化发展的历史进程中，农民科技文化素质的提高直接关系到农村发展和农民的整体精神生活状态，必须充分发挥出版传播的文化构建和引领作用。而农业科普期刊具有特殊的媒介功能，能够向广大农民传播种植、养殖和科技致富的各方面知识，从而塑造新型农民，推动农业和农村的发展。本章将就农业科普期刊发展中存在的问题进行分析，并提出相关的发展对策。结合农村文化发展的实际，特别对农业科普期刊的读者适应性予以分析，从而寻找农业科普期刊和农村科技文化的发展路径。

一、30 余年来农业科普期刊研究

农业科普期刊是服务农村、农民、农业的"先锋战士"，对社会主义新农村建设、农民素质提高和农业经济的发展等具有独特的作用，自 20 世纪 70 年代末以来一直引起了研究者的关注。研究者紧跟中国改革开放和文化体制改革的步伐，对其进行了多角度、全方位、立体式的研究，形成了明确的研究轨迹和时代特征，产生了一批研究成果，取得了颇丰的成就，但对 30 余年来各界研究者研究农业科普期刊的状况进行分析，发现依然有一些问题值得深入分析和专题化研究。

农业科普期刊是向农民传播种植、养殖、农机等各方面的农业技术，普及农业科技知识的有效载体，是农业科技成果转化为现实生产力的桥梁和中介，对于提高农民的科学文化素质，推动农村经济快速平稳发展，构建城乡和谐格局和建设社会主义新农村，培养现代化新型农民等具有十分重要的意义。30 余年来，从业界到学界不少研究者整体上对其进行了多方面的研究，如对其现状和发展对策的研究，对其经营与创新之道的思考，对其在新时期如何创新办刊理念的倡导，对其办刊新模式的设想，对其如何以特色服务"三农"的看法，针对其读者市场、选题策划、装帧设计、稿源状况及发行策略的专题探讨，或以亲身之体察与编辑实践对其进行的个案研究等。笔者 2012 年 2 月 19 日在中国期刊全文数据库中以主题作为选择域，输入关键词"农业科普期刊"，从 1979 年到 2011 年，33 年 246 条记录。粗略统计，除去诸多的会议报道、参阅性资料等方面的内容，1979 年到 1990 年专门研究农业科普期刊的文章约 4 篇，1991 年到 2000 年约 24 篇，2001 年到 2011 年约 70 篇。总体看来呈现这样一些特点：一是论文数量不多。33 年约 98 篇，平均每年 3.03 篇，可见其关注度之低。第二，纵向布局上呈递增态势。随着时代的发展，各界对农业科普期刊在农村社会发展中的功能和作用的认识逐步提升。第三，内容比较零散，缺少系统、深入的集中研究，没有形成专题效应。第四，研究者多来自一线编辑，学界的参与度不高，因而经验性阐述较多。第五，个案研究的内容与对象局限于几家发行量比较大的农业科普期刊，对其发展困境与失败的教训缺少理论总结。

笔者以中国期刊全文数据库中 30 余年来各界研究农业科普期刊的近 100 篇论文为考察对象，以时间为主要线索，对农业科普期刊的研究状况做一概括性梳理与综合性分析，试图总结其取得的成就与存在的不足，从更深层次认识农业科普期刊的发展方向，更好地服务农民、农村、农业，担起培养现代化新型农民的重任，推动农村经济社会高效优质发展。

真正开始对农业科普期刊的研究是在 20 世纪 70 年代末期，至今已有 30 余年，根据中国改革开放的时代特征和农村社会发展的基本轨迹，笔者将农业科普期刊的研究大致分为 3 个阶段：

第一阶段：20世纪70年代末至90年代初期

随着改革开放的实行和逐步深入，农村联产承包责任制使农民拥有自己的田地，成为自己的主人，真正实现了一分耕耘一分收获，"一靠政策，二靠科学"的致富理念使农民对学科技、用科技、科学种田的热情空前高涨，农业科普期刊一时成了农民手中的"香饽饽"。加之计划经济时代期刊管理和发行体制的特殊性，出版经费由政府补贴，公费订阅期刊，动辄几十万乃至上百万的发行量让农业科普期刊"衣食无忧"。这一时期研究农业科普期刊的文章也很少。在中国期刊全文数据库显示的 4 篇论文中，钟天明关于农业科普期刊如何提高可读性的论析值得重视。他从作为农业科普期刊可读性之内涵的科学性、时效性、知识性、趣味性等方面作了分析，指出造成农业科普期刊发行困难的原因，除了农村还需继续进行科学启蒙等因素外，关键在于刊物"征服读者本领的大小"，也就是可读性的问题。[1] 可见，当时所谓的"发行困难"并不是发行渠道和发行方式的问题，而是农民的科学素质不高，期刊的内容提供难于切合农民读者的需求和农村发展的实际，脱离了服务对象，

---

[1] 钟天明. 谈谈农业科普期刊的可读性 [J]. 编辑学刊, 1988（3）: 72–75.

基本上是编什么农民就看什么。也从另一层面说明对农民读者的阅读需求有了一定的认识，意识到了作为服务对象的读者对期刊的作用和影响，较早提出了农业科普期刊发展中的读者问题。

第二阶段：20世纪90年代初至21世纪初期

随着社会主义市场经济的确立，农业科普期刊也融入市场竞争的大潮，转企改制、自负盈亏等新问题促使其寻求新的发展路径。因而，农业科普期刊如何面向市场、在市场中重新定位并寻求发展等问题引起了研究者的极大关注。陈妙贞提出，农业科普期刊面对市场的挑战，要解放思想，更新观念（包括商品观念、市场和效益观念、为读者服务观念），提高期刊质量，增强市场竞争力（包括优化栏目设置、做好每个栏目的选题工作、加强审稿工作、美化期刊、及时发行、讲究信誉），重视经济效益（包括做好成本核算、合理定价、开展多种经营）。[1] 这些举措密切结合农业科普期刊的实际和市场对期刊的新要求，体现了时代性特征。因为科普期刊在走向市场、自谋生路以后，面临着激烈的竞争，诸如质量竞争、读者竞争、稿源竞争、人才竞争等[2]，农业科普期刊必须适应市场，拓宽业务范围，搞活相关经营，办活刊物，从市场寻求发展之路[3]，尤其是在市场定位问题上要充分了解读者需求，了解同类期刊情况，了解自己的长处[4]，增强核心竞争力。

这一阶段有两个值得关注的重点：一是科教兴农对农业科普期刊研究的推进。1991年11月29日中共十三届八中全会通过的《中共中央关于进一步加强农业和农村工作的决定》指出："推进农业现代化，必须坚持科技、教育兴农的发展战略"，开始把科教兴农作为我国农业与农村发展的重要战略。[5] 而农业科普期刊以服务农村、农民、农业为职能，在面对市场化挑战的同时，

---

[1] 陈妙贞. 农业科普期刊面向市场的思考 [J]. 科技通报（增刊），1994（10）：20–22.

[2] 钟天明. 科普期刊的市场竞争 [J]. 科技与出版，1995（2）：19.

[3] 徐桂珍，曹淑华. 论市场经济体制下农业科普期刊的运行机制 [J]. 安徽农业科学（增刊），1996（103）：138–140.

[4] 张琼. 农业科普期刊的市场定位 [J]. 中国科技期刊研究，1997（2）：63.

[5] 中国财经报网. 科教兴农战略的提出及其意义 [EB/OL].http://www.cfen.com.cn/web/meyw/2009–04/13/content_837833.htm，2009–04–13.

理应发挥科教兴农的独特作用。正如有的论者所指出的,作为科教兴农的有效中介和桥梁,推广农业科技成果是农业科普期刊的"本职"工作。[1] "在实施科教兴农的战略中,以推广和普及农业科技成果与先进实用技术为己任,以广大农民和基层农技人员为服务对象,以推动现代农业持续、快速发展为目标的农业科普期刊,具有不可替代的独特作用。"[2] 面对农村发展的新形势和市场的挑战,必须不断凝练刊物特色,大力健全发行网络,努力推进学刊用刊。这时农业科普期刊在中国社会发展中的作用进一步凸显,其社会关注度提升。二是社会信息化对农业科普期刊及其研究的影响。20世纪末期,随着社会信息化步伐的加快,"农业信息化的发展影响着农业传统的耕作方式及种养模式,扩展了农业科技信息的传播形式,同时对农业科普期刊这一信息传播媒介形成影响和提出挑战。"[3]农业信息化以其时效性和针对性改变着传统种养方式与传统接受信息的渠道和方式,也改变了"下情上达"的联系模式,影响农业科普期刊的发展和市场开拓,因此应该提高信息质量,更好地服务读者,应该利用网络优势,出版电子期刊,等等[4],使农业科普期刊在农业信息化中发挥应有的作用。

正因如此,这一时期的一些研究者对农业科普期刊的功能和属性有了更深的认识,结合农村社会实际和农民生产生活的需求,拓展了研究空间,细化了研究内容。钟天明提出农业科普期刊在选题决策中应当遵循科学性原则、服务性原则、效用性原则、时间性原则和地域性原则。[5]可以肯定,科学性作为其最为基本的属性,在科技兴农和服务信息社会中处于第一重要的位置。但现实中或是编辑人员把关不严,或是作者创作缺乏严肃性,或是经济利益的诱惑,使得农业科普期刊难免出现不科学的内容,必须加强报刊社的建设,加强对报刊广告的管理,加强对科学思想、科学方法的宣传[6],确保内容的科

[1] 钟天明. 农业科普期刊与科教兴农 [J]. 编辑学刊, 1997(6):58–59.
[2] 刘士奇. 试论农业科普期刊的功能及实践 [J]. 情报探索(增刊), 1998(69):27–28, 34.
[3] 高宏. 农业信息化与农业科普期刊 [J]. 甘肃农业, 1999(11):33–34.// 高宏. 农业信息化对农业科技期刊的影响 [J]. 甘肃农业大学学报, 1999, 34(3):332–335.
[4] 高宏. 农业信息化与农业科普期刊 [J]. 甘肃农业, 1999(11):33–34.// 高宏. 农业信息化对农业科技期刊的影响 [J]. 甘肃农业大学学报, 1999, 34(3):332–335.
[5] 钟天明. 农业科普期刊的选题原则 [J]. 编辑学报, 1992(4):203–205.
[6] 李月华. 农业科普期刊必须坚持科学性 [J]. 编辑学报, 1998(2):113.

学性，并在此基础上增强农业科普期刊的发展活力。有研究者对此提出了颇有启发的思路，认为增强农业科普期刊的生命力，"必须从'清、新、活'三个方面下工夫，即要办刊思路清晰，内容形式新鲜，服务灵活多样"[1]，"使文章具有实用性、短小性、典型性、时代性、总结性"[2]，全力服务于农民生活需求和农业生产实际，多出精品力作。

随着 21 世纪的到来，中国农村社会更加开放，城乡之间人口流动加速，农村人口结构出现了新的特点，农业科普期刊的读者结构也在发生变化，从而影响农业科普期刊的运行机制。"农民涉足的领域，不再单纯是传统农业，还有服务业、运输业、建筑业、加工业和其他乡村工业等"[3]，必须进一步更新观念，以新的内容和形式适应农村读者结构的变化。翁志辉评析了台湾农业科普期刊的编辑出版特点：内容丰富，版面活泼；图文并茂，印刷精美；广告业务发达；期刊发行面广，在比照中对大陆农业科普期刊的发展给出了两点建议：重视其在普及农业教育和成果推广中的应用；增强期刊经营观念，进一步提高其社会和经济效益。[4] 该文切入点独特，是 30 余年来唯一专门研究大陆以外地区农业科普期刊，从而为大陆农业科普期刊提供经验借鉴的文章，为农业科普期刊及其他研究者提供了新的思考空间。

第三阶段：2001年至现在

2001 年中国加入 WTO，传统的期刊出版理念遇到了新的挑战。2002 年 11 月，党的十六大报告提出"积极发展文化事业和文化产业"，"根据社会主义精神文明建设的特点和规律，适应社会主义市场经济发展的要求，推进文化体制改革"。与之相应，期刊管理体制逐步完善，农业科普期刊全面步入市场经济轨道，断绝"皇粮"，接受市场洗礼。加之农业结构调整，城镇化速度加快，出版产业化转型，数字化出版时代到来，农业科普期刊面临种种新的

[1] 肖义根.增强农业科普期刊的生命力[J].中国科技期刊研究，1998，9（2）：115–116.
[2] 雷建树.拓宽农村科普期刊内容初探[J].中国科技期刊研究，1998，9（4）：255–257.
[3] 徐桂珍.21世纪农业科普期刊运行机制的思考[J].合肥联合大学学报，1999，9（3）：52–55.
[4] 翁志辉.台湾农业科普期刊编辑出版的特点析评[J].台湾农业探索，2000（4）：23–24.

问题，有的还遭遇了困境和瓶颈，各界的关注提高，研究不断拓展和深化，主要集中在以下 5 个方面：

一是农业科普期刊如何应对激烈的市场竞争。

这是期刊发展中一个普遍而又现实的问题。农业科普期刊走向市场必将面临更激烈的竞争：一是农业科普期刊内部的竞争，二是非农业科普期刊参与农村杂志发行市场竞争。要在市场条件下求生存图发展，就要树立期刊是特殊商品的观念，强化期刊的效益观念，增强竞争观念，顺应市场经济需求；要树立精品意识，打造品牌，包括"栏目、选题要精心策划，文章内容要具有前瞻性、指导性、时效性和可读性，同时进行精细的编辑加工和文字校对"[1]，从内容到形式给读者美的感觉，扩大发行量，取得较大的社会效益和经济效益；要在积极争取主办单位给予政策扶持和经费补贴的基础上，深化改革期刊社管理机制，优化结构，建立健全岗位责任制，同时提高期刊的可读性，根据不同读者群合理设定栏目，内容体现新、实、广、活、美的特点。[2] 可见，面对社会经济环境的变化，农业科普期刊必须从内容、形式和管理体制等各方面进行全面的改革，增强自我生长力。

二是农业科普期刊如何在社会主义新农村建设中发挥作用。

2005 年 10 月，中共十六届五中全会通过《十一五规划纲要建议》，提出按照"生产发展、生活宽裕、乡风文明、村容整洁、管理民主"的要求，扎实推进社会主义新农村建设。以农民、农村、农业为主要服务对象的农业科普期刊承担着支农惠农信息传播的重任，在社会主义新农村建设中责任重大，功能独特，应着重从找准定位、凸现个性和加强服务意识等方面入手[3]，把办好农业科普期刊的理念与建设好社会主义新农村有机结合[4]，积极宣传党的支

[1] 陈光华. 社会主义市场经济条件下农业科普期刊的生存与发展 [J]. 沈阳农业大学学报·社会科学版，2001, 3（4）：296-298.
[2] 杨奇. 社会主义市场经济条件下如何办好农业科普期刊 [J]. 沈阳农业大学学报·社会科学版，2001, 4（4）：321-322.
[3] 刘记强. 办好农业科普期刊为新农村建设服务 [J]. 编辑学报，2007, 19（4）：297-298.
[4] 胡炎福. 农业科普期刊与社会主义新农村建设 [J]. 北京农业，2007（21）：69-71.

农惠农政策，为农民生产生活提供保障，及时刊发真实信息，为农民致富增收保驾护航，关心农业生产难题，为农业生产提供科技支撑，关注民生民情，协助农村精神文明建设，宣传成功经验及典型人物，为新农村建设营造良好舆论氛围。[1] 同时在以下几个方面下工夫：其一，有效创新农业科普期刊在新农村建设中的运作模式和服务模式，如"首席专家示范基地"服务模式，"专家大院"模式，"村科技合作总社＋专业产业合作服务社＋乡镇科技联社＋科技分社＋产业基地＋农户"的网络模式，"特派员制度"模式，"农民俱乐部"模式，"农村远程教育及科技信息服务"模式等[2]，从而为农业科普期刊的实际运作提供参考。其二，符合农民和农村生活生产实际。坚持贴近性，做到说农村事，道农民情；把握实用性，做到一看便知，一学就会；文章短、精、多，内容实、新、巧；提倡多样性，做到内容多彩，信息进村；打造互动性，编读互动，真心实意为农民服务。[3] 其三，以特色服务"三农"，特别是栏目设置个性化，并且随着形势的变化有针对性地创办专门性农业科普期刊，从真正意义上拓宽读者面。[4]

三是农业科普期刊为何陷入困境。

把握农业科普期刊在新形势下遭遇的困境，是助力其可持续发展的基础。农业科普期刊面临的挑战和危机，主要表现在3个方面：其一，一方面，服务对象发生变化，导致农业科普期刊难以适应，即农业科普期刊属性的重心发生了变化，我国农业发展的目标和任务发生了变化，刊物读者的层次产生了分化[5]，另一方面是农业的地域性、季节性、退守性和农村的偏远性、农民的弱势性导致的深层次矛盾[6]，是其行业性的根本原因。依此，农业科普期刊或是其编辑方针无法适应农村生产方式的转变，和农村社会从业分化的背景无

[1] 郑亚琪. 办好农业科普期刊服务新农村建设 [J]. 河南科技, 2007（12）: 8–9.
[2] 李济滨. 新农村建设中农业科普期刊的服务模式研究 [J]. 北京农业, 2007（9）: 71–73.// 李济滨. 探索农业科普期刊运作的新模式 [J]. 新闻爱好者, 2008（8）: 126–127.
[3] 潘峰. 关于新时期农业科普期刊创新报道服务"三农"的思考 [J]. 现代农业科技, 2008（21）: 327–328.
[4] 周国清, 易定红. 农业科普期刊要以特色服务"三农" [J]. 编辑学刊, 2009, 21（6）: 477–479.
[5] 王琦, 孟庆成. 论农业科普期刊办刊理念选择 [J]. 沈阳农业大学学报·社会科学版, 2002, 4（4）: 317–320.
[6] 陈芫. 洞悉农业科普期刊的"三农"困根 [J]. 今传媒, 2010（11）: 120–121.

法适应农业生产的地域性、季节性要求；[1] 或是面对新的服务对象读者再定位偏差，不能适应农村人口结构变化，盈利手段单一。[2] 同时，农村商业的发展和进城务工人数的增长，导致单纯的农业收益低下，农民减少对科技知识的投入；[3] 而且经济社会飞速发展减弱了农业科普期刊的功能，农村人口向城市转移分流了主要读者群 [4]，各种因素的综合作用，使农业科普期刊发展艰难。其二，外在因素的影响：体制变革的冲击、同类媒体的竞争、传统观念的束缚和新兴媒体的冲击等 [5]，办刊经费紧张、管理体制陈旧、地位边缘化、市场竞争处于弱势地位等 [6]，均给农业科普期刊带来影响。特别是在新媒介环境和多元话语背景下，农民获取信息渠道的多样化等，使读者群进一步分化，农村的知识劳动力转移使农业科普期刊读者流失，农业收益低下导致对科技知识的投入减少 [7]，在办刊资金流和读者流上均带来了新的挑战。另外，邮局的不平等政策截流部分读者资源，日益下降的投递质量挫伤读者积极性；[8] 农村城镇化对农业科普期刊也产生了冲击。[9] 因此，必须协调各方面的因素，为农业科普期刊的发展打通道路。其三，农业科普期刊自身的原因：如服务主体二元化、盲目追求印刷质量和栏目设置死板等；[10] 又如大众化的读者定位、"大农业"概念的内容定位、风格雷同特色难觅、读者地处偏僻发行难度大、宣传力度不够等；[11] 还有更名转型、刊物质量难以提高、缺乏高质量的稿件等；[12] 再如期刊缺乏独到性、权威性、实用性，知识更新较慢、内容综合等。[13] 加之同类期

[1] 陈纪南. 论农业科普期刊"传统"与"现代"的冲突 [J]. 中国科技期刊研究, 2007, 18（4）: 677-679.

[2] 陈焰, 罗亚军. 农业科普期刊的困境内因与发展对策 [J]. 科技创业月刊, 2008（12）: 91-92.

[3] 高宏. 关于农业科普期刊发展的深层思考 [J]. 农业科技与信息, 2008（24）: 3-5.

[4] 雷建树. 农业科普期刊邮发数量萎缩原因探析与对策——以《农家参谋》为例 [J]. 中国科技期刊研究,2009,20（4）: 746-748.

[5] 朱四光. 农业科普期刊的生存危机与科学发展 [J]. 沈阳农业大学学报·社会科学版, 2006, 8（3）: 583-585.

[6] 贾玉琴. 农业科普期刊的现状与创新 [J]. 发展, 2009（12）: 83-84.

[7] 贾玉琴. 农业科普期刊的现状与创新 [J]. 发展, 2009（12）: 83-84.

[8] 雷建树. 农业科普期刊邮发数量萎缩原因探析与对策——以《农家参谋》为例 [J]. 中国科技期刊研究,2009,20（4）: 746-748.

[9] 陈焰. 城镇化对农业科普期刊的挑战和机遇 [J]. 科技创业月刊, 2009（12）: 76-77.

[10] 吕凯, 王元辉. 农业科普期刊的办刊现状与思考 [J]. 安徽农业科学, 2006, 34（14）: 3550-3551.

[11] 庄丽远. 农业科普期刊发行量下降的原因及应对措施 [J]. 安徽农业科学, 2008, 36（23）: 10264-10266.

[12] 高宏. 关于农业科普期刊发展的深层思考 [J]. 农业科技与信息, 2008（24）: 3-5.

[13] 雷建树. 农业科普期刊邮发数量萎缩原因探析与对策——以《农家参谋》为例 [J]. 中国科技期刊研究,2009,20（4）: 746-748.

刊竞争严重、发行方式单一[1]，种种这些，都有赖农业科普期刊编辑主体的不断创新与超越。

四是农业科普期刊如何走出困境。

面对多种因素对农业科普期刊的影响和前进中的困难，不少研究者对其发展对策提出了看法，主要集中在如下几个方面：其一，创新农业科普期刊的办刊理念。新时期农业科普期刊的办刊理念应从服务农业生产向服务新农村建设转变；从服务传统农业向服务发展现代农业转变；从待时向聚势转变；从独立经营向合力经营转变；从自我关门办刊向社会开放办刊转变。[2]应针对农业科普期刊在农村发展中的实际作用，树立看准农村的实际理念，讲求农家的时效理念，关心农民的效益理念。[3]先进的办刊理念具有导向作用，是农业科普期刊适应新的发展形势的第一步。其二，提高农业科普期刊的办刊质量，树立个性特色。有研究者认为，农业科普期刊应该技术内容创新化、报道范围拓宽化、栏目设置多样化、努力提高发行量、拓展广告业务、打造杂志精品。[4]还有研究者指出，要进一步明确办刊方向，通过提高编辑质量，转变经营思路，加强与各个方面的联系等方式提高其综合质量。[5]其三，了解、适应和贴近读者需求。钟天明围绕读者需求提出了应正确处理的6个关系：正确适应读者需求与坚持办刊宗旨的关系，拓宽读者面与办出期刊特色的关系，报道高新科技成果与切合农业生产实际的关系，坚持期刊的适用性与扩大发行范围的关系，精心办刊与扩大发行量的关系，扩大广告经营与维护读者利益的关系。[6]张向红则认为农业科普期刊要研究市场需求，适时调整期刊定位；把握读者心理需求，提高期刊的内容质量；满足差异性需求，强化期刊品牌的服务能力，从而在市场竞争中立于不败之地。[7]易定红提出了8条发行对策，其中"语言、

[1] 杨林，冯卫，聂克艳.农业科普期刊发行量下滑的原因及对策 [J].贵州农业科学，2006，34（5）：134-136.
[2] 赛树奇，张宜军，杨奇.新时期农业科普期刊办刊理念的转变——以《新农业》杂志为例 [J].沈阳农业大学学报·社会科学版，2010，12（6）：661-663.
[3] 孔庆富，赵文祥.要办好农业科普期刊应树立新理念 [J].编辑学报，2003，15（4）：295-296.
[4] 吕凯，王元辉.农业科普期刊的办刊现状与思考 [J].安徽农业科学，2006，34（14）：3550-3551.
[5] 贾玉琴.如何提高农业科普期刊的办刊质量 [J].农业科技与信息，2004（7）：45-46.
[6] 钟天明.农业科普期刊运作中应正确处理的几个关系 [J].中国科技期刊研究，2004，15（2）：136-138.
[7] 张向红.农业科普期刊的品牌经营 [J].编辑学报（增刊），2009（21）：157-159.

文本、内容必须让农民看得懂、学得会、用得上"列为第一条。[1] 其四,创新农业科普期刊的办刊体制。如争取国家的政策扶助,拓宽新的发行渠道,扩大广告收入和搞好经营创收;[2] 将农业科普期刊纳入公益性文化事业管理,"纳入到繁荣农村文化事业中去,纳入到农村公共服务体系中去。赋予农业科普期刊传播科技知识、进行农民技能培训、提高农民文化素质的职能,参与文化进村、科技入户等富民工程。"[3] 还有研究者从社会环境和系统环境两个层面分析农业科普期刊的出版环境,提出"以全面纳入公益性事业管理体制(公益型)、划属科协机构主管(半公益型)、寻求体制外战略合作(经营型)等3种方式实现农业科普期刊可持续发展"[4],真正服务于"三农"。其五,面对农业科普期刊在数字化出版时代存在的问题,应调整思路,应对新的出版形式,适应经济发达地区农民读者对数字产品的需求。[5]

五是加强农业科普期刊自身建设。

有的研究者对农业科普期刊的封面设计进行分析,认为农业科普期刊封面设计应规范化,应保持相对稳定的格局,维护自身的风格和特色,体现农民读者的审美需求。[6] 有的对农业科普期刊的编辑加工作了探讨,认为要忠于原稿主题,保持原作风格及特点,防范稿件中的政治性差错和科学性差错,规范期刊的编排。[7] 有的则对农业科普期刊增强新闻性的必要性及其措施进行了探讨,认为农业科普期刊的编辑要多途径捕捉合适的"新闻",与专家交朋友,关注行业发展动态,加强选题策划,挖掘同一信息的不同"价值"[8],增强农业科普期刊的新闻性。有的针对农业生产和农民生活的地域性差异,就如何办

[1] 易定红. 农业科普期刊发行的困境与对策 [J]. 长沙铁道学院学报·社会科学版, 2009, 10(3): 272–273.

[2] 朱四光. 农业科普期刊的生存危机与科学发展 [J]. 沈阳农业大学学报·社会科学版, 2006, 8(3): 583–585.

[3] 王永鹏. 关于农业科普期刊应纳入公益性文化事业管理的思考和建议 [J]. 中国农学通报, 2006, 22(4): 408–410.

[4] 潘峰, 陈焰, 罗亚军, 徐俊梅, 曾德芳. 论农业科普期刊出版环境及可持续发展 [J]. 编辑学报, 2007, 19(4): 245–247.

[5] 高宏. 数字化出版时代农业科普期刊的发展思路 [J]. 农业科技与信息, 2010(18): 3–6.// 高宏. 农业科普期刊如何应对数字化出版浪潮的冲击 [J]. 中国科技期刊研究, 2011, 22(4): 602–605.

[6] 刘雪春. 农业科普期刊封面设计方法探讨 [J]. 河北农业大学学报·农林教育版, 2002, 4(2): 91–92.

[7] 刘雪春, 孙晓峰. 农业科普期刊的编辑加工方法探讨 [J]. 石家庄经济学院学报, 2002, 25(3): 305–307.

[8] 庄丽远. 农业科普期刊要增强新闻性 [J]. 新闻爱好者, 2009(18): 184–185.

好地方性农业科普期刊进行了探讨[1]，对于农业科普期刊内容定位的差异化和读者结构的形成等颇具启发。在这些研究中，还有不少文章是对农业科普期刊进行个案研究，总结办刊经验，从办刊实践中提升理念。

爬梳30余年来农业科普期刊的研究状况，可见其整体研究呈现明显的时代特征，与中国农村社会经济的发展同步，伴随党和政府在不同时期的农村政策，特别是随着社会主义新农村建设的不断深入，农业科普期刊在"三农"中的作用日益凸显，其研究也不断拓展和深化，在不同时期取得了具有特点的研究成果。第三阶段由于各界对农业科普期刊的关注提升，研究者逐渐增多，取得了丰硕的成果，相关问题的研究比较透彻。但细而言之，对农业科普期刊困境原因及发展对策等的研究比较零散，缺乏系统的专题研究和宏观的理论驾驭。同时，其他领域也存在很大的研究空间，如农业科普期刊究竟具有怎样的功能和特性？如何在解决自身困难的同时在社会主义新农村建设中发挥作用，担负起培养现代化新型农民重任？如何迎接数字出版时代的挑战，寻求跨媒体合作，实现传统出版与现代出版的结合？还有农民读者究竟有怎样的阅读心理、兴趣及广阔农村市场的开拓；农业科普期刊如何细分市场，由综合性刊物向专业化期刊转化；农业科普期刊公共文化产品属性的探讨，进而争取国家政策、资金扶助；国外类似期刊成功办刊经验的引进及借鉴等，需要更多的关注，并提升到理论高度，形成规律性的结论。

---

[1] 鲁博，谈平，杜辉.浅谈如何办好地方性农业科普期刊[J].农业图书情报学刊，2010，22（3）：182–184.

二、发展困境

随着市场经济、出版产业和文化体制改革的到来，加之其他外部环境的改变和农民自身因素的影响，农业科普期刊的发展面临困境：农民的经济地位、受教育程度、科普理念以及获取信息的方式等影响其对科普期刊的阅读、消费；大部分农业科普期刊读者定位宽泛，难以适应农村人口结构与农民读者需求的新变化；同质化竞争严重，个性特色不够鲜明，科普本位不突出；发行系统单一，发行渠道有待拓展；办刊经费短缺，后劲不足。

农业科普期刊的历史可以追溯到新中国建立前，如湖南省的综合性农业科普月刊《湖南农业》就是创办于1941年。20世纪70年代末期以来，随着改革开放的逐步深入，农村联产承包责任制在各地推行，农业生产力得到了解放，一方面农民有了自己的田地，成为自己的主人，真正实现了一分耕耘一分收获。另一方面，提高农业劳动效率，实现科技兴农，发展现代新型农业成为时代召唤，因此，农民科技知识的追求和实行科学种田的热情空前高涨。为了适应和满足农民读者的这种需求，农业科普期刊如雨后春笋般破土而出，如《农村百事通》（1982），《农家参谋》《农家顾问》《农村新科技》（1983），《农民文摘》《农村科技》（1984），《农家致富顾问》（1985）等纷纷创刊。同时，农业科普期刊继80年代初期出现的阶段性繁荣之后，如《农民文摘》《农业知识》等都有破百万的发行纪录，1993年由《农民致富之友》等5家杂志发起，十余家杂志加盟组建了"全国农业科技期刊经营协作集团"，2002年《农村百事通》创刊20周年的纪念活动将庆典大会移师人民大会堂，都说明农业科普期刊曾经的辉煌。但是，伴随着市场经济大潮的洗礼、出版产业时代的来临、报刊体制改革的不断深化、农业结构的调整和农民内部结构的变化，特别是农业生产的现代转型和农民读者对农业科技信息需求的新变化等，对农业科普期刊的内容及其传播方式提出了新要求，致使农业科普期刊难以适应，发行量下跌，有的甚至退出读者的视线。基于此，笔者在已有研究的基础上，拟对当前农业科普期刊遭遇的困境予以分析，为进一步探讨其发展对策提供思考的路径，诚祈抛砖引玉，能为深化农业科普期刊研究提供一些有益借鉴。

（一）农民的经济地位、受教育程度、科普理念以及获取信息的方式等自身因素影响其对农业科普期刊的阅读、消费

第一，农民经济收入水平仍然低下，现实购买力制约其消费农业科普期刊等精神文化产品。

改革开放以来，我国农村经济得到了持续发展，农民收入有了显著增长，但与城市居民相比，其收入水平仍然低下，城乡收入差距大。2006 年城乡居民收入比为 3.28 ：1，绝对差距为 8172.5 元。"2007 年，全国农村居民人均纯收入实际增长 9.5%，是 1985 年以来增幅最高的一年；而城乡居民收入比却扩大到 3.33 ：1，绝对差距达到 9646 元，也是改革开放以来差距最大的一年"。[1] 据统计，"2009 年农村居民人均纯收入实际增长是 8.5%，城镇居民人均可支配收入实际增长 9.8%，确实城市居民的人均可支配收入比农村稍快一些，城乡居民收入的差距确确实实在继续扩大。"[2] 农民的经济收入偏低与我国的农业生产结构有很大关系。而农业增产、农民增收关系到中国社会主义现代化建设的进程，中共中央 1982 年到 1986 年连续 5 年发布关于农业、农村和农民问题的中央一号文件，对农村改革和农业发展作出具体部署，2004 年到 2009 年连续 6 年又发布以"三农"为主题的中央一号文件，强调了"三农"问题在中国社会主义现代化建设时期"重中之重"的地位。虽然出台了一系列支农惠农政策，取消农业税，采取相关措施鼓励农民种田，但是种粮成本过高、配套服务薄弱、农产品市场供需信息难以把握，不少地方存在着机耕、排灌、技术、运输等方面的困难，使得农民收益甚少，弃田抛荒纷纷走出家门外出打工。在外打工的农民，其收入虽比在家务农高，但是相对城市居民来说却偏低，这是"由于农民收入基数低，同时受现有国民收入分配格局的影响，

[1] 刘铮 . 改革开放 30 年我国农民人均纯收入年均增长 7.1%[EB/OL].http://news.xinhuanet.com/newscenter/ 2008-10105/content-10149695.htm, 2008-10-05.

[2] 人民网 . 马建堂：城乡居民收入差距确实继续扩大 [EB/OL].http://news.qq.com/a/20100121/001831.htm, 2010-01-21.

农民收入的增速低于国民经济和城镇居民收入的增速"[1]，城乡居民收入差距一时很难缩小。据统计，"2005 年全国城镇居民人均可支配收入为 10493 元，是农村居民收入的 3.2 倍。而 2010 年城镇居民人均可支配收入达到 19109 元，仍旧保持农村居民收入的 3.2 倍，说明整个'十一五'期间，城乡差距没有缩减。"[2] 经济收入和物质生活水平制约农民读者对农业科普期刊等精神文化产品的消费，缺少条件追求精神文化生活，也决定了农业科普期刊发行的难度，虽然农业科普杂志定价都不高，尽力考虑了其受众对象的消费特点，但要农民掏钱购买仍然是一件奢侈的事情。

第二，农村劳动力向城市转移，大量知识文化程度较高的青年农民进城务工，留下"三八""六一""九九"部队（指妇女、儿童、老人）担负现代农业建设的重任。

市场经济环境下，农民的观念发生了变化，认为仅守着几亩田地没有出路，更愿意成为"打工一族"，一方面能获取更直接、丰厚的经济收入，另一方面能感受和吸纳城市文明，开阔视野。笔者所处乡村就有大部分青壮年农民外出打工，主要是南下广东，东去江浙，只有过年时返乡住上个把月，开春就离开故土，他们较之种田维生的传统农民，其生活发生的变化更快，没几年就可住上两三层的小洋房。因此，农民特别是新生代农民认为外出打工"钱"途更好，而且能增长见识，纷纷涌入城市的各行各业。较之于 50 后、60 后、70 后、80 后、90 后的农民受教育的程度和整体文化素质要高，对科技文化信息的接受和应用更快，青壮年农民向城市的转移不止是在体力给付上，实际上是从精神文化生态等方面改变了农村人口结构。相关资料显示，截至 2010 年 4 月，湖南省益阳市 21 ~ 40 岁的青壮年是外出务工的主力军。外出农村劳动力中，年龄在 21 ~ 40 岁的比重达 52.4%，16 ~ 20 岁的比重为 26.8%，41 岁以上的比重为 20.8%。而留在农村从事农业生产的人以 40 岁以上者居多。从受教育程度情况看，外出农村劳动力中，小学文化程度的占 12.4%，

[1] 联合早报网 . 去年城乡居民收入差距近一万元人民币 [EB/OL].http://www.zaobao.com/special/china/cnpol/
    pages1/cnpol080830b.shtml，2008–08–30.
[2]2010 年中国农村互联网发展状况调查报告 [R]. 中国互联网络信息中心，2011.

初中文化程度的占 44.2%，高中文化程度的占 33.4%，大专及以上程度的仅占 10%。[1] 文化素质较高的农民大量向城市转移，而受教育程度较低的人群留在农村，接受和应用农业科技知识的能力相对较弱，认识不到学习种植、养殖等科技知识的重要性，农业科普期刊对这一部分人难于发挥其应有功能，不能单纯将其作为自己的现实读者，而一本关于如何提高打工技能，实现农民工在城市劳动、生活等方面角色转换的书籍会更实际、更管用，大多数农业科普期刊难于实现自己办刊理念与内容定位的转变。

第三，农民读者的阅读习惯和科学兴农理念有待培育和提高。

在全民阅读活动中，如何使得农民爱读书、会读书、读好书，懂得科学技术和先进信息对于农村发展和农业繁荣的重要性，从传统的种养走向现代农业，从而大大提高劳动效率和经济效益，需要一个较长的过程。这取决于多种因素的作用，有经济的、文化的、教育的等，也有农民自身的主体性条件，其中文化水平与受教育程度就是一个重要的现实制约因素。第六次全国人口普查资料显示，我国总人口中初中文化程度者占比 42%，小学文化程度者占比 29%，文盲为 4%，三者累计占比 75%。而我国素有农业大国之称，居住在乡村的人口（不包括居住在城市的流动农民工）为 674149546 人，占比 50.32%。[2] 我国农民人口数量大，文化程度相对城市居民普遍偏低，必然导致其科技素质与社会发展要求不相适应，导致其观念的滞后。

农民阅读习惯的养成与科学兴农理念的树立，与农村文化教育的发展是同步增长的，对农业科普期刊的内容也提出了要求。其编辑主体应主动介入，以为广大农民受众所喜欢的方式进行内容传播，培养其科技意识，培育新的读者群，引导其树立"知识改变命运""科技是第一生产力"的理念，或者将潜在读者转化、提升为现实读者。当读书习惯养成，当敬畏科技、追求知识成为农民的一种自觉或主动行为后，农村读者市场就会活跃起来，不仅能杜

[1] 益阳市统计局.益阳：加快农村劳动力转移促进农民就业增收 [EB/OL].http://www.hntj.gov.cn/sxfx/ yiyfx/201004/t20100406_75512.htm，2010-04-07.

[2] 中国新闻网.2010 年第六次全国人口普查主要数据公报（第 1 号）[EB/OL].http://www.chinanews.com/ gn/2011/04-28/3004638.shtml，2011-04-28.

绝赌博、无聊等不良现象，构建农村先进文化，而且能形成新的农业科普期刊市场，以科学技术带动农业和农村发展。

第四，农民获取信息的途径多样，打破了农业科普期刊传播农业科技知识的"垄断"优势。

国家"加大了对农村基础设施建设的投资力度，电视、电话、电脑在广大农村得到了广泛普及，农民通过上农业信息网、拨打'12316'为农服务热线等渠道,可直接获得新鲜准确的农业科技与市场信息。"[1]特别是网络在东南沿海等经济发达的农村逐步扩大使用范围，内陆地区也在乡镇村等政府部门和经济条件尚好的农户使用，极大地拓展了农民获取信息的渠道。互联网具有传播速度快，检索方便、直接，不受地域和传播渠道限制等优点，农民通过登陆农业信息网等网站可以直接将生产中存在的疑难、销售中遇到的问题在线寻求帮助。如农民需要某一项种植、养殖技术或新品种、新产品、新技术的详细资料，通过使用搜索引擎就可便捷地找到，点对点地满足其对信息个性化的需求。手机作为"第五媒介"，具有除人们熟知的便携性、移动性、个性化、灵活性等特点外，还包括多媒体融合、传播速度快、范围广、互动性强、传播效果快速直接等特点。农民通过手机上网，随时随地查询生产中遇到的疑难问题及其解答信息，不懂的可以适时询问专家，效果直接有效。当前农民不能做到人手一台电脑，但是却可以人手一部手机。据调查显示，截至 2010 年 12 月底，农村网民规模已达 1.25 亿，占整体网民的 27.3%，较 2009 年底增长了 16.9%。其中，中国手机上网用户达 3.03 亿人，农村手机上网用户 8826 万人，占农村网民总体的 70.7%，较 2009 年提高了 3.4%。[2] 手机使用门槛低，成本不高，受到农民的青睐，成为农村网民主流上网终端，是拉动农村互联网发展的重要力量。农民获取信息渠道的多样化，使农业科普期刊的读者群进一步分化，特别是对具有较高文化程度的农民而言，手机等新媒介较之传统纸质出版物更有吸引力，必然对农业科普期刊提出挑战。

---

[1] 席尚明 . 关于新时期发展农业科普期刊的思考 [J]. 当代农机，2010（1）: 71–72.
[2]2010 年中国农村互联网发展状况调查报告 [R]. 中国互联网络信息中心，2011.

（二）大部分农业科普期刊读者定位宽泛，难以适应农村人口结构与农民读者需求的新变化，"杂货店"不如"专卖店"

农业科普期刊的办刊理念、内容定位与农村读者变化及其实际需要出现偏差的主要原因，就是没有根据农民的"分化"与时俱进地"专业化"办刊，把握不同读者层的需求，实行明确的读者细分与定位。办刊理念是相对固定的，又是开放的、发展的，在稳定性与变化性的动态平衡中实现自我机制的生长和更新。说其稳定或固定，就是指它总是一定时间、空间和条件下的产物，体现了办刊主体在既定环境下的最优决策，是其创新思维的结晶；说其变化与更新，也即办刊理念总会受到读者环境，经济、政治与文化等的影响，因各种综合因素的变化而变化，具有与时俱进的品格，在发展中适应不同时期读者的需求，产生新的核心竞争力与传播力，占有市场空间。读者群体的分化及其阅读取向的变化，特别是农民劳动的专门化和身份特征的转型，是农业科普期刊不可避免的社会现实，必须适时调整自己的办刊方针、理念和读者定位。

在相当长的时期里，大部分农业科普期刊为了同时适应不同层次、不同年龄读者的需要呈现综合性的特征，其内容结构包含了农业、畜牧业、水产业、农副产品加工业、农业机械等各个方面。这种"大农业"定位与传统的农业结构与农业生产要求相符，正好适应了传统农民种点田、搞点副业、解决温饱的稳中求富心理。但是，随着市场经济体制改革、农业结构调整和农村劳动形态的细分，这种办刊走向就难以适应了，看似内容包罗万象，什么都有，农民读者所需信息都能找到，以有限的版面覆盖周全的内容，其实恰恰从另一方面反应什么都有的结果可能等同于什么都没有。现代传播学认为，随着社会分工的细化、生活节奏的加快，以及资讯的爆炸，传播媒体对受众定位的策略越来越倾向于细分。不少农业科普期刊是综合型的，普遍实行宽定位，立足本省，面向全国，读者对象则不限地域，不论层次，农民只需具备小学以上文化程度就能阅读，农技人员、农村干部、农业职校的学生等均可使用，真可谓网罗天下诸"农"。除了少数无人识字的农户，几乎家家可备，人人宜读。

然而，现在的农民已不同于面朝黄土背朝天的传统农民，他们希望对农业生产与技术、农业商贸活动与致富信息、农村医疗卫生、法律维权、经济金融、家庭理财、养老保险、子女教育、娱乐休闲、年节文化、地域文化知识等有专门的了解，以指导生产和生活。"杂货店"式农业科普期刊满足不了现代农民的各种专业需求，不具备核心竞争力和可持续发展的后劲，未来的市场必定是"专业"农业科普期刊的天下。《科学养鱼》读者定位明确，主要为渔场职工、水产养殖专业户、基层水产技术人员、各级水产干部、水产院校师生和广大水产科研人员，坚持"普及第一，读者至上"的办刊宗旨，以推广水产实用养殖技术（包括海水和淡水）为主，大力宣传渔业工作方针政策和传递国内外最新的渔业信息，深受读者欢迎，是目前我国发行量最大的水产杂志之一[1]，产生了良好的社会效益和经济效益，为农业科普期刊的发展提供了一种可资借鉴的办刊路径。

（三）农业科普期刊同质化竞争，个性特色不够鲜明，科普本位不突出

目前，不少农业科普期刊存在内容同质、定位宽泛、创新不够等问题，栏目相仿甚至雷同，缺乏个性化发展的后劲。在此，笔者主要从作为期刊内容之窗口的栏目设置予以分析。笔者对 2008 年到 2010 年的《农家参谋》（河南省）、《农家顾问》（湖北省）、《农村科学实验》（吉林省）、《农民文摘》（北京市）、《农家科技》（重庆市）这 5 种农业科普月刊的栏目设置做了一个粗略考察，其栏目出现次数大于等于 30 次的，《农家参谋》有"良种介绍""科学种田""园林果树"等 12 个栏目，《农家顾问》有"新村新事""经营有方""高效种植"等 13 个栏目，《农村科学实验》有"大田作物""蔬菜栽培""刊中报"等 9 个栏目，《农民文摘》有"法律顾问""卫生健康""文化园地"等 11 个栏目，《农家科技》有"林果花卉""茹药桑蚕""央视三农"等 16 个栏目。这说明就一家刊物来说，其栏目设置具有稳定性和连续性，有自己固定的内容板块。然而对这 5 家期刊 3 年（36 期）出现 10 次以上的栏目作细致观察，笔者发现，

---

[1] 百度百科.科学养鱼 [EB/OL].http://baike.baidu.com/view/747638.htm, 2011-05-09.

栏目名称用字相同的有：《农家参谋》与《农家科技》的"良种介绍"，《农家参谋》与《农家顾问》的"生活百科"，《农家参谋》《农家顾问》的"贮藏加工"与《农村科学实验》的"加工贮藏"，《农村科学实验》的"土肥植保"与《农家科技》的"植保土肥"。栏目名称只一字不同的有：《农家参谋》与《农家顾问》的"贮藏加工"《农村科学实验》的"加工贮藏"与《农家科技》的"贮运加工"，《农家参谋》的"法治园地"与《农村科学实验》的"普法园地"，《农家顾问》的"畜禽养殖"与《农村科学实验》的"畜禽饲养"，《农家参谋》的"农村机电"与《农家科技》的"农机水电"，《农家参谋》的"农村视点"与《农家科技》的"三农视点"，《农家参谋》的"打工指南"与《农家科技》的"务工指南"。至于栏目名称两字之差的就更多，而涉及的内容差不多。5 家农业科普期刊在全国 5 个不同的省市出版，从栏目设置可见其涉及的内容几乎都涵盖了政策法规信息、市场信息、法律信息、种植技术、养殖技术、生活顾问、健康指导、打工指南、专家问答等方面内容，其本意在于尽可能多地给农民读者提供充分全面的信息，实际效果则难于实现办刊目标。如果买一本《农家参谋》和《农家顾问》的收获差不多，那么不仅读者难于选择，而且自然在农业科普期刊这一类群中形成了读者的分流，处于劣势者就没有存在的必要了。

栏目是对内容的切分与划定，是对期刊信息的集束传播，是编辑主体思维决策的外化，体现了编辑主体的创造力与编辑力。农业科普期刊栏目的类同，实际上就是其内容缺乏个性的体现，是一些农业科普期刊多年来坚守"综合性"不放的结果。同一本期刊没有独具的创意，各个期刊之间缺乏内容的差异化竞争。

其间当然有复杂的原因，但至少以下 3 点应予重视：一是编辑去粗取精、去伪存真的能力有待提高，要善于从差异化上打造刊物自身的个性特质。"随着一些资深编辑或专业编辑的退休，新进的一些年轻编辑不了解农村，更不了解农民，编出的稿件要么大多数是假、大、空，要么是根本就不适合农村读者。"[1] 久而久之，就会导致期刊文章缺乏实用性和创新性。二是对优质稿源

---

[1] 雷建树. 农业科普期刊邮发数量萎缩原因探析与对策——以《农家参谋》为例 [J]. 中国科技期刊研究, 2009（4）: 746–748.

的挖掘不够，高质量原创作品少，低水平稿件过剩。而且当前轻视科普工作的现象普遍存在，创作科普文章被认为是小儿科，不值一提，在评职称和加薪方面不予考虑；一流的农业科技学者、专家又不愿进行费时、费力、收益少的科普创作；而一篇集科学性、思想性、通俗化于一体的科普文章实际上并不容易写作。[1]这样就难于从源头上提供优质内容，容易出现相似的选题。一篇好的农业科普文章需要具备：科学性、实用性、针对性、时效性、地域性、通俗性等特征[2]，没有一定的写作功底和科普实践经验是很难创作出高质量的科普文章的。这就需要农业科普期刊编辑主体发挥创造性，具有吸引、发现优秀作者的能力。三是近年来农业科普期刊转载的稿件和从网上获取的稿件不断增多，各家期刊共享稿件，相互之间区别不大。这样，农业科普期刊登载的专家稿件就越来越少，内容缺乏权威性。有研究者对《农家参谋》发行量减少的原因进行了分析，刊载专家稿件越来越少，就连本刊记者的稿件或特约稿件也很少见到，不仅使刊物失去了权威性，而且也使刊物远离了读者的眼球。[3]如果失去了内容的独到性、权威性和实用性，就不可能在农业科普期刊的生态系统中找准自己的生态位，就很难经得起读者的考验。

（四）农业科普期刊发行系统单一，发行渠道有待拓展

近年来农业科普期刊发行量大幅减少，其原因是多方面的，比如期刊改革后政府部门不能主办期刊，失去了行政依托，自然就不能靠政府机关来发行；国家减少了农民公费订阅期刊的份额；农村人口结构和农民身份发生了变化；网络等新媒体改变了农村读者接受信息的方式，但就其出版主体来说，最为重要的就是如何开拓发行渠道，构建畅通有序的期刊发行系统，而当下我国农业科普期刊在这方面还存在一些值得引起重视的问题。

---

[1] 陈妙贞. 办好农业科普期刊的几点思考 [J]. 求是，2003（4）：46.
[2] 许小波. 农业科普文章写作的几个问题 [J]. 作物研究（增刊），1992（S2）：91–94.
[3] 雷建树. 农业科普期刊邮发数量萎缩原因探析与对策——以《农家参谋》为例 [J]. 中国科技期刊研究，2009（4）：746–748.

第一，发行系统单一。

多年来，我国大多数农业科普期刊主要通过邮局代理发行。这有内部网络系统覆盖面广、统一管理、便于集中等优势，但也存在诸多弊端。对此有研究者予以分析：发行费率较高（35% ~ 40%），各期刊社没有选择余地，不便于激活发行活力和调动积极性；邮局系统内部缺乏竞争和激励机制，运行方式固定，发行手段陈旧，不能充分适应报刊市场化运作的要求；邮局系统的发行网点很难延伸到拥有农业科普期刊读者群的边远农村，难于以多种方式将期刊送到农民读者手中。[1] 单一的发行系统使农业科普期刊在市场应对中处于被动局面，如何发挥期刊出版与营销主体的主动性、创造性，形成能开能合、运行自如、具有自身活力的发行系统，成为农业科普期刊开拓市场，服务读者，壮大自我的一个关键问题。

第二，对读者构成成分的复杂性认识不足。

首要的因素就是读者地处偏远，而且交通不便。农业科普期刊的读者大部分是居住在农村的农民，范围广而分散，一部分读者地处偏僻，特别是西南部地区，"下乡进行发行宣传难度大、费用高、效果差；批量订户少，无论是自办发行还是邮发，发行费用都很高。"[2] 农业科普期刊由于发行盈利少，也很难从邮局争取较多优惠。从读者特征的角度来分析，农村读者非常典型地体现了多、散、匿、杂的特点，给发行带来了困难。"多"就是我国居住在乡村的人口达 674149546 人，除去进城劳动的农民，仍是一个庞大的读者队伍，有广阔的市场空间，这也是农村市场为出版部门看好的一个重要原因；"散"就是农村地域辽阔，人口居住分散，不便于集中发行，对农业科普期刊的市场形成了制约因素；"匿"就是农民读者由于受到文化教育等多种因素的影响，其对科技文化知识的需求，对科普期刊的消费都有测不准的因素，需要出版主体利用不同的手段进行宣传、激活，使之成为现实购买者、消费者；"杂"就是农村人口的布局多样，文化层次不齐，对生产生活信息的需求各异，涉

[1] 杨林，冯卫，聂克艳.农业科普期刊发行量下滑的原因及对策 [J].贵州农业科学，2006（5）：134–136.
[2] 杨林，冯卫，聂克艳.农业科普期刊发行量下滑的原因及对策 [J].贵州农业科学，2006（5）：134–136.

及面广，而且农业生产季节性明显，要求农业科普期刊具有农时的适应性，及时调整内容安排。因此，相较于城市读者而言，农村读者构成成分的复杂给读者群的划分与发行预期带来了难度，目标读者的确定与市场预测需要出版主体投入更多的时间与精力，发行渠道的建立和稳定需要更长时间，必须在广泛调查研究的基础上获得关于读者的信息，并且始终与出版宣传等活动同时展开。而城市读者不管从那个方面来说都集中得多，读者群的形成呈明显的分布状态，更有规律，目标读者的确定也更具针对性，出版类型的边界更易于掌握，因此市场效力更为明显。很自然，出版主体更多地将目光投向城市而忽视乡村。

第三，不重视期刊宣传推广。

在现代信息传播与出版产业环境下，农业科普期刊的发行同其他图书一样，快捷有效、全面广泛的宣传推广工作十分重要，但限于各种条件，目前还存在诸多不足。一方面，"对期刊的宣传重视不够，绝大多数期刊只是在每年邮发收订期间，在各省的报刊目录上有选择性地做宣传和利用自身刊物与其他刊物免费互换征订广告。没有更多的办法，采用多渠道、多形式的宣传刊物"[1]，更没有走进村间地头，与广大农民朋友面对面地交流，深入细致地介绍发动，就连乡镇农技站、文化管理部门、农家书屋等平台，也未能在其发行中发挥应有的宣传功能，特别是每年的期刊征订也难于深入农村推介，与农民受众之间形成了信息与情感的阻隔。另一方面，多数主管部门"没有给期刊社匹配应对市场经济挑战的启动资金。期刊社自身的经济实力差，即使想加强自身的宣传力度，也力不从心。"[2]农村读者的特殊性和历来存在的城乡二元结构差异，其本身就决定了农村图书宣传的难度，没有一定的经济投入是难见成效的，比如选择电视、广播等易于为大众接受且效果好的媒体进行宣传就受到限制，在各省简明目录上的宣传也是版面少且非醒目位置。长此以往，不利于集中形成农业科普期刊在农村的影响力。

[1] 庄丽远. 农业科普期刊发行量下降的原因及应对措施 [J]. 安徽农业科学, 2008（23）：10264–10266.
[2] 杨林，冯卫，聂克艳. 农业科普期刊发行量下滑的原因及对策 [J]. 贵州农业科学, 2006（5）：134–136.

（五）大部分农业科普期刊办刊资金短缺，后劲不足

农业科普期刊具有精神文化产品和物质产品两重属性，相对来说，其社会文化属性比经济属性更为明显和重要，与生俱来被赋予社会效益第一、服务农民的文化使命。农业的地域性、季节性、周期性和当下农业生产的分散性特点，农村的偏远性、封闭性，农民的社会经济地位等导致其读者对象存在天然的行业弱势。基于此，农业科普期刊不敢贸然提价，一直处于低价位发行，大多数不敢使用较高档次的纸张，不敢增加彩色版面，装帧设计简朴平实，保持大众化的印刷水准。

随着农业科普期刊逐渐"断奶"，实行自主经营，独立运行，从事业单位向企业转制，逐步进入市场体系，接受市场检验，办刊体制和运营模式发生变化，同时面临农村市场发育不成熟、读者分流、相关部门的政策支持资金锐减等现实问题，而自主经营又面临困难，市场开拓阻力重重，致使其出现了边缘化现象。辽宁的《新农业》，"1972年创刊伊始，由邮政发行，基本上是公费订阅，发行量在10万份左右；20世纪80年代末，通过农业厅自办发行，公费订阅占90%以上，发行量最高达30万份；20世纪90年代末，自发和邮发并举，发行量为10万份左右；2001年，农民自费订阅杂志量不足《新农业》杂志发行总量的20%，基本上是由村里公费订阅，因此发行量下滑很大。"[1]内蒙古自治区的《农业科学实验》，"在有行业优势可以依托的时候，没有抓住机遇做大做强，使自己具备独立生存能力，当失去行业依托后，发行量急剧萎缩，入不敷出。"[2]这就说明，一方面，行业优势失去之后，直接导致了农业科普期刊发行量的下滑，另一方面，面临新的市场选择，又缺乏主动适应市场的能力和开拓市场的勇气，难于找准明确的市场定位，使之处于两难境地。由于资金不足，印刷质量不可能提高，稿源也无法拓展，期刊策划、运作和经营也难于上新的台阶，更不用说吸引广告商的关注，科技下乡、送刊进村进户等公益性活动无法开展，而最终的结果则是影响其质量的提高，成为期

[1] 吕凯，王元辉．农业科普期刊的办刊现状与思考[J]．安徽农业科学，2006（14）：3550-3551.
[2] 王晴．从发行看农业科普期刊的生存困境[EB/OL].http://xwlt.northnews.cn/NewsTribune/ShowArticle.asp?ArticleID=445，2011-03-01.

刊林中的弱势群体，形成恶性循环的办刊环境。

经济效益不佳导致其编辑人员待遇低，心理上有不稳定和不平衡感，办刊积极性不高。一些编辑要么选择跳槽，要么无所作为，难于以饱满的热情和积极的创新精神投入工作，加上其他一些因素的影响，当前农业科普期刊的编辑队伍专业素质不强，实践经验尤其是深入农村的实战精神少，对农业、农民的亲身体验不够，对日新月异的农业科技发展、不断调整的农业产业结构和农民在生产生活中的需求变化缺乏观察和了解。一些编辑到农村搞农业技术宣传、开研讨会和读者调查会等，来也匆匆，去也匆匆，不少是流于形式，也就使得刊物提供的内容难于满足农民读者的实际需求。

可见，一方面是期刊市场化、产业化趋势不可逆转，另一方面则是大力建设社会主义新农村和农村先进文化，加强农村公共文化建设，在这样的时代语境之下，农业科普期刊如何发展，在经济效益与社会效益之间如何平衡，是一个值得引起主管部门关注的课题。农业科普期刊必须正视现实，寻求对策，担当起传播农业科技信息，提高农民科学文化素质的大任。政府应该进一步强化和凸显其社会公共文化产品属性，真正从农民的实际需求和农村发展出发，将农业科普期刊纳入公共文化服务领域进行管理，为其发展提供政策支持和经济基础。

三、发展对策

农业科普期刊必须正视现实，不断寻求新的发展对策，充分发挥其在社会主义新农村建设中的重要作用：以基于农民需求的"内容为王"打造农业科普期刊的品牌个性；以适应农民品味的期刊语言创新构建农业科普期刊特色；从农村的现实条件与新媒介环境的要求出发，宣传推广农业科普期刊，广拓发行渠道；强化其公共文化产品性质，争取政策和资金扶植；以"农"字为中心，不断提高编辑的素质和策划能力，将塑造新型农民作为长远目标。

农业科普期刊是向农民传播种植、养殖、农机等各方面的农业技术和实用技能，推广普及先进的农业科技知识和医疗卫生保健常识，交流农业生产经验和管理、经营、致富之道的有效载体，是向农民宣传党的对农方针、政策和相关法律法规，提高农民科学文化素质的重要渠道，是农业科技成果转化为现实生产力的桥梁和中介，对于培养农民的科学文化素质，推动农村经济快速平稳发展，加强农村先进文化建设，建设社会主义新农村，具有十分重要的意义。然而，当前农业科普期刊的发展并不尽如人意，甚至可以说某些方面遭遇了"瓶颈期"，与大力提高农业生产力和培养有文化、懂技术、会经营的新型农民的目标不相适应。因此，必须针对农民劳动者对农业科技文化知识的需求特征和农业科普期刊自身的传播功能与发展现状，进一步探讨其发展对策，使之尽快走出一条创新的可持续发展道路，真正有效地服务好"三农"。

（一）以基于农民需求的"内容为王"打造农业科普期刊的品牌个性

期刊的生存和发展，需要与众不同的特色，以特色形成品牌，以品牌赢得市场，内容上"人无我有，人有我优，人优我特，人特我新"，农业科普期刊也不例外，必须以特色立刊，质量制胜，而其中的关键和普遍原则，就是始终坚持"内容为王"，以为农民读者提供具有适应性的优质内容而立于不败之地，保持可持续发展。

首先，根据农村读者需求做好选题的个性化策划。
读者需求决定了农业科普期刊的生态位，决定了其差异化生存和发展的内在走势。每一家农业科普期刊都要研究读者需求，找准自己的生态位，点击市场空白，在内容提供上切合自己的生存区，形成不可替代的优势定位和个性策划。因此，农业科普期刊编辑主体应经常深入农村，了解农业生产和生活实际，把握农村文化走向和社会心理，热爱农村，贴近农民，关注农村热点、难点和疑点问题，对农村社会的各种现象不失时机地进行观察和分析，培养对农村和农民的情感，激活选题的灵感，在充分进行读者和市场调查的基础上确定选题的方向，并就一些农业科技知识请相关专家定期专题写稿，在实用可靠的基础上形成权威性，并以专栏的形式作深入系统的报道。同时，农业生产具有明显的时效性和地域性，农业科普期刊在选题上应把握农时，在作物播种前做好选题及时出版，并针对不同地域及其气候、地理条件、农事特点等做出相应调整，并不断优化原有选题，根据农村变化的形势从不同角度挖掘新意，做到"老树生新枝"。比如新时代的农民是会经营的农民，具有一定的市场意识和销售能力，农业科普期刊要改变传统的观念，在及时提供准确、有效的市场信息特别是农产品经销信息方面加强策划。

其次，精确定位，走"精品店"和"专卖店"的路线。

精准定位与差异化发展实际上是一致的，即每家农业科普期刊均在自己的生态位上凸显优势和特色。在发行市场竞争日益激烈，内容同质化现象日趋严重，读者阅读期待心理预期越来越高，受众数量下降趋势越来越明显，地区发行市场条块分割越来越严重的形势下[1]，走差异化办刊之路尤为重要，其中首要的一点就是明确目标读者，细分市场，精确定位，走"精品店"和"专卖店"路线，以内容的针对性、实用性赢得读者。当前大多数农业科普期刊是综合性的，内容较杂，而这恰恰成为发展的瓶颈，越来越不适合农民读者的身份变化和现代农业生产的专业化要求。甘肃的《农业科技与信息》在发行逐渐萎缩的情况下，"及时调整办刊思路，读者对象由原来的农民改为农业技术人员、科技示范户、农业产业化企业，变月刊为半月刊，上半月为种植养殖版，下半月为林业水利版，刊物起死回生。"[2]现实证明，改变内容上的"大

---

[1] 谢思和. 如何把握农业科普期刊的方向盘 [J]. 传媒，2007（2）：46–47.

[2] 周国清，易定红. 农业科普期刊要以特色服务"三农"[J]. 编辑学报，2009，21（6）：477–479.

杂烩"局面，实行专业化办刊是取胜之道。定位于果农的期刊就应精于果树栽培、嫁接、病虫防治、水果增产等领域；定位于养殖专业户的期刊就要精编某一领域养殖方面的内容，有的放矢，稳定读者群，而且内容专题化、系统化，使农民读者对自己想了解的知识、技术和信息形成全面的认知。《果农之友》在我国水果发展的关键时期应运而生，一创刊就坚持"全心全意为果农服务，为果树生产服务"的办刊方针，定位准确，内容实用，受到全国果农的欢迎。[1]正是在"果农"与"果树"上做足了文章，才拥有了发展沃土，也为农业科普期刊的办刊之道提供了借鉴。农业科普期刊既专业化定位又差异化发展，是现代农业生产和农民身份转型的必然趋势。"近年来，随着农业结构调整速度加快，农业产业化不断升级，农民的需求发生深刻变化，农村社会层级的'碎片化'趋势越来越明显。读者因地域不同、年龄不同、从事的种养类别不同、兴趣爱好不同、文化程度不同形成了不同的群体。""期刊业发展的大趋势和大方向是要向读者提供更加精准的'专业化'和'碎片化'服务。"[2]当前农民群体大致可分为打工一族、种养大户、个体工商业者、传统农民等类型，另外还有农业科技工作者、管理人员和乡镇村的干部。农业科普期刊要针对农民读者内部结构的分层和农业生产、农村生活发生的新变化，经常研究农民的新需求，提供准确的科技知识和新的农业信息，为自身发展寻找新的突破点。比如，可开辟专栏或者专版，指导外出打工农民学习生存技能、求职技巧、创业捷径、致富门道等知识；可抓住有市场的种养业做专栏或打造某一领域农技知识的专刊，以深入、系统、专业而又适合农民种养大户口味的报道吸引其目光。再比如，养猪对农民来说并非什么新鲜事，每家每户都可以养，但要大规模养猪，生长好，质量高，销售畅，能致富，符合WTO出口标准，则不能轻易做到，甚至不少农户没有这种理念。这就需要一种引导与指导，需要有专门的知识。猪肉是深受国人喜欢的一种食物，每天的消耗量非常大，如果开辟专刊，介绍养猪知识与技巧，就会受到养猪户的欢迎，赢得独有的市场空间。

[1] 陈新平，张莉，陈怡，夏雨，李艳萍.《果农之友》的办刊实践 [J]. 中国科技期刊研究，2006（6）：1155–1157.
[2] 高宏. 关于农业科普期刊发展的深层思考 [J]. 农业科技与信息，2008（24）：3–5.

第三，根据农村生产生活实际做到内容"实""新""特"。

"实"是实际、实用、实惠；"新"是新鲜、先进，有活力；"特"是有特点、有个性，凸显优势信息。"实"要求农业科普期刊报道的科技知识，农民看得懂、摸得着、用得上、能管用、有实效，能指导农业生产，带动农村发展。"新"要求其以敏感的市场嗅觉，先人一步报道最新的农业科学技术和成果、农村政策、市场信息等，让农民朋友获取新知，开阔眼界，找到新的致富门道。"特"要求其用独具特色的表达语言和视角、生动而清晰的图画向农民介绍实用的科技知识，具有针对性，在不同地域和农业生产中具有独特的应用性。当然，这是建立在注重实用和实效基础之上的，一味地追求"新奇"，反而会损害农民经济利益，特别是在选择内容时要小心谨慎，从维护农民经济利益的原则出发，确保农业技术信息安全可行，切忌对一些荒唐怪论盲目跟风。《新农业》对于一些违反科学规律的所谓新技术、新品种、新产品，坚持请专家论证，严格把关；对一些媒体炒作的项目如养蝎子、蚂蚁、鸵鸟，大面积栽植可能发生病害的葡萄、大樱桃等，在技术上做细做深，为读者当好参谋助手。这是对读者负责，维护农民经济利益的典型。[1]

最后，优质稿源是期刊内容独具特色的保障。

农业科普期刊编辑主体要认真组稿，建设高素质的作者队伍。一是"约请一些业务知识水平高、有丰富实践经验的专家教授经常给刊物写稿，或请他们对某一技术问题在刊物上开设系列讲座，增强刊物的科学性和知识性。"[2]二是要注重发展特定作者群，从科普创作新人中挖掘新的作者资源，增添活力。"在全国各地广大读者中物色一批有一定写作能力的写作积极分子组成作者队伍，请他们把基层的工作经验、先进生产技术经验和科研成果及时整理发表。"[3]如可以像《新农村》一样将"科技特派员"作为自己的特定作者群。三是请读者中的养殖大户、致富典型撰写阅刊、用刊的经验文章，反映一线农民读者的心声，增强期刊与读者、与农村生活的血肉联系。

[1] 王琦.《新农业》CIS 策划的思考 [J]. 沈阳农业大学学报，2006（3）：573–575.
[2] 陈妙贞 . 关于科普期刊作者队伍建设的思考 [J]. 新闻实践，2005（4）：60.
[3] 陈妙贞 . 关于科普期刊作者队伍建设的思考 [J]. 新闻实践，2005（4）：60.

（二）以适应农民兴味的期刊语言创新构建农业科普期刊特色

期刊语言在期刊表达中是由多种因素相互作用而成的结构系统，一般包括：一是期刊的外在形象语言，这是期刊的外结构，以封面为第一印象，表征其气质特征；二是期刊的文字系统，这是期刊的实质内容，表现为深层意蕴与文风特点；三是期刊的栏目语言，这是对内容的第一次切分，表征为编辑的选择创意与读者阅读的信息归类；四是期刊的版面语言，这是对内容的第二次切分，表征为栏目规约下的信息布局与意义生成；五是由各种因素组构的信息场，这是一个无形的意义空间，表征为期刊的整体传播效果。农业科普期刊内容上坚持农民本位，期刊语言上同样要坚守农民需求，形成符合农民兴味的整体布局和视觉审美系统，以形式和内容的完美结合生成具有农民读者阅读适切性的意义空间。

首先，根据内容定位适时调整和优化体现农民需求的栏目。

栏目是期刊的"眼睛"，是期刊编辑主体思维活动与决策的外化，是对内容的切分，是办刊风格的现实体现。农业科普期刊应根据内容定位和"三农"领域的新动态，及时稳步地调整和优化栏目，在稳定性和灵活性相统一的基础上做好栏目经营，发挥所在地域的优势，策划经得住时间和市场检验的个性栏目；悉心规划内容，巧妙组接篇目，形成精致凝练、开阖有序的板块结构，在内容安排与信息布局上生成与农民读者共通的切点，给农民读者以质朴而严谨的视觉吸引力，从而优化信息渠道，提高期刊传播效益；可以开新栏、做专栏、调"旧"栏，以此打造特色栏目。《农家参谋》针对农民希望了解、学习法律知识和有效进行子女教育的问题，联合河南天基律师事务所开办"以案说法"栏目，对农民开展生动的普法教育，开办"家教有方"栏目，以鲜活的事实和质朴的道理，对农民进行家教知识和方法的武装；还考虑到农民在具体的生产生活中会有一些疑点需要专家解答，但专家又常常不能面对面指导的情况，设立"专家论坛"和"读者问题"栏目，每期由种养方面的专家根据当时农民生产、生活当中的热点、难点问题提出自己的看法，为农民释疑解惑，具有明显的现实指导性。期刊社还协调好与专家的关系，刊登专家的联系方式，方便农民遇到难题时直接与专家交流。《福建农业》增设"劳动力转移"专题并精心经营，就农村劳动力转移及其带来的就业培训、如何拓宽农民增收渠道等问题进行专门阐述和探讨，受到农民读者的喜欢。近些年进城务工成为农民的一大致富门路，可开设如"打工天地""进城指南""民工园地""回乡创业""务工手册"等专栏，专业指导农民进城找工作，帮助其适应城市生活并开拓致富的门道。

其次，文字表达从农民受众不同知识层次的特点出发，充分考虑其摄取、吸纳农业科普信息的能力。

这是农业科普期刊语言创新并具有读者适切性的关键。农业科普期刊的信息传播作为文化的一部分，对于农民读者的作用，依乎文化传播的规律，要使用广大农民群众喜欢的语言文字，通俗活泼，浅显易懂，平白质朴，与其文化水平和受教育的程度相适应，将农业科技知识和食品、药品、法律、理财、保健、投资等各方面的知识以通俗的语言讲清楚，深入浅出，明白如话，易懂易学。同时，农业科普期刊所传播的科技文化信息的源头把关大部分在城市文化人，无论是个人身份、文化层次还是传播姿态与口吻，都有城市的文化定势，与农村和农民相差甚远，容易影响农民对其信息的选择与接受。加之中国传统农民对农业科技知识缺乏需求动力和科技兴农的理念，更多地关注自己的日常生活，留恋所在地域，固守所处稳定的社会圈子，这就要求农业科普期刊始终保持与农民受众平等对话的姿态，切入普通农民的日常生活，关注其"一日三餐"，主动引导，转变文风，激活其热爱科技文化知识的自觉性。

第三，以适应农民读者阅读方式的版面语言呈现内容。

版式是一种期刊语言，具有现实接受的视觉效应。农业科普期刊的版式构设要体现其普及性的传播本质，尊重不同层次农民读者的阅读特点与习惯，符合农民读者的视觉要求，版面经济实用，既力避老土或过分花哨，又打破面孔相似的沉闷局面，从朴拙中凸显活力，为农民所喜闻乐见，形成适合其阅读兴味与审美取向的视觉版面空间。一要编排规范，各种版面元素、各级标题分明、醒目，图表制作一目了然，整体上美观易读，符合农民传统的阅读习惯。二是版面组接自然流畅，整齐协调，信息连贯，整体感强，便于农村读者阅读，特别是关键内容、重点技术等信息的提示清晰、突出，缩短与农民读者的距离，形成直接快捷的沟通渠道。三是克服版面浪费现象，提高版面利用率，充分利用有限的空间，尽可能多地为农民读者提供有效的知识信息。四是体现服务农村读者的版面价值取向，可以"有问必答""致富信息""短文附录"等多种形式，以灵活的文体、多样的表达方式增强传播力。五是从农业生产受所在地域自然条件制约和农民生产生活的地域文化特征出发，根据目标读者的细分，形成体现农业地域空间优势的重点版面，以专题化的版式表达满足农民读者对内容的特定选择。

第四，以符合农民审美习惯的封面设计形成感召力。

基于农村文化的特点与农民读者"独特的心理追求、传统理念和审美情趣"[1]，从厚实稳重、简约朴实的文化气息中透出端庄典雅、美观自然的气质，以删繁就简的风格彰显其内容属性，是农业科普期刊封面设计与装帧形式的整体要求。特别要承认和尊重农民读者的审美需求与习惯，图案要体现农村文化的审美属性，符合农民读者的心理特点与情感取向，"以有意识的民俗化设计去满足农民无意识的民俗化心理需求"[2]，以民俗性和民族文化特征形成感召力。刊名字样显眼，年份、期次标注清楚，色彩效果清爽宜人，在平实中凸现乡土气息，与整体背景协调和谐，契合农民求知、求富、求简、求乐的审美需求。而且封面作为期刊外在形象的一种定格，应保持风格的连续性和稳定性，以其前后一致的审美特质为农民读者接受的定势生成视觉凝聚力。

第五，以体现农民阅读水平的标题语言优化传播效果。

标题是文章之首，是文章内容的高度浓缩和最大抽象，不管是目录页还

[1] 杨秀峰.试论农技图书封面设计的民俗性 [J].编辑学刊，2000（2）：59–61.
[2] 蒋晓丽.现代新闻传媒标题艺术 [M].成都：四川大学出版社，1998：1.

是正文页，标题均直接进入读者的阅读视野和认知系统。"根据人的视觉线位移规律，标题通常是给予读者的先入为主的第一感觉"，"可谓题出于文，甚于文"。[1]农业科普期刊的标题应从农民读者的实际阅读能力和信息的可接受性出发：一要直接，标题能集中传达文章的整体信息，开门见山，直述其意，使读者在第一时间对正文获得概括性认识，形成视觉吸引力，引起阅读兴趣。二是有效，标题符合语言规范，表意清楚，能激发农民读者的阅读欲望，吸引其阅读文章内容。三是优化，尽量实现标题表意功能的最大化，可多采用陈述句语气，其关键词或中心语突出，将科普知识的传播渗于平实的语言之中。也可适当使用疑问句，特别是在一些农业科技信息辨伪和"有问必答"栏目中，以疑问句激发农民读者的探究意识，引导其从文章中寻找正确答案，实际上是将问题实质隐于标题话语背后，设置编辑议程，与读者互动，既有语言魅力，又可读、好读。四是农民受教育的程度和文化层次一般不高，要注意副标题对正标题的补充意义，尽量在目录页列出，融入标题意义系统之中，使农民朋友一览便知。五是标题在形式上具有视觉美感，与文字共同构建标题的表意空间。《果农之友》的"每个栏目均有独特漂亮的卡通标志和图案，栏目标题、文章标题与行文可根据内容的不同而采取不同颜色，而且配以与之相关的果品图片"[2]，排版新颖美观，深受读者好评。

最后，整体装帧设计适合农民受众的购买消费能力。

农业科普期刊在注重印刷质量、做到美观大方的同时，要"把握农民读者的现实购买力，寻找合理的市场对接点"[3]，稳定价格，让农民买得起。《农民文摘》20多年坚持每期一块多钱的定价，2006年每册定价涨至2元/册，全年总定价24元，但优惠发行后每册实际订阅价仍为1.5元，全年18元，在全国农村期刊中是价格最低的。内容好读又经济实惠，目前发行量近百万份，是国内发行量最大的农村期刊，为农业科普期刊的发展提供了可资借鉴的路径。

---

[1] 蒋晓丽. 现代新闻传媒标题艺术 [M]. 成都：四川大学出版社，1998：1.

[2] 张莉，陈怡，夏雨，李艳萍. 打造农业科普期刊新秀——谈《果农之友》的创刊与办刊经验 [J]. 农业图书情报学刊，2006（12）：163–164，204.

[3] 周国清. 农村图书营销策略论要 [J]. 湖南师范大学社会科学学报，2009（3）：5–10.

（三）从农村的现实条件与新媒介环境的要求出发，宣传推广农业科普期刊，广拓发行渠道

首先，加大对农业科普期刊的宣传推广力度。

读者是农业科普期刊传播效果的直接检验者，是市场的决定力量。农业科普期刊的发展受到农村地域条件的制约和新媒介环境的挑战，在新经济条件与期刊竞争态势下，有效的宣传是获取读者和提升发行量的好方法。一是主动利用相关农事活动推介，比如"利用农产品交流会、新闻发布会及农技培训班宣传刊物；利用送科技下乡活动，免费赠阅刊物，让农村读者了解刊物，然后再征订。"[1] 二是建立刊物与刊物之间的联系，"尽可能地与全国同类期刊互换征订广告，还可根据布局有选择性地在一些外围期刊上互换征订广告。"[2] 三是借助其他传媒宣传刊物，如与电视台合作专题形成互动，借助其报道农村的新闻介绍刊物，使之在公众中树立良好的形象；对刊登的农民可能看不懂的新技术、新科技成果，可开发光盘产品，让农民一"看"就会。四是主动开展读者活动，如读者问卷调查、组织农业知识大赛等，研究农民订刊、阅刊的心理和需求，树立学刊用刊典型；大量印制宣传画、宣传单并且广泛张贴、散发到农村，多组织和参加科技下乡等。[3] 五是多举办一些科技下乡、免费赠刊活动，如建立过刊赠送制度，在条件允许的情况下有组织地免费赠送样刊，使读者了解期刊，也帮助农民学科技用科技。六是在条件允许的情况下可开办读者俱乐部，举办形式多样的技术培训讲座、发家致富信息交流会、优良品种直销会等，请农民参加，调动农民学刊用刊的积极性。

其次，创新农业科普期刊的发行渠道。

当前的主发行渠道是邮局，存在垄断、单一、速度慢等弊端，必须充分利用现代传播技术，发挥多媒体的联动功能，从农村交通与通讯条件的实际出发，创新发行渠道。一要继续利用邮局发行网络完备的优势，与之建立良

[1] 易定红.农业科普期刊发行的困境与对策 [J].长沙铁道学院学报·社会科学版，2009（3）：272-273.
[2] 杨林，冯卫，聂克艳.农业科普期刊发行量下滑的原因及对策 [J].贵州农业科学，2006（5）：134-136.
[3] 杨林，冯卫，聂克艳.农业科普期刊发行量下滑的原因及对策 [J].贵州农业科学，2006（5）：134-136.

好的合作关系，实现互惠互利，并尽量利用政府的支农和惠农政策，力争优待政策。二是建立自办发行网络体系，在读者或作者群体中聘请发行员，从农村地域各自的特点出发，广泛建立具有当地特色的通联站、发行站等，既便于农村科技文化信息的传播和互用，又方便读者对刊物的了解，带动发行。特别是可将广大农民群众的实际需要和迫切要求直接反馈到杂志社，实现读者和编辑的良性互动。《科技致富向导》杂志从2002年开始，注重发行网络建设，目前已初步建立了省内外发行体系。有的地区每个乡建立了发行站，每个村有1~2个发行联络人。这不仅稳步扩大了发行，同时对加强杂志社与广大读者的良性互动，建立编辑、发行、广告、读者服务的立体网络体系也有很大的促进作用。[1]三是充分利用二渠道书商的发行长处。自办发行需要一定的时间和资金，当前，二渠道书商发行体系趋于完善，发行网络逐渐健全，发行触角伸展到城乡的各个角落，而且轻装上阵，能进能退，能聚能散，对农村发行的地域交通条件熟悉，具有农村发行的优势。因此，充分利用二渠道书商发行体系，给书商留足利润，让其为期刊广泛宣传，也是一条迅速打开市场的途径。四是派专人负责杂志发行，广泛联系各省市县镇的报刊零售公司、图书期刊批发市场，扩大农业科普期刊零售业务。这种定点联系、定点服务、专人负责的方式，针对性强，目标读者容易锁定，同时各个片区的负责人又可建立发行网络系统，互通信息，彼此了解，久而久之就会形成四通八达的农村发行网络。五是与我国很多地方都在实施的新型农民科技培训项目结合，请科技培训人员向农民推荐期刊。农业科普期刊可利用相关项目的实施单位均是各地（州）县农业行政部门，在农村的网络覆盖面广的优势，聘请其工作人员作为刊物发行员（非行政发行），建立通联站、发行站，形成又一自办发行网络体系。六是与涉农部门合作，利用其为期刊发行服务，如农技推广单位、农业科研机构、农电部门、农村信用社、农业银行、农村成人学校、农技职员、农民大学等。这样不仅可以提高期刊的发行量，而且无形中省去了大笔的宣传费用。七是"主动加强与国内外期刊界的交流与合作，学习他

[1] 李志全.农业科普期刊双效发展探析[EB/OL].http://qnjz.dzwww.com/xbyk/2005disiqixbyk/t20050523_1071758.htm，2006-06-13.

们先进的经营理念和管理方式，建立合作关系，扩展发行渠道，以达到迅速扩展期刊市场的目的"[1]，形成具有农村特色，符合农村信息传播、交通运输实际的发行体系。

第三，适时应对新媒介环境的挑战。

新的传播媒介和传播技术对农村社会产生了重要影响，农民读者的需求也出现了新的变化。农业科普期刊面临新的挑战和机遇，必须与时俱进，充分利用和发挥网络、手机等新媒体的作用，比如开设期刊专业网站，建立自己的期刊网页，做好电子杂志，供读者在线订阅；及时更新期刊各方面的信息，直接快捷地服务农民受众，带动期刊的销售经营（比如帮农民购买最新品种种子、图书、技术光盘）、广告经营（刊登企业的优良品种、农机农具、农村生活用品、常用药物等）、读者经营（通过论坛和专家在线互动，回答农民的疑难问题，建立和稳定读者群）等相关产业链。《中国家禽》跳出以发行和广告为基础的经营模式，致力于打造"新经济"经营模式，适应网络时代发展需求，相继推出网络版和电子杂志，杂志网站成为重要收入来源[2]，利用网络发行渠道壮大了期刊实力。目前，大部分农业科普期刊在龙源期刊网和知网中有在线阅读的电子杂志，免费阅览杂志的前5页，后面内容需订阅，订阅费用比纸质杂志便宜，订阅2011年全年的《农家参谋》和《农民文摘》的电子杂志分别只要19元、12.7元，这是一种有效销售期刊的方法，有利于懂电脑的农民及时了解农村政策、市场、农技新信息。

（四）强化农业科普期刊的公共文化产品性质，给予政策和资金扶植。

以"农"为本，积极引导广大农民群众崇尚科学，破除迷信，抵制腐朽文化，建设农村先进文化，提高思想道德水平和科学文化素质，形成文明健康的生活方式和社会风尚，是农业科普期刊的重要使命。这一使命，对于当

---

[1] 贾玉琴. 如何提高农业科普期刊的办刊质量 [J]. 农业科技与信息，2004（7）：45-46.
[2] 吴锋. "三农" 期刊的现状及其突围路径 [EB/OL].http://qkzz.net/article/d1957464-6aa8-4cfe-8e10-216d47cdae33_3.htm，2011-06-25.

下农村社会发展特别是农村文化建设具有十分重要的意义。据报道，广西一个有 3000 人的温江村，年轻人大多外出打工，而在出去打工的青壮年里却有 100 多人因为抢劫而被抓，形成了新的社会问题，也暴露出在城乡文化交接与融合的过程中难于避免的冲突，给如何加强农村文化建设和新生代农民的文化教育提出了新的思考。农村经济发展缓慢，文化环境不佳，教育得不到应有重视，人口素质整体长距离落后于城市，在这样的背景下，乡村的沦陷似乎已成为一个敏感话题，而其关键就在于政府对乡村的关注度，包括经济、文化、教育等各个方面，在政策和资金等方面都要向乡村倾斜。面对城市文明，农民满心向往和追求，但城市高涨的房价，教育、医疗、救济等诸多社会保障的制度壁垒，农民又无法跨越，城市能够接纳和实现农民的愿景吗？城市的财富能给他们带来生活的改善吗？在现实的历程中，这些都是向往中的未知。因而，对于一些农民而言，立足农村，拥有土地，找到自己的安身立命之所，才是生存的根基。那么，政府就应承担更多、更大的文化责任，在大力发展农村经济的前提下，充分发挥农村出版传播的文化功能，从娃娃开始，为一代又一代的农村人口提供更多的接触文化产品和提高农业科技意识的机会。

党的十七届六中全会提出，"满足人民基本文化需求是社会主义文化建设的基本任务。必须坚持政府主导，加强文化基础设施建设，完善公共文化服务网络，让群众广泛享有免费或优惠的基本公共文化服务。要构建公共文化服务体系，发展现代传播体系，建设优秀传统文化传承体系，加快城乡文化一体化发展。"[1]而农业科普期刊具有和其他期刊不同的特殊的公共文化与科技知识传播功能，其与生俱来的产品特性就"充分体现农业科普期刊的公益性职能"[2]，在提高农村科技文化水平、促进农村经济发展、大力解放和发展农村生产力等方面，具有不可替代的作用，在推进社会主义新农村建设的历史进程中，无疑担当着极为重要的文化使命，理应得到各级政府、部门的重视和

---

[1] 新华网 . 中共第十七届六中全会全体会议公报（全文）[EB/OL].http://china.huanqiu.com/roll/2011-10/2095239.html，2011-10-18.

[2] 北京农业的 BLOG. 应将农业科普期刊纳入公益性文化事业单位 [EB/OL].http://blog.sina.com.cn/s/blog_4fc73d4c01008alu.html，2008-01-16.

支持，将其纳入到公益性文化事业管理系统，强化其公共文化产品属性和公益性出版功能，以最大程度发挥其社会效益。

当前，农业科普期刊经费短缺，普遍自负盈亏，发行困难已经不是新鲜事。在文化事业单位转企改制和非时政类报刊改革的环境中，农业科普期刊如何形成长效发展机制，是一个极为值得深思的现实问题。笔者认为，就农业科普期刊本身而言，应不断深化改革，加快向市场经营模式的转变，利用社会资金，引入真正懂期刊市场运行、管理的高级人才，做好内容提供，开展广告业务，拓展发行门路，根据期刊发展规律，创新运行管理机制，尽其所能适应出版产业的要求。从国家方面来讲，农业在国民经济中处于基础地位，农村人口占了我国人口的绝大多数，满足广大农民的知识信息需求，引导其致富奔小康，成为我国社会发展的重中之重，党和政府要加强对农业科普期刊的资金和政策扶持。首先，从农村在我国社会发展体系中的特殊地位与作用出发，从加强农村文化建设，全面提高农民科学文化素质和农业生产力的高度认识农业科普期刊的公共文化产品属性，给予一定的技术、人员、资金等方面的支持，采取有别于市场化报刊的管理方式，将其"纳入到繁荣农村文化事业中去，纳入到农村公共服务体系中去。赋予农业科普期刊传播科技知识、进行农民技能培训、提高农民文化素质的职能，参与文化进村、科技入户等富民工程，发挥农业科普期刊买得起、读得懂、用得上的特色，服务于'三农'。"[1] 其次，将其纳入农业科技推广体系之中，让各级财政部门给予必要的投入。如国家实施的服务"三农"重点出版物出版工程，可将其列为重点一类刊物，将精品期刊纳入到农家书屋刊物系统中，予以重点支持和培育，探索农业科普期刊作为农村公共文化产品的运作模式。最后，"将从事农业科普期刊编辑出版人员，由主管单位纳入到农业技术推广、科研、教学等公益性事业人员管理，在人员工资、福利待遇、养老、医疗等方面给予保障，解决从业人员的后顾之忧"[2]，为农业科普期刊的发展提供人才保证。强化农业科普期刊的公共文化产品性质，就是真正的惠农富民之举。

---

[1] 王永鹏. 关于农业科普期刊应纳入公益性文化事业管理的思考和建议 [J]. 中国农学通报, 2006（4）: 408–410.
[2] 王永鹏. 关于农业科普期刊应纳入公益性文化事业管理的思考和建议 [J]. 中国农学通报, 2006（4）: 408–410.

（五）以"农"字为中心，不断提高农业科普期刊编辑的素质和策划能力。

有什么样的编辑，有什么样的主编，就有什么样的期刊。农业科普期刊要在激烈的市场竞争中取胜，就必须充分发挥编辑主体的主动性和创造性。当下大多农业科普期刊的编辑来自城市，是城市文化的耳濡目染者，与农村生产和生活实践隔了一层，有的甚至了解不多，知之不深，制约其对农村选题的策划和内容的选取，缺乏对农民读者的适切性和农村生活的贴近性。笔者认为，农业科普期刊编辑的特殊能力，集中到一点，就是要以"农"字为中心，做足"农"字文章，形成一心向"农"的编辑思维习惯和情感价值取向。

第一，了解农村实际，具有以"农"为中心的策划能力。

策划能力是编辑的一项基本功，策划选题、策划栏目、策划读者活动，都是出版产业环境下对编辑的要求。一方面，农业科普期刊编辑要发挥主观能动性，深入农村生产和生活实践，了解农民的生活和阅读兴趣，要多与农民打交道，多与农民谈心，真正了解农民所需所想，积累农村生活素材，放眼农村发展现状，以农民关心的问题为中心策划选题。期刊社要形成开放办刊的环境，以有效的激励机制鼓舞编辑主体的策划热情，激发其创造性。《现代农业科技》实行目标管理制度，"每年提出一个新的奋斗目标，再将总目标分解成若干个子目标，每个子目标对应不同的激励方案，由相应的人去完成，完成了任务就按月兑现奖励。多年实践表明，此种分配方案，大部分职工是满意的，效果是好的。"[1]而每一个目标的实现就意味着一种新的跨越和发展。

第二，凝聚懂"农"的作者群体，具有开拓和获取优质农业科普稿源的能力。

在很大程度上，农业科普文章较之一般理论研究文章的写作更有难度，要将科学的道理向农民这一特殊对象讲清楚，就必须深入浅出，举重若轻，为广大农民读者容易接受并能运用于农业生产实践之中。而令人忧虑的是，

---

[1] 王洪江，徐桂珍，鲍勇，蔡正平，张庆富，江珊，曹忠凡.《现代农业科技》杂志成功转型的实践探索 [J]. 农业图书情报学刊，2011（6）：176–179.

现在真正热爱农村、热心农村科普创作的作者并不多，这与科研评价体制以及对农村的偏见等有关，因此，农业科普期刊编辑有心发现和培养有潜力的农村科普作者就特别重要。作者是"衣食父母"，没有高质量的稿源，就失去了依托，期刊质量就无从谈起，编辑主体要善于与作者交往，把握作者心理，具有善待作者的慧眼与能耐。[1]《农村百事通》对编辑采编内容提出"一看就懂，一学就会，一用就灵，一点就通"的要求，而且在内容安排上"不讲为什么，只讲怎么做"，只求解决农民的实际需求和困难，受到读者的欢迎。编辑部还建立了编辑"一二三"联系制度，以提高编辑的素质，确保稿件的质量。"一"，即每位编辑要和约10所全国有特色的科研院校建立广泛长久的联系；"二"，即每位编辑要和约20名全国有一定影响的专家（教授）保持经常的沟通和联系；"三"，即每位编辑要与30名全国各地的读者或推广员成为朋友，掌握最基层的情况。除此之外，编辑要经常参加各种涉农专业协会的活动，了解行业动态；聘请农技行业专家当顾问，对重点稿件、技术性强的稿件（如种植、养殖、医疗、法律等稿件），约请专家帮助审稿把关。[2]这样就从源头和编辑两方面确保了期刊的高质量。

第三，认真负责，具有坚忍不拔的为"农"精神。

农业科普期刊的读者是农民，获取的信息直接用于指导农业生产，一旦出现些许的失误或差错，就会造成严重的经济损失甚至破产。"办成精品可以富农，办成劣品就要害农"[3]，没有认真负责的态度，就会失信于"农"，贻害无穷。由于农业科普期刊是面向农村写稿，面向农村发行，山高路远，交通不便，加之农村特殊的地理环境，信息获取不易，与农民沟通和联络必须放下架子，甘当学生，克服自己作为编辑的心理优越感，树立角色下移意识，真正与农民平等相处，培养一种不怕困难，坚持不懈地为"农"精神。而且，正因农业科普期刊编辑的待遇不尽如人意，更应耐得住寂寞，坐得住冷板凳，坚持

[1] 周国清.出版产业化环境下编辑决策的作者意识 [J].湖南城市学院学报，2011（5）：32—37.
[2] 蒋敦明.小刊物大意识小帮忙大和谐 [EB/OL].http://news.xinhuanet.com/newmedia/2007-05/23/content_6136404.htm，2007-05-23.
[3] 胡炎福.农业科普期刊与社会主义新农村建设 [J].北京农业，2007（21）：69—71.

做好本职工作，坚守作为农村文化构建者和传播者的责任。《农村新技术》为及时了解、掌握市场变化及读者需求，"主编坚持带领编辑人员深入农村生产第一线调查研究，把读者喜欢不喜欢、满意不满意和市场变化及需求，作为想问题、办事情、做编辑工作的出发点和落脚点"。"由于选题新颖，针对性强，实用性强，文字精练、通俗，让读者一读就懂，一学就会，一用就灵，能解决读者实际问题。据读者来信，对《农村新技术》不约而同地使用了'相见恨晚''爱不释手'之类赞誉词汇。"[1] 正因农村出版传播有地理环境等方面的特殊性，就必须具有一种"韧"的服务精神，不怕困难，一心为"农"。

第四，以真心换真情，具有一心服务于"农"的爱心和耐心。

农业科普期刊编辑要全心为"农"服务，视读者为"上帝"，与农家交心，帮农家致富，急农家所急，想农家所想，在细致深入的工作中形成稳定的读者队伍。从农民的需要出发，为农民免费刊登供求信息，帮助解决买难、卖难问题，鼓励农民把自己的有关生产生活的身边事、心中的喜悦及苦恼写出来，以期刊作为农民的"传声筒"，捍卫农民利益。针对期刊出版周期较长的弱点，可开通短信平台、专业网站及专家热线等，方便农民获取最新农业资讯和咨询有关问题。《农民文摘》读者服务部每年编印《农民文摘后续服务项目精选》小册子，无偿赠送，内容包括当年市场前景看好的农业种养殖项目以及实用技术资料，为的是更好地准确快捷解答读者提问。对于农民读者的来信尽快回复，耐心解答，帮助农民解决难题，如可以为之邮购各种作物种子和树苗、技术图书和光碟等。《农村百事通》准备建立一个集农业科研、新品种示范、休闲娱乐和培训于一体的基地，打造一个实业型办刊的生态基地，走期刊宣传品牌，实业提供产品和服务的多元化办刊之路[2]，其中心点就是服务于"农"。

农民是建设社会主义新农村的主力军。没有新农民，就没有新农村。只有大力培育"有文化、懂技术、会经营"的新型农民，才能真正改变农村面貌，推动农村发展，而农业科普期刊无疑担当着重要的社会责任，肩负着不

[1] 胡炎福.面向市场办好期刊——以《农村新技术》为例 [J].中国科技期刊研究，2006（5）：794-797.
[2] 张洁，王倩，董应才.农业期刊为"三农"服务的再思考 [J].农业图书情报学刊，2010（3）：175-178.

可推卸的文化使命。新型农民的塑造和新农村建设集中到一点，就是需要知识，需要信息，需要智慧，而农业科普期刊的政策性、知识性、技术性、指导性、实用性等特性，恰如其分地说明它是塑造新型农民的先锋战士。因此，农业科普期刊应将培养与提高农民科技文化素质作为立足点，以构建农村先进文化和培育新型农民作为长远目标。

四、打造读者适应性　服务农村文化建设

农业科普期刊肩负着向农民读者传播科技文化知识信息的历史重任，在农村文化发展特别是农业科技发展中起着十分重要的、不可替代的作用。其关键点，就是要使之从内容到形式具有读者适应性，能够充分满足农民读者的需要，起到生产生活的参谋作用，通过传播科学知识、普及科技技术和培养新型农民来推进农村文化的发展。在此，我们专门就农业科普期刊如何打造读者适应性的问题予以分析。

农民读者是具有特殊意义的阅读群体，其阅读特点对农业科普期刊内容提供的读者适用性提出了内在要求。只有在科学性、实用性、政策性、专门性、时效性与地域性、通俗性与趣味性等方面下工夫，其内容才能真正切合农民读者需要，从而优化传播力，发挥其服务"三农"的独特功能。

农业科普期刊以农民为主要读者对象，而随着市场经济的确立、文化体制改革的推进、城市化进程的加快和农业结构的调整，其读者生态环境发生了天翻地覆的变化，特别是农民群体结构的分层与身份的多元、农民信息需求的新变化与获取途径的多样化等，使得农业科普期刊一时难以适应，有的

发行量下降甚至生存维艰，面临着发展困境。但是，与城市相比，从农村发展实际和潜在的读者群体而言，农村出版传播市场还是一块尚待开发的黄金宝地。据相关数据显示，2011 年末，中国大陆总人口为 134735 万人，乡村人口为 65656 万人，农民工总量 25278 万人，比上年增加 1055 万人，增长 4.4%；其中本地农民工 9415 万人，外出农民工 15863 万人。[1] 可见，中国农村人口数量依然庞大，而事实上，农村"出版传播过程中农民受众作为出版物市场消费主体的长期缺席与沉寂"[2] 的问题十分突出，农业科普期刊也不例外。农业科普期刊本是农村发展、农民致富、农业增收的重要信息载体，是为农民普及实用科技信息的指导性宝典，但由于其信息传播缺少农民读者需求的适用性，出现信息传、受差距，难于实现其强农、富农的功能。因而，抓住农民读者的阅读特点，满足其信息需求，提供适应其阅读兴趣的内容和形式，是农业科普期刊发挥普及农业科普知识和应用技术，提高农民素质，促进农业增产增收，培养现代化新型农民的内在要求。基于此，笔者拟在前人和自己已有研究的基础上，从内容提供的视角对农业科普期刊的读者适用性问题予以探究，诚祈能以此拓展农业科普期刊的发展路径和研究视野。

"一切为了读者，竭诚为读者服务，是出版工作者的天职，也是出版工作的宗旨。"[3] 研究农业科普期刊的读者适用性，就是树立其真正为读者服务的理念。所谓读者适应性，在这里主要指农业科普期刊在内容策划、提供与设计上如何更好地满足农民读者的需求，让其看得懂、用得上，对其生产、生活具有实际的指导性与应用价值；能从农村发展的现实、农民读者的实际阅读水平和不同层次的生产生活要求出发，采用适合农民口味、具有农民气派的话语表述方式，真正贴近农民、服务农村、指导生产、参谋生活，也就是以读者的实际要求作为办刊的宗旨和主导倾向。因为"只有一切为了读者，才能千方百计地去发现读者的需要，才能为满足读者的需要去奋斗、去创新，才

---

[1] 中国大陆城镇人口数量首超农村农村居民收入增速继续领先城镇 [N]. 农民日报，2012-01-18（01）.

[2] 周国清，黄俊剑. 新媒介环境下农民受众的需求特征及其应对策略 [J]. 湖南师范大学社会科学学报，2011（4）：129-134.

[3] 邵益文. 心中只有读者 [A]// 邵益文. 一切为了读者 [C]. 北京：首都师范大学出版社，2010：19

能去做那些在一般人看来是做不到的事，才能鞠躬尽瘁，才能实现一个编辑的全部价值"。[1] 现代科学技术从根本上改变了或正在改变着农业的生产过程和农民的生活方式，农业生产的知识密度不断增强，自然对农民的知识水平和科技意识提出了新要求，而我国农村人口的文化素质和对农业科技的掌握程度与世界发达国家相比还处于落后状态，而农业科普期刊作为向广大农民传授科技文化知识的重要载体，自然担当着重要的责任。在社会主义新农村建设的历史进程中，要立足于农村生产生活实际，培育"有文化""懂技术""会经营"和"讲道德"的新型农民，提升农业和农产品的科技含量，就离不开农业科技信息与知识的有效传播与普及，就必须充分发挥农业科普期刊的独有功能与重要作用。"现代农业的发展过程，实质是先进科学技术在农业领域广泛应用的过程。""只有掌握现代农业科技知识、具有现代农业经营管理技术的新型农民，才能提高自主创新能力，推进农业标准化、规模化，才能轻松驾驭国际市场，有效推进现代农业进程。"[2] 因此，在推进农村文化建设和农业生产力的发展中，农业科普期刊如何更好地满足农民读者需求，以"内容为王"彰显期刊科普本位，具有读者适应性，就是科技兴农、科技富农中的一个重大课题。

随着农业生产的日益市场化，农民"开天辟地多少年，没有信息也种田"的陈腐观念逐渐向"信息农业""科技农业""依靠信息脱贫致富"等意识转变。许多头脑灵活的农民已经深刻地意识到信息于他们驾驭市场，先人一步走向富裕之路的重要性，对信息的需求日益迫切。新时期，农民的信息需求呈现多样化和广泛性的特点，有研究者指出，农民的信息需求分为：农业科技需求，包括新品种、种养新技术、农产品就地加工与储藏保鲜、特色农业、生态农业、现代农业技术等；非农业科技需求，包括农民工技能、农村新兴产业、村庄规划与环境治理、新能源开发利用、农村建材、农村化工、农村信贷、农村医疗保健等；致富信息需求，包括政策信息（如种子直补政策、农产品价格保护

[1] 邵益文.心中只有读者 [A]// 邵益文.一切为了读者 [C].北京：首都师范大学出版社，2010：16.
[2] 李建新，等.社会主义新农村建设探索 [M].长沙：湖南师范大学出版社，2007：257.

政策等）、科技信息（如新品种、病虫害防治、科学施肥、农产品简单储藏保鲜技术信息等）、市场行情信息（如化肥、种子、农药等大宗农资的购买信息、农产品的出售信息与期货价格等）、经济信息（如农业生产贷款、加工贷款、龙头企业贷款等）、就业与劳动力转移信息（如打工信息、经商信息、技能培训信息等）；法律法规知识需求；经营管理知识需求；精神文化知识需求，包括乡村民俗文化、文人趣事等[1]，其中农民对农业科技信息的需求最强烈。因此，农业科普期刊应充分发挥自身的特性，以恰切而高品质的内容适应读者的信息需求，使读者看得懂、用得上、有实效。早在 20 世纪 80 年代末有研究者就农业科普期刊的可读性问题提出了自己的看法，认为那个时期造成农业科普期刊发行困难的原因，除了广大农村还需要继续进行科学启蒙等因素外，就应归结到刊物的可读性——征服读者的本领大小上来了，并就农业科普期刊可读性的具体要求作了分析。[2]时光飞逝，20 多年以来，业界和学界对这一问题并未进一步予以充分的关注。面对着农民科学文化素质依然低下、经济收入不高、信息需求变化等现状，农业科普期刊究竟应该怎样适应农民读者需求，怎样提高征服读者的本领，仍是一个值得深思的问题。

（一）基于信息传播真、准、实要求的科学性

这就是说农业科普期刊的内容要准确无误、真实可靠，反映农业生产实践的规律和农民生活的实际，这是其姓"科"的硬性规定，也是农民读者最为关心关注的问题。"科普期刊所载作品的'科学性'，主要指刊载的内容是否真实；原理、概念、定义等理性的东西是否正确；公式、单位、符号、术语是否准确、一致和适用等等。"[3]农业科普期刊从选题策划开始，编辑出版的每一个环节，其内容都必须以科学性为首要标准，以真实性、准确性、严谨性

[1] 沈银书，刘健，徐平丽.新时期农民的阅读习惯与阅读需求 [EB/OL]. http://wenku.baidu.com/view/b9dd0287e53a580216fcfec2.html, 2012-06-05.
[2] 钟天明.谈谈农业科普期刊的可读性 [J]. 编辑学刊，1988（3）：72-75.
[3] 牛二芳.科普期刊必须坚持"科学性"[J]. 编辑之友，1995（6）：41-42.

为基础，引导农民读者获取专业知识，提高专业技能；报道具有前沿性的新技术、新成果、新经验，反映当前农林渔牧业的发展动态时，要针对性强，有新意，技术成熟，又具有较强的可操作性，为农村读者提供精准的知识信息。特别要杜绝超前报道不成熟的科学技术、片面宣传农业新品种的优点，甚至报道一些貌似有科学根据的致富门道的做法。这些信息有的带有伪科学、反科学或封建迷信的色彩，可能一时骗取农民读者信任，但随着时间的推移，最终只会使读者失去对期刊的信任，从而迷失市场。农业科普期刊内容坚持科学性，既有对作者的要求，也有对编辑的要求。"求真、求知是读者进行阅读活动时的内在需求……在选题、材料搜集、体裁确定、论文写作的过程中，作者务必要抱着尊重客观实际、尊重科学和对广大读者负责的态度，严格按实验规程操作，杜绝任何弄虚作假的行为，如实反映客观实际，让科研成果以真实的面目展现于世。而作为科技论文学术把关人的科技期刊编辑，也应该有责任和义务协助作者做好这方面的工作，以确保论文的真实可靠。"[1]因此，要提高农业科普期刊编辑的把关能力，提高其科学文化素养；要建设一批有责任心的高素质科普作者队伍；要适时深入农村宣传科学知识，提高农民的科学判断能力。而且，农业科普期刊内容提供的科学性要求其在语言表述上做到可读性与规范性的统一，具有可读性，读者就易于接受，而规范性"是其科学性和逻辑性的最好表现"[2]，二者不能偏废。

（二）充当农民生产、生活参谋的实用性

也即农业科普期刊的内容要能用且有效，直接对农业生产具有指导性，对现实的农事问题能解疑释惑，在农业新技术、新品种等问题上当好参谋顾问。农民读者阅读、学习的目的十分明确，就是"如何提高劳动生产力，优化劳动效益，就是如何改进农业生产技术，更新品种，提高单位劳动时间的

[1] 周幸锴.浅论科技论文的可读性 [J].广西大学学报・哲学社会科学版，2006（4）：101–103.
[2] 段明琰.论科技期刊论文语言的可读性和规范性 [J].西南农业大学学报・社会科学版，2010（2）：268–269.

效率和单位面积的收成。"[1] 因此,农业科普期刊的内容布局和栏目设定等应把握农民读者的现实需求,为其生产生活的实际服务,提供实实在在的能用得上、用上有实效,能解决实际问题的知识信息,诸如农作物栽培技术、水产养殖技术、畜禽饲养技术、抗旱节水技术、持续生产技术、综合配套技术等。正如有研究者所分析的,实用性是乡村文化的灵魂,而且实用的内涵随着农业生产生活的发展在变,农业科普期刊在开办涉农栏目前,应深入农村进行调研,剖析农民的真正需求,审时度势地策划贴近农民生产和生活的应用性栏目,"将内容重点放在指导农民增收、引导农民致富、促进农业结构调整上,增加信息量,多为农民提供与'三农'相关的政策信息、对农民增收、致富有帮助的市场行情和科技信息"[2],从而使农民读者在掌握农业科技信息、致富方法与生产技术的基础上,有效对接农产品市场,逐步形成与现代农业体系协调一致的期刊传播力。当前,农业科普期刊内容存在着大套、空乏甚或晦涩高深等问题,如标题与文章不相称,标题可能非常吸引人,拿来一看,文章却是说的另外一回事,文章标题为"xxx 种子栽培技术",内容却大篇幅介绍这种种子的优点,最后一笔带过种子栽培技术,读起来空洞无物。这与稿源状态、编辑策划等因素有关,"在许多农业技术稿件中常出现两种偏向:一种偏向是言之无物,理论一大套,与实际不沾边,使读者看完之后不知怎样去做;另一种偏向是只讲技术措施,而不讲其中道理,使读者看完之后,知其然不知其所以然。"[3] 因此,农业科普期刊在内容上应尽可能以有限的版面提供最多的技术信息、致富信息、惠农政策信息、法律法规信息,使农民读者"读之有提高,用之可操作",如专家教授亲临手把手般给予农民知识指导,读后能灵活自如地运用于生产生活中。具体而言,在农业科普信息传播的效果上,要努力做到"三实":"一是'实际',即文章内容要有针对性,力争与生产实践紧密相连,有求真务实的文风;二是'实用',即以人为本,可读可用,力争具有更高参

[1] 周国清. 策划农村图书要把握读者的特殊性 [J]. 中国编辑, 2008 (1): 29–31.
[2] 从《读者乡村版》的失败看大众传媒在农村的发展之路 (下) [EB/OL]. http://blog.sina.com.cn/s/blog_490e7867010004g4.html, 2012–06–08.
[3] 王晴. 浅谈农业科普期刊如何走出低谷 [J]. 畜牧与饲料科学, 2010 (Z1): 490–491.

阅价值；三是'实效'，即介绍的新技术、新成果、新信息能在生产实践中发挥作用，使科学技术转变为生产力，促进农业增效、农民增收。"[1] 这样的传播效果是以信息的有效生成及其与农民读者的切合、适应为前提的。"有用信息才能得到有效的回馈。一篇批评零和博弈的专业论述，信息量再大，对热衷于养牛的农户来说可能是没意义的，因为就其所想获取的信息而言，信息量为零……虽然信息本身所包含的信息量是已存的，但因为信息的需求者取舍相异，信息所体现的有效性就会有差别。"[2] 因此，实用性在很大程度上直关农业科普期刊信息传播的有效性及其传播意义。《新农业》的"编读对话"专栏，以"边为农"的笔名"将农民提出的疑难问题、共性的问题集中解答"，"这些完全来自生产第一线的原始信息，是农民长满老茧的手写在信纸上的疑问，是从田间地头传来的心声"，"用百字解答对农民来说真的很速效、解渴、给力。农民在杂志上看到这些疑难解答，得到了新技术，分清了信息真假，很多走上了发家致富之路"。[3] 可以说，解决生产生活中的实际问题，当好农民的参谋，以实用性内容赢得读者，是农业科普期刊科学定位和可持续发展的重要保障。

（三）全方位、多角度传达与解读"三农"问题的政策性

也即农业科普期刊的内容提供必须符合党和国家的对农政策，体现建设社会主义新农村的要求。国家"三农"政策的出台为保证农民利益、引导农业生产、扶持农村发展等起到了重要作用。近些年，党和国家十分重视"三农"问题，连续发布了以"三农"为主题的一号文件，对农村改革和农业发展予以政策倾斜，对农业生产结构调整、新农村建设发挥了极大的促进作用。特别是农业税的取消，使中国农民彻底告别"皇粮国税"，正如一农民所说："现在多好，种田不但不交税，还有补贴，琢磨起种地的事儿，也可以出些花样

[1] 刘万才，李慕贤，王寿伦.努力办好期刊服务植保事业[J].中国植保导刊，2005，25（1）：43-45.
[2] 欧阳.传播信息流的有效性——谈媒体的可读性[J].新闻三昧，2007（5）：36-38.
[3] 朱四光.我为农民读者服务30年[J].中国编辑，2012（2）：66-67.

儿了。"[1] 可见，党和国家三农政策的实施，使农民沐浴政策春风，尝到政策甜头，解放了手脚。因此，农民十分渴望了解中央和各级政府有关农业扶持政策、投入政策、产业政策以及减负政策和农业保护政策等方面的信息。农业科普期刊应基于农民的这种渴求，做好信息的"传声筒"，搭建农民致富"桥梁"，对上传达农情，反映民声，对下传达党和国家的对农路线、方针、政策以及各级政府的对农方针，请专家解读，对政策进行全方位、多角度报道，以通俗易懂的方式呈现，引导农民依靠科技来转变农业生产方式，提高劳动效率。另一方面，面对风云变幻的农产品市场，农民有时感到措手不及，比如对从事种植业的农民来说，今年种什么能够丰收，丰收了又如何销售出去，怎样将农副产品储藏加工、制成适销对路的商品，这些都需要农业科普期刊以准确的政策导向和敏锐的新闻嗅觉，迅速报道最新农业科研成果和实用技术，及时跟进农产品市场变动，关注农业生产生活热点，让农民心中有数。同时，农业科普期刊应"关注国计民生大事，特别是一些突发性事件，及时组织报道，并根据需要及时组织刊载相关的科学研究成果，为政府制订应对措施提供参考"[2]，从而真正在政府与农民生活、农业生产之间形成信息互动，提供咨询、决策的依据。农业科普期刊相对于以"日"甚至"时"为更新单位的农业报纸、网络媒介，其信息传播周期相对较长，应发挥自身传播优势，抓住其在农民读者中形成的阅读印象，转变观念，充分发挥主动性和创造性，发掘科普文章的新闻性和新闻事件的科技含量，对假新闻毫不留情地进行批判，对市场走向进行深度的全面分析，并请农学专家提供可用的咨询信息，发挥其独有的传播职能，为"农"服务。这实际上就是在政策性基础上增强农业科普期刊的新闻性，多途径捕捉合适的"新闻"，包括了解读者所思所需，与专家交朋友，关注行业发展动态，加强选题策划，挖掘同一信息的不同"价值"等[3]，使其信息传播流速度加快，信息传播方式更加面向广大民众，拓展农业科技信息传播领域。

[1] 新农村商网. 免了农业税宽了致富路 [EB/OL]. http://nc.mofcom.gov.cn/news/P1P2310I1703728.html，2012—06—10.
[2] 肖唐华，吴克力，王丽芳，郭学兰. 科技期刊编辑的社会责任及其实现 [J]. 编辑学报，2010（2）：110—112.
[3] 庄丽远. 农业科普期刊要增强新闻性 [J]. 新闻爱好者，2009（18）：184—185.

（四）适应现代农业发展和农民读者需求转型的专门性

也即农业科普期刊的内容提供能适应农民身份的转型和农业生产的专业化发展程度，并以此实现差异化的精准定位。新的历史条件下，农村业缘关系出现了新特点，农民的职业定位分化。"随着市场经济的发展，农村产业结构调整及外出务工人员的不断增加，农村居民职业出现分化，不单以种植业为主，出现种植与养殖、外出打工兼顾的产业格局，受这一产业格局的影响，农户间的职业与分工出现分化，而从事相同产业或职业的村民联系会更加紧密。"[4] 这样就必然对农业科普期刊的内容提出新的要求。农民已分化为农业劳动者、农民工、私营者、雇工、乡镇企业管理者、农村管理者、农村知识分子、其他从业人员（如农村经纪人）等不同的阶层或群体，"专业化"和"碎片化"成为农村读者市场的主要特征。特别是随着交通条件的改善和城乡界限的松动，农民地域流动频繁，职业身份变换，一些农民特别是有文化的中青年农民进城做工、经商，促进了农村社会经济转型和农民角色的转化，催生了专业化的劳动领域，农业生产结构的调整与农民阶层的分化同步推进。相较于综合类期刊，现代农民群体对知识信息的需求更具针对性，喜欢有特色、成专题的专门性内容，要求农业科普期刊从内容提供到读者定位由综合性向专业性转变，"大杂烩"的道路已经不通。专业化是受众市场条块分割发展规律的必然结果，是农民读者分层的现实要求。农业科普期刊应及时把握这一转型，精确定位，进行立体式、专门化的内容经营，以适应农民读者需求，为高质量内容树立特色，打造品牌。如《果农之友》就专于"果农"，选发最新实用技术，荟萃果农致富信息，传播果业成功范例，引导果农发家致富，以其专门化定位赢得了果农读者群的信赖，成为果业界最具权威性、技术性、前瞻性的期刊之一。当然，农业科普期刊还可以推出窄众化的子刊或不同版本，满足不同层次目标读者的需求，这是其适应农民读者新需求和新兴农民读者需求的一种发展路径。如《农业知识》推出"致富与农资""瓜果菜""科

[4] 王德海. 农村发展传播学 [M]. 北京：中国农业大学出版社，2012：167.

学养殖""科技与三农"系列版本;《农家参谋》推出《农家参谋——种业大观》子刊;《农村新技术》经过对读者需求和期刊市场的调查分析，为满足读者对农产品加工技术信息的需求，帮助农民提高农产品附加值，2008年推出了以农产品加工技术信息为主要内容的加工版，得到了读者认同。[1] 可以说，农业科普期刊内容提供从综合性向专门化的转型，正是现代农业发展的要求和新型农民读者对科技信息的诉求。

（五）遵循农业生产规律的时效性与服务一方的地域性

也就是农业生产最为明显地受到不同时空条件下各种因素的制约和影响，具有时节性和地域性的特点，农业科普期刊的内容提供必须符合不同时令季节和地理条件下农业生产的规律与农民生活的特点。

先说时效性。"春季闹春耕，夏季战双抢，秋季抓秋收，冬季搞基建"，农业四季歌形象地反映了农业生产的季节性和周期性。中国农民几千年来靠天吃饭，现在虽然大有改观，但是对自然条件的依赖性依然非常强，也客观存在。这就需要农业科普期刊把握好时效，做好农民的"指导师"，其内容提供要具有时效性，体现农事的季节性特点。一年四季气候条件不同，农林牧渔业的生产状态有别。在什么时间、什么季节农民读者需要哪方面的知识、信息与技术，就要求农业科普期刊很好地把握其季节性变化与需求规律。在作物播种前，应提前选好有关优良品种介绍、种子处理、播种方法等农业知识文章；在作物生长中，根据作物的生产周期，提前报道除虫、除草等知识；作物丰收前，提前报道作物储藏加工、市场动态等信息，全程指导农民生产、加工、销售，让农民获得好的经济效益。此外，农业科普期刊内容的时效性还表现在善于发现和解决生产中出现的新问题。一些突发性的农作物病虫害、家畜和家禽的疾病，给农民带来直接经济损失，如果不及时发现苗头，等到一发不可收拾的时候，再报道一些"马后炮"的东西，不仅起不了任何作用，

---

[1] 张向红.农业科普期刊的品牌经营 [J]. 编辑学报，2009（增刊）：157–159.

反而形成信息冗余、滞后，无法满足读者的需求，甚至造成负面影响。因此，农业科普期刊编辑必须有时效性这个概念，"经常同与农业有关的农林、土肥、水利，植保、畜牧、气象等部门取得联系，从他们那里获得信息，随后将这些信息加以分析、整理，尽快地传递下去"[1]，确保信息传播的顺畅及时有效。

再说地域性。"农村社区的生产和生活对自然地理条件具有很强的依赖性，自然条件的差异使农村社区在经济活动方式、经济发展水平，以及文化、心理等各方面表现出很大的差异性。"[2]一是不同地域的自然条件对于农业生产与农民生活方式的影响明显。不同的地理环境给人们提供不同的生态资源，使人们的生活方式具有地区特色，在农村表现最为明显的就是不同地区的农业生产具有显著的地域性特征，南方与北方，高原与平原，沿海与内陆，山区、湖区与草原牧区，具有不同的地理环境特征，因而影响居民的生产方式和生活方式。二是不同地域文化传统下的农民，其民俗习惯、礼仪风尚、吃喝住行等均有不同的特点与要求，整体表现在生活内容、生活结构等各个方面。"橘生淮南则为橘，生于淮北则为枳"，这是农林牧渔业与工业生产的明显不同，受天、地、人、物等因素的影响，具有强烈的地域性。形成这种地域差异的原因，"一方面是由于自然条件地带性与非地带性的差异决定了农业生物的适应范围与适应程度，另一方面是社会经济条件的差异决定了农业资源的利用方向、农林牧布局、结构、经营方式和生产发展水平等。"[3]这些都要求农业科普期刊的内容提供必须符合不同地域条件下农民生产和生活要求，一方面是指导科学种田、种土和养殖等，另一方面是引导农民形成科学意识，在生活中弘扬中华文化与传统美德，形成农村生活的新风尚。"乡土社会的生活是富于地方性的"，"乡土社会在地方性的限制下成了生于斯、死于斯的社会"。[4]农业的地域性在某种程度上决定一些农业科普期刊只能服务一方，而非全国

[1] 景茂盛.试论农业科技报道的时效性和实用性 [EB/OL]. http://www.sxkp.com/sxkjb_11_1/kjbnews/News_View.asp?NewsID=5537, 2012–06–11.
[2] 程贵铭.农村社会学 [M].北京：中国农业大学出版社，1998：247.
[3] 刘巽浩.论中国农业的强地域性特征 [J].中国农业资源与区划，2001，22（5）：26–29.
[4] 费孝通.乡土中国 [M].上海：世纪出版集团上海人民出版社，2007：9.

通用，以地域性打通普适性，以地域性凸显自身特色。我国地域辽阔，自然条件千差万别，农村各地经济社会发展不平衡。当前，一些农业科普期刊的宣传口号是"立足本省，面向全国"，而发行对象则不限地域、不论民族，网罗天下诸农，最后成为没有个性、没有特点的"大杂烩"，反而失去特色与传播影响力。因此，农业科普期刊应找好自己的定位，以鲜明的地域性赢得读者，以一定地理条件下的读者需求为基本内容方向标，在熟悉本地区农业生产特征的基础上，选用适合其土壤状况、天气情况的农业技术知识，以符合本地农民阅读习惯的方式进行报道。

（六）直白、平实的通俗性与生动、自然的趣味性

也就是农民读者的阅读活动具有直接的目的，基本上是做什么就学什么，而且大部分人接受文化教育的程度不高，也就必然要求其内容详细、浅显、易懂，将农业科技知识通俗化，读来有味，便于接受。

通俗，即指其内容能为大众所广泛接受，适合其对知识信息的需要与阅读水平，主要表现在两个方面：一是用浅显的语言阐述深奥的道理，即深入浅出；二是尽量选用群众常用的语言陈述事实，不仅仅是群众经常使用的一般性口语，也包括惯用语、谚语、方言、歇后语等。由于当前缺少真正姓"农"、爱"农"、具有为"农"精神的编辑，[1] 对农村、农民、农业的了解一般流于书本知识，难于真正贴近农村的真实生活，而且有的是以一种传播者的姿态与口吻对待农民读者，缺乏亲切感和可接受性，致使农业科普期刊的传播效果受到限制。"故作高深、文字晦涩，满口幼稚的学生腔或者生硬的宣传腔，用农民很难看懂的语言报道'三农'问题，是相当一部分农业新闻不受农民喜欢的主要原因，而这种现象随着媒体大批新人的涌入，显得尤为突出。"[2] 农业科普期刊不同于农业科技期刊、农业学术期刊，其受众是广大普通的农民群

[1] 周国清，王小椒 . 农业科普期刊发展论 [J]. 湖南师范大学社会科学学报，2012（2）：140–145.
[2] 刘继忠，牛新权，刘玉花 . 农业新闻传播 [M]. 北京：中国传媒大学出版社，2006：212.

体，因此，语言应更贴近群众生产生活，用通俗的文字传达农业新技术、新政策、新方法。如"枣芽发，种棉花""今冬麦盖三层被，来年枕着馒头睡""庄稼一枝花，全靠粪当家""春雷响，万物长"等符合农民语言习惯的农业谚语，亲切、自然，容易被农民轻而易举地理解。基于此，农业科普期刊编辑要经常深入农村，与农民交流，用心学习农民独具特色的鲜活语言，"熟悉农村生活，了解农村发展，具有与农民读者胃口相同的写作风格的作者，用农民热爱的语言和思维方式写作"；[1]要改变传者姿态，"克服自己作为编辑的心理优越感，树立角色下移意识，真正与农民平等相处"[2]，从农民的角度出发，用直白如话的语言与农民对话，缩小内容文本用语与农民惯用语言之间的距离，引起农民的情感共鸣，追求最佳的传播效果。

农民读者喜欢"通俗易懂、直观形象、图文并茂"的读物，文字上具有可读性，表达形式上具有可操作性，结构安排上具有吸引力，而且整体上生动有趣。

内容的趣味性是由农民读者阅读的特殊性决定的，比如形象生动、图文并茂的内容呈现形式，不拘一格、活泼自然的文章体裁，改讲述体为浅说体、对话体、荟萃体、新闻体、辞书体、图说体等，尽量把实用技术寓于农民读者喜闻乐见的各种科普体裁之中，努力实现期刊由"教科书"型向"寓教乐"型的转变。当然，这种趣味性体现在多方面，比如最初对内容的策划与设计、版面的灵动与生机、图文的合理搭配、读者与编辑的互动等。其中图文并茂的内容表述方式就能增加趣味性，因为"文字描述对于抽象的东西是再好不过了，但对于科学的东西，还是眼见为实……图表的功效远非文字所能代替。一张高质量的图片胜过千言万语。"[3]图片本身具有解说功能，以生动有趣的方式传递农业科技信息，有独特的传播功能。"图片内容具备新鲜感，能满足读者的求新心理，这样的图片本身就蕴涵很强的可读性。具备令人关注内容的

[1] 周国清.农村出版传播对策论略 [J].中国出版，2009（3）：62–66.
[2] 周国清，王小椒.农业科普期刊发展论 [J].湖南师范大学社会科学学报，2012（2）：140–145.
[3] 孙永昌.提高杂志可读性的几点看法 [J].中华结核和呼吸杂志，2006（1）：69–70.

图片，更能激发读者的浓厚兴趣，会满足读者的选择心理。图片内容可以辅助文章解读主题，亦可直接表现主题，只有与文章主题相融，才能让读者更乐于接受。"[1] 当然，图片的选择应与内容匹配，并注入农村文化内涵，把握农民的科技致富心理，充分体现农民读者的审美要求与阅读特点。

总之，农业科普期刊的内容提供如何具有读者适用性，是一个互相作用的系统，也并非任何一个层次或领域的内容都能面面俱到，而是要根据读者定位和栏目设计、版面需要等予以具体把握，以其读者适用性努力创新内容特色，优化农业科普期刊的传播功能，更好地为农技推广服务，为农村社会发展服务。

---

[1] 谷济之. 试论科普期刊图片的可读性 [J]. 中国科技信息，2007（17）：155-157.

第七章

阅读推广与文化民生：农村文化建设的多维导引

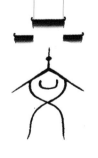

新的发展时代，国家综合国力和国际竞争力的提升不仅取决于经济实力，也取决于其精神实力和文化软实力，而其中最为重要的一个因素就是国民阅读率和阅读水平的不断提高。可以说，一个民族的阅读率和阅读水平是衡量其社会文明程度的重要标志，而且在一定程度上决定着作为国际间核心竞争力的民族创造力和创新力，进而影响民族的发展潜力。正因如此，全民阅读和阅读推广引起了全社会的广泛关注。全面建成小康社会，农业是基础，农村是难点，农民是关键，必须大力提高广大农民群众的精神文化生活水平，花大力气解决好"三农"问题，而其中农村阅读文化建设、文化民生工程的推行无疑起着十分重要的作用。在此，笔者主要是在"全民阅读"语境下，基于先进文化建设的视域，针对农村阅读现状，探讨全社会如何通过阅读推广实现对农村先进文化建设的多维导引。"全民阅读"是一项具有深远历史意义的文化民生工程，阅读推广对促进"全民阅读"起着至关重要的作用，在农村先进文化建设中尤其具有特殊的意义。农村阅读推广是社会主义新农村建设和先进文化建设的必然要求，是"文化民生"的重要组成部分，政府要发挥主导作用，出版主体要肩负起提供优秀阅读资源的责任，各级图书馆要积极认真地组织开展卓有成效的农村阅读推广活动，要号召民间公益组织积极介入到农村阅读推广事业中来，重构"新乡贤"文化，呼吁"新乡贤"回归，担当农村阅读意见领袖，从而形成农村先进文化建设的合力和活力，共同承担建设社会主义新农村的历史使命。

一、阅读推广与农村先进文化建设

　　在人类文明发展史上，阅读始终具有十分重要的地位和意义。对于一个民族而言，经典文化和优良传统的继承与发扬必经阅读途径才能得以实现；对于一个国家而言，阅读是增强其文化软实力的重要指标；对于出版业而言，没有阅读就没有出版活动与出版业存在的价值；而对于个人而言，更是提高其文化修养的重要手段，是人生的必修课。我国有着几千年优良的阅读传统，中华文化从古至今，源远流长，从未间断，所依靠的就是代代中国人的阅读吸收与前后传承，正是阅读的代际承接延续和催生了文明的生生不息。当今社会，阅读的作用越来越重要，党和政府也十分重视国民阅读。习近平总书记在"关于建设社会主义文化强国"的重要讲话中提到，一个国家要实现奋斗目标，既要不断地丰富物质财富，也要不断地丰富精神财富。总书记形象地指出："当高楼大厦在我国大地上遍地林立时，中华民族精神的大厦也应该巍然耸立。"[1] 开展"全民阅读"活动就是充实国民精神生活，不断丰富国民精神财富之举。2012 年 11 月，党的十八大报告中提出"开展全民阅读活动"，此后，"倡导全民阅读"连续三年写入政府工作报告，2015 年初将"全民阅读"纳入国家发展战略，2016 年更是将其写入"十三五"规划纲要。[2] 李克强总理在政府工作报告中强调，繁荣发展哲学社会科学，发展文学艺术、新闻出版、广播影视等事业，重视文物、非物质文化遗产保护；提供更多优秀文艺作品，倡导全民阅读，建设书香社会。[3]

　　随着"全民阅读"纳入国家发展战略以及近年来社会上"全民阅读"氛围的持续高涨，"阅读推广"越来越为广大民众所关注。国民阅读率不高且严重偏低的事实也说明开展阅读推广活动势在必行。自从 2013 年全国首家全民

---

[1] 习近平. 习近平总书记系列重要讲话读本（2016 年版）[M]. 北京: 学习出版社, 人民出版社, 2016 : 186-209.
[2] 张文彦, 徐升国. 从全民阅读活动到全民阅读国家战略——全民阅读十年回顾 [J]. 出版发行研究, 2016（4）:5-9.
[3] 李克强: 倡导全民阅读　建设书香社会 [DB/OL]. 人民网, 2015-03-05.

阅读协会——吉林省全民阅读协会成立以来[1],类似的阅读推广机构不断出现,从政府文化部门到出版界、图书馆界,再到民间,越来越多的人参与到阅读推广的行列,这对于促进"全民阅读"的开展,推动书香社会建设起了极为重要的作用。

而与社会大众对阅读推广的一致关注相比,笔者在查阅资料中却发现人们对阅读推广概念的认识并未完全统一,而且主要来自于图书馆界,不妨在此列举几种较有代表性的说法。

陕西省图书馆发展研究部主任万行明认为:阅读推广即推广阅读,就是图书馆及社会各方面为培养读者阅读习惯,激发读者阅读兴趣,提升读者阅读水平,进而促进全民阅读所从事的一切工作的总称。[2]

黑龙江省图书馆工会主席闻德峰认为:凡是活动的目的在于培养民众的阅读兴趣,鼓励民众从事阅读行为,养成民众的阅读习惯,进而普及社会风气,均属于阅读推广活动的范畴。[3]

柳州市图书馆王辛培认为:阅读推广是图书馆、出版机构、媒体、网络、政府及相关部门等为培养读者阅读习惯、激发阅读兴趣、提升阅读水平、促进全民阅读所开展的有关活动和工作。[4]

中原工学院图书馆研究馆员张怀涛在综合相关概念的基础上提出:"阅读推广"顾名思义就是推广阅读;简言之就是社会组织或个人为促进人们阅读而展开的相关活动,也就是将有益于个人和社会的阅读活动推而广之;详言之就是社会组织或个人,为促进阅读这一人类独有的活动,采用相应的途径和方式,扩展阅读的作用范围,增强阅读的影响力度,使人们更有意愿、更有条件参与阅读的文化活动和事业。[5]

尽管对"阅读推广"的概念在表述上并未完全一致,但有一个共同点,就是它是一项促进全民阅读的工作或事业,与读者的阅读兴趣、习惯、行为和全民阅读的开展密切相关,应从多角度予以审视。从宏观来看,阅读推广

[1] 曾毅,任爽.全国首家全民阅读协会成立 [N].光明日报,2013–09–25.
[2] 万行明.阅读推广:助推图书馆腾飞的另一只翅膀 [J].当代图书馆,2011(1):8–11.
[3] 闻德峰."国家图书馆文津图书奖"宣传推广活动在黑龙江省图书馆举行 [J].图书馆建设,2011(11):114.
[4] 王辛培.阅读推广活动机制创新研究 [J].图书馆界,2013(2):80–82.
[5] 张怀涛.阅读推广的概念与实施 [J].河南图书馆学刊,2015(1):2–5.

是一项国家精神文明建设事业，是文化民生的一个重大举措，极具战略意义，有助于推进全民阅读进程，加快社会主义文化强国建设，提高国家文化软实力和综合国力，实现中华民族伟大复兴的中国梦。从图书馆、出版业、政府相关职能部门以及各个社会公益组织、公益人士的角度来分析，阅读推广是指各个组织机构或者个人，从自身的特点以及优势出发，积极响应国家"倡导全民阅读"的号召，制定相关的战略，通过一定的方法和途径，为宣传阅读的重要性，树立国民的阅读理念，培养国民的阅读习惯与兴趣，提升国民的阅读能力，从而提高国民阅读率和阅读水平所做的一切工作与努力，是一项功在当代，利在千秋的伟大事业。

2016 年 3 月 1 日出版的《中华人民共和国国民经济和社会发展第十三个五年规划纲要》对"加快学习型社会建设""加强社会主义精神文明建设""提高民生保障"等问题进行了深入阐释，提出要坚持社会主义先进文化的前进方向，坚持以人民为中心的工作导向；要加快学习型社会建设，加强社会主义精神文明建设；加快文化改革发展，推动物质文明和精神文明协调发展。[1] 为推进社会主义先进文化建设与文化强国建设提供了全新全面的发展蓝图。我国是一个农业大国，根据 2010 年全国第六次人口普查结果，农村人口占我国人口总量的 50.32%，虽然同 2000 年的第五次人口普查相比，农村人口比重下降了 13.46 个百分点，但还是占据人口总量的半壁江山。[2] 国家要大力发展先进文化、繁荣文化事业，就不能忽视农村的文化建设工作。习近平总书记指出：要大力繁荣发展文化事业，以基层特别是农村为重点，深入实施重点文化惠民工程，进一步提高公共文化服务能力，促进基本公共文化服务标准化、均等化。[3] 可见，农村先进文化建设在社会精神文明发展中处于十分重要的地位。而阅读推广为促进阅读文化建设，提升人口素质，普及科学知识和承继精神文明的发展等，具有十分重要的作用。然而在农村先进文化建设中，阅读推广一直是一个不为人们十分重视的问题。

笔者在中国期刊网以"篇名"为选择域，以"农村阅读推广"为关键词

[1] 中华人民共和国国民经济和社会发展第十三个五年规划纲要 [M]. 北京：人民出版社，2016.3：166-173.
[2] 中华人民共和国国家人口和计划生育委员会网站.2010 年第六次全国人口普查主要数据 [EB/OL].2012-03-09.
[3] 习近平. 习近平总书记系列重要讲话读本 [DB/OL]. 新华网，2014-10-13.

进行检索，从 2010 年到 2016 年这 7 年间，篇名中含有"农村阅读推广"这一关键词的研究论文有 32 篇，其中，针对农村青少年的相关研究论文占 27 篇，此外，有 2 篇为以某一个行政村为例的个案研究，2 篇为对农家书屋的研究，1 篇为电子阅读推广研究，对农村地区阅读推广的综合思考仅有 1 篇。可见，各界对农村阅读推广的研究与国家对全民阅读的大力倡导与对社会主义新农村建设的大力推进极不协调。基于此，笔者拟从先进文化建设的视域，对农村阅读推广的意义、现状与策略等进行一个较为全面的探析，以期为之提供一个参照，引起社会更多的重视。

二、农村阅读推广的必要性

阅读推广作为国家精神文明建设的重要方面，是树立国民阅读理念，培养阅读习惯与兴趣，提升阅读能力，从而提高国民阅读率和阅读水平的重要途径，是一项功在当代，利在千秋的伟大事业。目前我国依旧是农业大国，农村人口总数依旧巨大，农村读者占据很大的比重，而且长期以来形成的城乡二元结构客观存在，城乡之间在经济、文化、教育、信息消费等方面存在较大的差距，农村落后于城市。要促进全民阅读，建设农村先进文化，就必须把握农村人口这个庞大的群体及其阅读现状与特点，开展大范围、有成效的农村阅读推广活动。

（一）农村阅读推广是加快新农村建设的必然要求

农村阅读推广是社会主义新农村建设的必然要求。2005 年 10 月 8 日，中国共产党十六届五中全会通过《十一五规划纲要建议》，提出要按照"生产发展、生活宽裕、乡风文明、村容整洁、管理民主"的要求，扎实推进社会主义新农村建设。[1] 社会主义新农村建设要求经济建设、政治建设、文化建设、社会建设和党的建设协同发展，缺一不可。其中，文化建设，首先是指先进文化在农村的建设。

先进文化是适应先进生产力发展要求，代表最广大人民的根本利益，符合人类文明发展趋势的文化。大力发展先进文化对于建设社会主义文化强国具有重要意义，必须以广大人民群众为出发点和落脚点，必须始终坚持"为人民服务"的宗旨。先进文化建设与农村文化发展相辅相成，先进文化建设为农村文化发展提供科学的理论基础、健全的文化方针政策以及坚实的社会文化基础；[2] 农村文化是构成我国先进文化事业的基础，先进文化建设要以农村文化发展为依托。阅读是提高个人科学文化修养与专业技能的重要手段，在农村先进文化的建设过程中，阅读始终扮演着重要的角色，阅读对人的影响效果是广播、电视、手机等无法替代的，其对于人的引导作用是十分深刻与长远的。在我国广大的农村地区开展阅读推广活动，激活农村读者的阅读需求、培养农村读者的阅读习惯与兴趣、提升农村读者的阅读能力与综合素质，从而形成良好的阅读氛围，为农村文化发展提供肥沃的土壤，推动农村先进文化建设，进而推进社会主义新农村建设。因此，农村地区的阅读推广工作不容忽视。通过在农村开展阅读推广活动，能够提升农民的文化修养和农业技术水平，为社会主义新农村建设提供源源不断的精神动力和智力支持，成为新农村建设的推进器。如农业技术类书籍和报刊能够给农村读者带去相关农业技术的指导；养殖类读物能够给读者提供正确的养殖方法；农业经济类图书可以告知农村读者当前我国农业经济的形势以及未来发展趋势，有利于培养"会经营"的新型农民，等等。

---

[1] 中共中央关于制定国民经济和社会发展第十一个五年规划的建议 [M]. 北京：人民出版社，2005.10：118–125.
[2] 韩美群 . 先进文化与社会主义新农村的文化建设 [J]. 西部论丛，2006（5）：35–37.

（二）农村阅读推广是提高农民素质、塑造新型农民的重要举措

扎实推进社会主义新农村建设要按照"生产发展、生活宽裕、乡风文明、村容整洁、管理民主"的要求，其中，"乡风文明"就是农民素质的反映，体现农村精神文明建设的要求。农民是新农村建设的主力军，只有农民群众的思想、文化、道德水平不断提高，崇尚文明、崇尚科学，形成家庭和睦、民风淳朴、互助合作、稳定和谐的良好社会氛围，教育、文化、卫生、体育事业蓬勃发展，新农村建设才是全面的、完整的。[1] 要加强农村公共文化建设，丰富农民精神文化生活，同时，要重视对农民素质的提升，将农民培养成"有文化、懂技术、会经营"的新型农民，培养成"有理想、有道德、有文化、有纪律"的社会主义"四有"公民。而阅读正是一项很好的丰富农民精神文化生活的文化活动以及提高农民综合素质的重要途径。提高农民素质，就要在幅员辽阔的农村地区，根据现代社会和市场经济发展的要求，通过阅读推广活动，普及科学文化知识，引导农民适应传统的农业向现代化农业的转变，逐步培养农民开拓进取的精神和开放的精神，培养农民具备主体意识、竞争意识和法制意识，培养农民具备诚信品质和创新的素质，使农民成为适应现代化要求的新型农民。[2] 积极引导农民摆脱封建迷信思想的束缚，用科学的知识武装头脑。积极建设"文化民生"工程，保障民生，不仅使人民的"仓廪实"，而且还要用先进的科学文化知识填充人们的"精神仓库"，为农民源源不断地输送精神食粮，提升广大农民群众的综合素质与幸福指数。

（三）农村阅读推广是推进"全民阅读"、促进农村出版传播的有效手段

"全民阅读"已经连续三年出现在政府工作报告中，并于 2015 年上升为国家发展战略。最新的"十三五"规划纲要中，将"全民阅读"作为一项重点文化工程来建设，提出"普及科学知识，推动全民阅读，公民具备科学素

[1] 中共中央关于制定国民经济和社会发展第十一个五年规划的建议 [M]. 北京: 人民出版社, 2005.10 : 118–125.
[2] 刘翠. 当代中国乡村文化建设的若干问题研究 [D]. 山东: 山东师范大学, 2008.

质的比例超过 10%"的目标。近年来中央对于精神文明建设与全民阅读的重视可见一斑。

随着党中央对于国民阅读水平的不断重视，以及近年来我国经济、社会和文化事业的快速发展，我国城市居民的阅读状况得到了较大的改善，国民阅读率逐年上升，城市的阅读氛围也越来越浓厚，"全民阅读"的宣传标语随处可见，热爱阅读逐渐形成了一种城市精神。然而，与之形成鲜明对比的是我国的广大农村地区，阅读状况远不及城市。受各种因素影响，我国农村地区的居民阅读率和阅读水平难以提高，而我国农村人口占据着总人口的一半多，农村居民的阅读率和阅读水平上不去，自然就阻碍着"全民阅读"的推进。因此，可以说要促进"全民阅读"，关键在于促进农村阅读。各相关职能部门始终要把农村阅读推广作为推进"全民阅读"的重要抓手，实现城乡阅读水平同步提升，从而实现建立"书香社会"的目标。

农村出版传播是指以农村为背景的出版传播活动，要求出版的内容紧紧围绕"三农"问题和社会主义新农村建设等农村实际问题，适应农村生产方式，满足农村读者生产、生活以及精神上的需求。农村出版传播与先进文化建设、新农村建设是相互促进的关系。一方面，农村出版传播能够为农村生产发展提供相应的理论指导与技术支持；另一方面，广泛的农村题材又能够为出版传播提供取之不尽的出版素材。农村阅读推广有助于培养农民读者的阅读兴趣与阅读习惯，激活农民读者的阅读需求与阅读意识，从而扩大农村社会对书籍的需求，能够有力促进农村出版传播。反过来，农村出版传播又能为农村阅读推广提供各式各样的阅读资源，帮助农村阅读推广活动更加广泛、有效地开展。

三、农村阅读现状

　　随着国家第十二个五年计划的完成和社会主义新农村建设的持续推进，农村经济得到较大的发展，农民的物质生活水平逐步提高，生活条件日趋改善。在物质条件得到满足后，人们的生活观念开始发生变化，对精神文化生活的追求愿望也日趋强烈，人们对文化的需求也日益增加。近些年，中央发布了一系列关于繁荣农村文化、建立健全公共文化服务体系、提升农民科学文化素质的文件，提出了建设包括综合文化站、农家书屋、数字农家书屋、文化资源信息共享等多项文化惠民工程，对于推进农村先进文化建设、社会主义新农村建设、文化强国建设具有重要的现实意义。然而，我国农村的阅读现状仍旧不容乐观，农村阅读氛围不够浓厚、农民对精神文化产品的消费能力有限、受教育水平低、阅读意识不强等因素始终影响着农村整体阅读率与阅读水平的提升。

（一）阅读环境不佳

　　阅读环境指与阅读相联系的所有客观条件，既指阅读主体所处的时代与社会，这可称之为"阅读大环境"；也指阅读主体进行阅读的具体处所，如教室、图书馆及其他阅读处所，一般称之为物理环境，又叫"阅读小环境"。[1] 阅读环境是阅读活动得以开展的基础，任何阅读都离不开阅读环境。我国政府大力促进"全民阅读"，就是要在全社会掀起全民读书的热潮，实现人人读书的目标，共同构建书香社会。就这一点而言，我国拥有很好的"阅读大环境"。而真正影响农民阅读的环境因素是"阅读小环境"。进入新世纪以来，特别是2005年在甘肃试点农家书屋建设以来，我国农家书屋等一系列文化惠民工程开始在各个地区推广，逐步完善公共文化服务体系，完善公共文化基础设施

[1] 王余光，徐雁.中国阅读大辞典 [M].南京：南京大学出版社，2016：426-427.

建设，发展十余年来，取得了一定的成效。据资料统计，"十五"以来，中央财政先后投入 40 多亿元建设了 1086 个县级图书馆、文化馆，2.42 万个乡镇综合文化站，文化信息资源共享工程已建成 3.55 万个分中心、支中心和乡镇（街道）基层服务点，70 万个村（社区）基层服务点。公共电子阅览室建设计划已在农村乡镇建成 31377 个标准化公共电子阅览室。[1]统计数据相当可观，但是，与我国广阔的农村地域以及数以亿计的农民群体比较起来依旧是不协调，而且，公共图书馆大多设在县城，综合文化站也多设置在乡镇，基层阅读场所仍然十分有限。城乡结合部的公共文化设施建设要远远强于远离城市的农村地区，特别是一些山区的农村，经济发展相对落后，对于建设农家书屋或村阅览室等这些文化工程是心有余而力不足。基于种种现实原因，农民很难拥有一个良好和谐的、适宜阅读的物理环境。

（二）阅读氛围不浓

如果说阅读环境是阻碍农民进行阅读活动的物理因素，那么阅读氛围就是影响农村阅读活动产生的"化学因素"。良好的阅读氛围往往能够催化读者阅读动机的产生，激发读者的阅读需求，有利于读者阅读兴趣与阅读习惯的形成，同时还能够有力地推动社会阅读。然而，在我国广大的农村地区，阅读氛围并不理想。每年世界读书日或者是地方读书月等阅读盛典，大城市如火如荼地进行系列阅读活动，形成了极为浓厚的阅读氛围，而在农村地区却是寂静无声，阅读活动的触角很难伸入到基层特别是远离城市的农村地区。农村地区很少开展诸如主题阅读、有奖读书、有奖征文之类的活动，政府相关部门只重视基础设施建设而忽略了文化引导，缺乏行之有效的阅读活动进行阅读氛围的营造，致使农村的整体阅读氛围十分不乐观，农民"嗅"不到阅读的气息，自然也就难以催生阅读兴趣，难以发生阅读行为。

---

[1] 项兆伦.完善农村公共文化服务体系[N].光明日报，2015-08-15.

（三）阅读资源缺乏

"巧妇难为无米之炊"，没有阅读资源的读者就如同"无米"的"巧妇"，即使个人能力再强，阅读活动也无法开展。因此，阅读资源是阅读活动得以正常进行的重要前提。阅读资源包括图书、期刊、报纸等纸质出版物以及数字出版物。在我国当前农村，"买书难、借书难、看书难"的问题依然存在，表现为一点就是阅读资源缺乏。尽管近年来农家书屋已经在广大的农村地区基本上实现了全覆盖，但是其中还是存在各种问题，最典型的一个就是农家书屋的图书资源稀缺，图书更新不及时，大部分书屋的图书陈旧过时，实用性不强，无法满足农民日益增长的知识需求。农家书屋的图书多以上级部门统一配发为主，缺少农民参与，存在资源配置不接地气、供需错位等现象。现有存书依然偏重农村致富类图书，而与农民文化的提高和青少年儿童教育有关的图书品种、数量不足。部分农业种植、养殖图书不适合当地生产需求，所配发的儿童读物也与农村儿童实际需求层次不匹配。有些地方农家书屋中的图书有 20% ~ 30% 农民看不懂，要么是理论性专业性太强，要么是脱离了农村生产生活实际。[1]不难看出，农村地区的阅读资源不足，阅读资源配置不合理是农村难以形成阅读氛围、开展阅读推广活动的一个重要方面。

（四）农村读者阅读需求趋向实用性与专门化、阅读意识与能力偏弱

农民是农业生产的主体，是一线劳动者，最关心的必然是农业生产和生活实际中的问题，无论是从事农业种植、林业培育、养殖业或是其他产业的工作，还是日常生活，农民对阅读内容的选择都具有很强的针对性，需要的是既有较强的实用性又能够满足专门化需求的阅读物。曾有走访调查结果显示，农村读者往往是为了解决所面临的问题才去读书，科学技术、生活保健等图书比较受欢迎，在被访者回答喜欢的图书类型一题时，有 61% 的人选择生活实用和科学教育，而选择文学艺术的只占 15%；在"希望在农家书屋看

---

[1] 李景文."十三五"时期农家书屋可持续发展探究——基于农村阅读的视角 [J]. 出版广角，2016（6）：17–19.

到什么类型的图书"一题的回答中，有 32% 的被访者选择实用类。[1]重庆市涪陵区、长寿区和丰都县的农民图书阅读情况的调查数据也显示：政策类、生活常识、养殖类、教科书等实用类书籍是农民选择阅读较多的图书。[2]农民通过阅读这些实用性和专门化的图书，获得相关科学技术知识，能够有效提高劳动生产力，优化劳动生产效率，从而达到致富奔小康的目标。

我国农村地区的阅读现状呈现出整体阅读意识不强的特征。在农村，大部分农民在农闲时选择打牌、看电视、闲聊或跳广场舞等来打发时间，很少有人选择阅读来丰富自己的闲暇生活。由于没有良好的阅读环境与阅读氛围，加之长期以来没有形成阅读习惯，意识不到阅读的重要性，农民很难积极主动地投身于阅读活动之中。另外，农村居民的阅读能力有限，有资料显示，我国农村劳动力文化程度相对较低，2004 年我国农村中农民平均受教育年限不足 7 年，4.8 亿农村劳动力中，小学文化程度和文盲半文盲占 48.31%，初中文化程度占 48.07%，高中以上文化程度仅占 11.62%，大专以上只有 0.5%。[3]受教育程度在一定意义上影响和制约阅读能力和阅读行为。阅读活动是以人的认识能力，特别是思维能力为前提的，阅读活动需要一定的知识经验、学习能力、理解能力、认读能力等，而这些，是大部分农村读者所欠缺的。

（五）阅读群体分布失衡、留守儿童缺乏阅读的现状严峻

2011 年，湖南省新闻出版局联合民进湖南省委开展了农村阅读情况的专题调研，调研组在湘潭、衡阳等 6 市（州）进行问卷调查，并到长沙县北山镇青田村等六村进行了重点走访、座谈，报告显示，农村的阅读群体主要是教师、学生、村干部和专业户，真正的农民所占比例不大。其中，教师和学生占 45%，村干部占 20%，专业户和生意人占 25%，打工返乡者占 10%，而作为农村居民主体的传统农民几乎没有阅读习惯。[4]这种现象不只是湖南独有，

[1] 王玉梅．湖南深入农村调研农民阅读——四点对策希冀推动农村阅读建设 [N]．中国新闻出版报，2011–02–28．
[2] 韩姝．农民阅读现状及氛围营造：重庆例证 [J]．重庆社会科学，2013（1）：49–53．
[3] 蒋昕捷．预警：我国农村劳动人口受教育程度实际上下降 [N]．中国青年报，2004–12–07．
[4] 王玉梅．湖南深入农村调研农民阅读——四点对策希冀推动农村阅读建设 [N]．中国新闻出版报，2011–02–28．

在全国各地的农村地区都是相当普遍。阅读群体失衡也是农村阅读活动难以开展、农民科学文化素质难以提升的一个重要影响因子。

少年儿童是祖国未来的栋梁，阅读是少年儿童树立"终生学习"信念的开端，对于少年儿童的学习、成长具有不可替代的作用。阅读既是中华传统文化得以延绵不绝的重要保障，又在少年儿童的学习习惯养成、智力开发以及道德培养中发挥着重要作用。而农村留守儿童作为典型的社会弱势群体，其群体总量惊人，且其阅读现状十分不容乐观。据全国妇联调查显示，全国有农村留守儿童6102.55万，占全国儿童总数的21.88%。[1]一方面，大多数留守儿童的监护人本身受教育水平不高，认识不到阅读的重要性，加之一般的农村家庭家庭藏书匮乏，难以营造良好的家庭阅读氛围；另一方面，大部分留守儿童由祖父母抚养，父母常年在外务工，家中劳动力缺乏，留守儿童在课余时间自然要承担起一部分农活，由此导致阅读时间极为有限。此外，农村地区"买书难、借书难"、阅读环境差、阅读活动稀少等现实条件，使留守儿童很难养成良好的阅读习惯。

四、农村阅读推广策略

基于农村阅读推广在先进文化建设与社会主义新农村建设中的必要性以及对农村阅读现状的分析，拟从五个方面来架构农村阅读推广策略。

---

[1] 马海燕.全国有农村留守儿童逾6100万　占儿童总数约两成[EB/OL].中国新闻网，2014-05-16.

（一）政府在农村阅读推广工作中要充分发挥主导作用

阅读推广的公共性与公益性的本质决定了进行农村阅读推广工作必须由政府来主导。为人民服务的宗旨，现代政府的文化职能，都表示满足人民群众的基本文化需求、提供公共文化服务、促进社会公平、提高人民科学文化素质等是现代政府义不容辞的责任。特别是乡镇政府作为基层人民政府，能够最直观、最真实地了解农村文化建设现状与农民阅读现状，能够根据农村实际，制定切实可行的农村阅读推广策略。

首先，政府相关部门应该明确职权，形成阅读推广意识。

因为农村阅读推广是纯公益的项目，是无法也不允许存在盈利的，私人和其他团体很难介入。因此，政府必须承担起阅读推广第一责任人的职责。要承担起这个职责，政府相关部门的工作人员就必须端正思想态度，提高思维水平与思维能力，要正确认识到阅读在先进文化建设和新农村建设中的重要性，形成阅读推广意识，积极投身到阅读推广工作中，不断创新工作方式方法，提高工作效率，在农村文化建设工作中肯作为、有作为，为农村阅读推广工作提供最强劲的动力。例如湖南省的"三湘读书月"活动，由省委、省政府牵头成立三湘读书月领导小组，并在湖南省新闻出版广电局成立读书月办公室，领导小组和办公室统筹协调，将每年的 11 月份定为"三湘读书月"，活动覆盖湖南全省。第一届"三湘读书月"实行全民阅读"进机关、进学校、进企业、进农村、进社区、进家庭"的"六进"方针。第二届将"六进"扩充为"七进"，增加了全民阅读活动"进军营"。到第三届，"七进"已经成为读书月成熟的组织形式，充分调动了各个系统参与读书活动的积极性，活动逐渐深入到全省城乡各行各业。[1]

其次，政府要在大力投入硬件设施建设的基础上加强"软件建设"。

近年来，从中央到地方，各级政府不惜重金大力修建公共文化基础设施，

[1] 王余光，徐雁. 中国阅读大辞典 [M]. 南京：南京大学出版社，2016：1303.

如县级图书馆、乡镇综合文化站、农家书屋等，但是在重视此类硬件设施的建设时，不应该忽视"软件设施"的建设。硬件设施的建设在有的地区只是政绩工程，开建时信誓旦旦热热闹闹，建成后大门紧锁。政府部门要制定相关的管理制度，建立健全管理机制体制，制定相关的服务标准，不仅要投入物力，还要加大人力投入，培养公共文化服务人才，以杜绝这种现象的产生。同样以湖南省的"三湘读书月"为例，为跟踪全省 14 个市州居民阅读水平的发展变化，完善湖南省全民阅读考评体系，促进各地读书活动全面深入开展，"三湘读书月"领导小组建立了全民阅读考评体系，以便对全省市州的居民阅读情况做整体评价。[1]

第三，政府相关部门要加强政策引导，加大宣传力度。

相关部门不能只是将阅读推广挂在嘴上，还应该形成具有执行力的政策性文件，更应该将政策落到实处。"全民阅读"已经上升为国家战略，那么阅读推广工作特别是农村地区的阅读推广就应纳入政府文化部门的基本职能范围，使之成为基本工作。同时，政府还应加大宣传力度，通过多种途径在农村地区宣传阅读的重要性，将政策性文件以及阅读推广资料发放到农民手中，做到尽人皆知。如 2015 年 7 月，连云港市委宣传部、市文明办、市文广新局、共青团淮海工学院委员会等联合开展"全民阅读乡村行"主题实践活动，100 名大学生志愿者奔赴连云港市 8 个县区、500 个行政村进行全民阅读宣传，将全民阅读的种子播向乡间。[2]乡镇政府要竭力支持并积极配合志愿者的阅读宣传工作，并从中学习宣传方法，将阅读宣传作为长期的宣传工作去执行。

（二）出版主体要肩负起为农村阅读推广提供优秀阅读资源的责任

有阅读就有出版，反过来，有出版就需要阅读。可以说，一部出版主体的发展史就是一部阅读活动的发展史。出版主体在农村阅读推广过程中发挥着至关重要的作用，因为所有的阅读资源都要经过编辑出版过程才能为读者

[1] 王余光，徐雁. 中国阅读大辞典 [M]. 南京：南京大学出版社，2016：1303.
[2] 朱青. 我市启动"全民阅读乡村行"主题实践活动 [EB/OL]. 连云港宣传网，2015-07-27.

所知，为读者所用。出版始终是"内容为王"，读者的阅读也以对内容的选择、获取和消化为主，内容质量是出版的核心竞争力，是读者阅读期待的中心，而出版主体正是阅读内容的把关者。优秀读物能带给读者正确的世界观、人生观和价值观，起到积极的引导作用；反之则带给读者负面影响，呈现给读者错误的世界观、人生观和价值观，使读者误入歧途。同时，出版主体是阅读内容的优化者。出版活动的编辑加工过程具有信息优化功能，在把关的基础上对出版物的内容进行优化，在选择、审稿、加工等环节注入编辑劳动，体现编辑含量，将书稿优化成适合大众阅读的出版物，否则就不会有优秀的阅读内容。出版主体要找准自己在农村阅读推广活动中的定位，明确自身责任，强化自身的阅读推广意识，为农村阅读推广承担起应有的责任，履行相应的义务。

第一，精心策划出版适合广大农民读者的出版物。

自提出建设社会主义新农村以来，政府部门和出版界都十分重视"三农"图书的出版，以农业科学技术为主的"三农"图书的选题申报及出版年年上升，呈现出一派繁荣的景象。但是，其中有的书过于理论化、专业化，无法为广大农民所用；还有些书的作者、编辑缺乏实地考察，出版物的内容没有做到"因地制宜"，无法给农民的生产生活以有效指导，甚至会误导广大农民读者。因此，编辑在进行选题策划之前，应该下到基层去，深入农民群体之中进行实地调查，熟悉农民的生产、生活状况，了解农民读者的阅读需求、阅读兴趣和阅读习惯，积极策划出版为农民读者广泛认可与接受的阅读内容。对已经出版的"三农"图书，要注意对农村读者反馈信息的收集与整理分析，因为读者的阅读反馈是衡量出版物价值的一个重要指标，同时也是进行出版宣传与阅读推广的鲜活材料，是进一步优化出版物质量的依据。收集农村读者的阅读反馈，能使出版社及时发现"三农"图书策划出版中存在的问题，解决问题，及时了解读者的阅读需求与兴趣的变化，有助于生产更好的、更切合农村生产生活实际的阅读内容提供给读者，满足农村读者的新需求。另外，图书的开本、装帧形式和价格也是农民读者考虑较多的问题。"三农"出版物的开本不宜过大，装帧形式也要尽可能简单整洁，避免不必要的浪费，要从农民读者的现实购买力出发，将图书价格定在农民读者可以接受的范围内。湖南科学技术出版社推出的国家"十一五"重点规划丛书"农业新技术普及读物丛书"，以单个品种或单个技术为一册，本子薄，每本定价在 5 元左右，一经推出，很受农民读者欢迎，产生了较好的社会效益和经济效益。[1]此外，农村读者阅读需求的新变化也对出版界提出了新的挑战，要求出版物既能满足其专门化的需求，又要有多样化的内容。[2]出版主体在重视策划农业技术、科学普及等实用性图书的同时，还应关注政策宣传、法制读物、文艺读物欣赏等出版物。

第二，有效利用网络平台，为农民读者提供优秀的网络出版物。

"第十二次全国国民阅读调查"结果显示：受媒介迅猛发展的影响，数字化阅读方式（网络在线阅读、手机阅读、电子阅读器阅读、光盘阅读、Pad阅读等）的接触率为 58.1%，较 2013 年的 50.1% 上升了 8.0 个百分点，首次超过纸质图书阅读率。[3]2016 年完成的"第十三次全国国民阅读调查"显示：2015 年我国国民数字化阅读方式的接触率为 64.0%，较 2014 年的 58.1% 上升了 5.9 个百分点。其中，手机阅读接触率上升最快。2015 年，60.0% 的成年国民进行过手机阅读，较 2014 年的 51.8% 上升 8.2 个百分点。对微信使用情况的考察发现，有 51.9% 的成年国民在 2015 年进行过微信阅读，较 2014 年上升 17.5 个百分点。[4]近年来，我国国民阅读率逐年上升，特别是数字化阅读方式的接触率近两年平均每年上升 8.1 个百分点，相比于传统纸质书阅读率，数字化阅读方式的接触率上升更快，越来越多的人选择数字化阅读方式。所谓数字化阅读（也称新媒体阅读），是指依靠各种数字化平台或网络终端，以数字化形式获取信息或传递认知的过程。数字化阅读具有信息量大、刷新速度快、音视频并茂、个性化强、形式类型多样、便于复制、交互性强等特点，深受读者欢迎。[5]随着互联网在农村的普及和智能手机的广泛使用，阅读方式

[1] 欧阳建文, 彭少富 . 浅议"三农"图书出版 [J]. 科技与出版, 2010（3）: 31–32.
[2] 周国清 . 策划农村图书要把握读者的特殊性 [J]. 中国编辑, 2008（1）: 29–31.
[3] 范军, 冯建辉 .2014–2015 中国出版产业发展报告 [M]. 北京: 中国书籍出版社, 2015 : 136–137.
[4] 杜羽, 刘彬 . 第十三次全国国民阅读调查结果公布 [N]. 光明日报, 2016–04–19.
[5] 王佑镁 . 全民阅读视阈下未成年人新媒体阅读及其推广 [J]. 中国新闻界, 2012（2）: 33–34.

在农村中也发生了不小的变化，越来越多的农村居民接触到数字阅读特别是微信阅读。此外，"十三五规划纲要"中提出要统筹建设数字农家书屋、公共数字阅读终端等设施，出版者应该发挥内容产业的优势，为数字农家书屋工程量身出版适应农村发展与先进文化建设的数字出版物。除此，出版者应该看到这一新的变化与发展趋势，将线下的优秀纸质版图书的内容上传到线上，以微信公众号推送形式或其他网络传播方式将知识传递给广大农民读者。

第三，做好针对农村留守儿童的出版物。

我国农村留守儿童数量庞大，由于缺失父母的陪伴，这部分留守少年儿童的阅读需求与其独特的心理特征相互联系。出版者在策划出版少年儿童读物时应该考虑到这一点，充分把握农村留守儿童的心理特征，并有针对性地策划能够对其产生正确引导的书籍，丰富留守儿童的精神世界，用温暖的书籍弥补缺失的父母亲情。另外，据调查发现，在造成留守儿童阅读的诸多困惑中，"看不懂内容"占 55.4%、"语言枯燥"占 51.8%、"内容成人化"占 47.7%、"图书同质化"占 32.6%。[1]造成这些阅读困惑的问题根源就在于出版主体，在商品经济的影响下，相当一部分出版者过于追求经济效益而没有将留守儿童的真正阅读需求加以考虑，忽略了其现有的阅读能力与审美情趣。出版者要意识到这方面存在的不足，强化责任意识，在策划出版针对留守儿童的读物时，更要坚持社会效益第一的原则。

（三）各级图书馆要积极认真组织开展卓有成效的农村阅读推广活动

2001 年以来，中央财政累计投入建成 1086 个县级图书馆、文化馆，2.42 万个乡镇综合文化站，基本实现了"县县有图书馆文化馆、乡乡有综合文化站"的建设目标。截至 2014 年底，全国共建成县级以上公共图书馆 3117 个，文化馆（含群艺馆）3313 个，乡镇（街道）文化站 41110 个。[2]各级图书馆、综合文化站的建立与阅读推广活动的开展能够为农村阅读推广注入新的活力。

[1] 邓倩. 农村留守儿童阅读现状的调查分析 [J]. 出版发行研究，2015（1）：80-83.
[2] 雒树刚. 国务院关于公共文化服务体系建设工作情况的报告 [EB/OL]. 中国人大网，2015-04-23.

　　图书馆与阅读密不可分，两者相互联系、相互影响并相互制约。图书馆是阅读推广的主力，在农村的阅读推广工作中具有极为重要的作用。首先，图书馆拥有丰富的馆藏，为阅读推广提供内容资源；其次，图书馆肩负阅读服务的重任，为实施阅读活动提供场所；其三，图书馆拥有专业的知识背景，能够指导国民阅读；其四，图书馆具有公益性，能保障公民阅读权益；最后，图书馆具有教育服务性质，能提高国民综合素质。[1] 在大力倡导全民阅读的文化语境下，图书馆的阅读推广功能理应进一步强化和优化，特别是县市图书馆、乡镇图书室等处于基层服务地位，其作用和功能更为重要，在一定的地域范围内起着文化建设集聚地和辐射源的作用，由于受众受教育程度的不同和文化氛围的差异，加上阅读动机与选择的实用性取向明显，更需要阅读推广的持续介入。各级图书馆要充分利用自身的种种资源优势，着力培养图书管理人才、阅读推广人才，为农家书屋的建设提供管理与服务上的指导；积极深入基层开展影响范围广、活动效果好的阅读推广活动；支援农家书屋建设，为农家书屋提供适应当地农业发展、农民提升的优质书籍资源；开展送书下乡公益活动，定期以"流动图书室"的形式为广大农民读者送去先进的技术指导与美好的精神食粮。

　　各级图书馆要积极支持、指导社会公益阅读机构，与其联合开展阅读推广活动。因为公益阅读机构本身就是针对基层读者提供志愿服务的机构，分布在社会各基层，能够深入到农村地区开展阅读推广工作，弥补了公共图书馆影响范围有限的缺陷。例如，由美国华人捐赠成立的基金会——健华社，自 1989 年开始至今已经二十余年，在全国各地设立了 127 家乡村图书馆，致力于中国乡村的阅读推广事业。立人乡村图书馆，是一个民间教育公益机构，成立于 2007 年 9 月，总部位于北京。该组织在中国选择一些县级地区，在当地各级人士的努力配合下，逐步建立起了覆盖全县的公益图书馆网络，并以此为基础开展系列教育、文化活动，从而拓宽了本地人的文化视野，丰富了人民的精神生活。爱心传递慈善基金会是由一些在美国的中国留学生于 2006 年成立的非营利公益组织，以"爱心传递"为理念，致力给中国贫困地区的

[1] 王余光，徐雁. 中国阅读大辞典 [M]. 南京：南京大学出版社，2016：1269–1270.

孩子提供更好的学习资源。该基金会于 2008 年暑假正式开展"蒲公英乡村图书馆"项目，提倡用专业的精神和乡村的老师、孩子们一起创建最好的"乡村图书馆"，使儿童受到公平、合适、人性化的教育。[1]还有许多类似的这样一些公益阅读机构，各级图书馆应重视与之联合，以开展广泛的阅读推广活动为主要工作方法，积极深入基层宣传阅读的重要性，更好地推进我国社会主义新农村建设、先进文化建设。

（四）重构新乡贤文化，培育农村阅读意见领袖

乡贤文化是中华传统文化的重要组成部分，"乡贤"一词始于东汉，是国家对有作为的官员，或有崇高威望、为社会做出重大贡献的社会贤达，去世后予以表彰的荣誉称号。而"新乡贤"是指新时期那些从小在乡村长大，功成名就之后又回到乡村，利用自己的人生经历、个人财产、学识、特长等反哺农村，为农村的建设无私奉献的受到村民尊敬、拥有极高道德修养与名望的人。习近平总书记在中央城镇化工作会议上提出：让居民望得见山、看得见水、记得住乡愁。[2]要呼吁"新乡贤"不忘乡愁，积极回归乡村，以促进农村先进文化建设和农村阅读推广工作。"新乡贤"往往是村民们敬重的人，拥有很高的声誉，与乡村教师、大学生村官以及返乡大学生等，都是农村文化的代表人物，共同担当阅读意见领袖的角色。

要倡导大学生返乡参与家乡建设，与"新乡贤"一道，重构新乡贤文化，将其培育成农村阅读意见领袖，为农村先进文化建设引入源头活水。湖南湘西籍大学生彭若煜与几个好友共同发起创办了湘西返乡大学生联合会，由其创办的返乡大学生公益晚会覆盖湘西 8 个县市，号召带动了湘西藉 2000 多名在校大学生，累计举办公益晚会 20 场次，服务城乡人民 10 万人次，受到群众的热烈欢迎，被老百姓称为"湘西的春晚"。[3]彭若煜团队以公益晚会的形式来丰富农村居民的文化生活，如果在晚会中掺入阅读元素，将阅读的种子

[1] 叶翠. 出版界与图书馆界阅读推广合作研究 [D]. 湘潭：湘潭大学，2014.
[2] 中共中央文献研究室. 十八大以来重要文献选编（上）[M]. 北京：中央文献出版社，2014：603.
[3] 唐湘岳. 彭若煜追梦 [N]. 光明日报，2013-03-01.

播撒在农村土地上，就能形成良好的阅读氛围，有效促进农村先进文化建设。参天大树，必有其根；怀山之水，必有其源。返乡大学生要时刻关注家乡建设特别是家乡的文化建设，充当阅读意见领袖，通过设置阅读议程，开展主题阅读活动，从而形成阅读氛围，构建阅读引力场，引领大众阅读风气，带动更多的农民参与阅读活动，提升农民读者的需求层次与阅读能力，推进新农村建设和先进文化建设。

在党和政府高度重视精神文明建设的当代社会，无论是对于先进文化建设还是社会主义新农村建设，农民都占据着重要的地位，农民精神生活的丰盈和科学文化素质的提高是社会主义新农村建设和农村先进文化建设的关键。正如习近平总书记所言："小康不小康，关键看老乡。"没有农村的小康就没有全国的小康。而阅读正是丰富农民精神生活，提高农民专业技能、科学文化素质的最佳途径，因此，农村阅读推广工作应该得到全社会的广泛关注和重视，政府各部门、社会各界要积极参与到农村的阅读推广事业中去，不遗余力农地推进农村先进文化建设、精神文明建设。

第八章

公共出版与文化责任：农村先进文化的基础构建

农村公共文化产品具有特定的文化属性与文化传播功能，在农村文化活动中具有基础性的作用，无疑是农村文化建设极为重要的载体。建立优质高效的农村公共文化产品供给制度，以先进的农村文化产品催生多样的农村文化新形式，是形成具有鲜明的民族气质与地域特色，浓厚的传统文化底蕴与现代社会意义的社会主义新农村文化的必经之路。当前，农家书屋建设取得了重要成就，为新农村文化建设提供了丰富多样的出版产品和文化活动基地，在农村公共出版服务体系中起到了导向与引领作用，对于在农村传播社会主义先进文化，提高广大农民的思想道德水平和科学文化素质，培养新型农民，从而推动农村生产力发展，促进社会主义新农村建设等，具有十分重要的意义。

一、农村文化与农村公共文化产品

新世纪以来，党和国家高度重视"三农"问题，中央一号文件连续十年聚焦"三农"。党的十六届五中全会提出建设社会主义新农村以来，我国农村进入快速发展期，各项事业蒸蒸日上，不断取得新成就。党的十八大报告宣示"解决好农业农村农民问题是全党工作重中之重"，表明解决好"三农"问题是国家的战略目标，是实现全面建成小康社会目标的题中之义。

解决"三农"问题必须从农村经济建设、文化建设、社会建设等多方入手，并且注重制度建设，综合推进，逐步实现城乡一体化。在一定时期内，大力推动农村经济发展仍然是当前新农村建设的重点，但必须同时重视农村文化建设。只有用社会主义新农村文化涵养出具备良好的科学文化素质和思想道德素质的社会主义新农民，才能不断改变农村的落后局面，从根本上解决"三农"问题。

一方面，农村文化作为一种精神存在方式，是农村社会实践的价值支撑和农村发展的无形导引，对于维系农村社会秩序，推动农村生产力发展，培养现代新型农民，巩固党和国家的执政基础都具有非同寻常的意义。遗憾的是，由于农村劳动力大量外出务工带来人口结构变化等复杂原因，导致农村社会空心化，有关"农村凋敝""故乡沦陷"的文章频见报章，聚焦了有识之士对农村文化荒芜的担忧。在推进城乡发展一体化的过程中，如何存续农村固有的某些优良传统，在现代化的基础上保持农村的乡土本质，使之与社会主义主流价值观交融创新，从而内生出先进的社会主义新农村文化，是需要我们认真思考的问题。

另一方面，农村文化活动的深入开展，必须有一定的场所设施和组织形式，否则，文化建设就是纸上谈兵。建立在农村社区，能满足广大农民群众基本文化权益与需求的农村公共文化产品，包括文化场所、设施、产品或服务等，是开展农村文化活动的基础和载体，是农村文化建设的重要依托。长期以来，由于公共文化产品的公共性和非营利性，市场不能提供或不能完全由市场提供，政府和市场在该领域都存在不同程度的缺位。

农村公共文化产品是开展农村文化活动的基础。没有建立实实在在的公共文化产品供给制度，而只满足于一时一地的"输血式""下乡式"等并非长效的文化建设运动，虽有一定的作用与意义，但对于从农村内生出来的民族而言，地域特色鲜明、传统色彩浓厚的农村文化不具有可持续的生长机制与内化动力。因此，必须从理论上厘清农村公共文化产品在农村文化建设中的基础性作用，从而在思想上引起重视，为推进农村文化建设奠定坚实的物质和精神基础。

文化，是一个广泛用于社会科学，极具广度和深度的概念，其具体含义从不同的角度与层面予以审视尚有不同的理解。广义上的文化是人类物质文明和精神文明的总和。而根据英国学者泰勒的经典定义，狭义的文化，"是一个复合的整体，它包含知识、信仰、艺术、道德、法律、习俗和个人作为社会成员所必需的其他能力及习惯。"[1] 同理，作为广义上的农村文化，自然是指农民在农村中创造出来的物质文明和精神财富的总和。而狭义的农村文化，则只包括精神财富的范畴，"是农民的科学文化水平、思想观念以及认知方式、思维模式、价值观念、情感状态、处世态度、人生追求、生活方式等深层心理结构的反映。"[2]

农村公共文化产品是为满足农民精神文化需求，推动农村发展，由非市场力量提供的文化设施、文化产品和文化服务的总和。具体而言，当前我国农村公共文化产品种类主要如表 8-1 所列。

---

[1] [英] 泰勒 . 原始文化：神话、哲学、宗教、语言、艺术和习俗发展之研究 [M]. 连树声译 . 桂林：广西师范大学出版社，2005：1.
[2] 吕红平 . 农村家族问题与现代化 [M]. 保定：河北大学出版社，2001：211.

表 8-1　我国当前农村公共文化产品种类[1]

种　类	举　例
文化设施	广电网络、农村数字化信息服务网络、电影院、剧院、文化广场、文化馆、图书馆、农家书屋、乡镇文化站、体育场地等
文化产品	广播电视节目、电影、戏曲、歌舞演出、服务"三农"的书报刊、体育活动等
文化服务	党和国家的政策、思想道德宣传与教育、普法宣传、科技推广、科普培训、卫生保健常识教育、信息咨询等

　　作为一种公共产品，农村公共文化产品具有如下特点：首先，它的正外部效应极强。消费农村公共文化产品带给农民的精神愉悦，对于社会的和谐与进步具有重要意义。其次，主要着眼于产生社会效益，以非营利性为目标，为农村社会发展服务。第三，是面向广大农民普遍提供的非竞争性的公共文化产品，政府或相关社会组织是其支撑。因而，在农村公共文化产品建设中，政府承担着极为重要的责任。

二、农村公共文化产品在农村先进文化建设中的意义

（一）农村公共文化产品是农村文化建设的基础

　　首先，作为农村公共文化产品的文化设施是农村文化建设的物质凭借。文化活动的开展需要一定的文化设施作为物质基础，传统的文化娱乐活动需要活动室、图书馆等场馆为其提供场地支持；新兴的看电视、上网等文化活动

---

[1] 张天学.农村公共文化产品的供给现状分析及对策建议——基于江苏省徐州地区农村的调查 [J].农村经济，2010（6）：84-88.

更是需要先期投入建设一套广播电视网络、网络光缆等基础设施。没有这些基础设施建设，也就难以开展相应的文化活动。同时，文化基础设施及附设的文化工作人员的存在，从心理上也能产生积极的示范效应，帮助农民克服畏难情绪、怕麻烦心理，从而引导其更积极、更主动地参与到各种农村文化活动中来。

其次，反映农村生活主题，深受农民欢迎的各种文化产品是农村文化建设的主要内容。建设农村文化，就是要将农民纳入到阅读图书、看电影、看演出、进行体育活动等具体的文化活动中来。虽然我国有几千年的历史，但传统农村产生出来的娱乐休闲活动，有些带有粗俗低下的内容，少部分具有文化品位的活动却大多随着"文革"的破坏和经济大潮的冲击而濒临失传。因此，要重建农村文化，就必须将现代社会健康文明的文化活动内容引入到农村的社会生活中来，以此来驱逐落后的封建愚昧文化的残余影响。因此，对农村公共文化产品的内容提供成为一个具有关键意义的问题。

再次，文化服务，包括党和国家出台的与农民切身利益直接相关的各项政策、服务和信息，是农村文化建设的政策与制度保障。正因其主要着眼于产生社会效益，以非营利性为目标，农村公共文化产品的提供主体就必然是带有公共性质的政府，或者由政府向市场购买文化服务、文化产品，然后无偿供给农村和农民使用。如果没有党和国家相关的政策、服务、信息，则社会便缺少向农村提供公共文化产品的根本动力，最终造成农村的普遍落后。我国几十年的发展历程充分证明，党和国家政策偏向农村，有利于农村发展和农民生活的时期，是我国农村经济社会全面发展的时期，必然带来农村文化大发展大繁荣。

综上，农村公共文化产品是农村文化建设的基础。如果不建立一套成熟的农村公共文化产品供给体系，没有政府或社会向农村源源不断地提供农村公共文化产品，从当前农村经济发展状态与现实环境来看，农村文化建设便将成为无源之水，不可能得到长足的可持续发展。

（二）农村公共文化产品催生出多样的农村文化形式

文化是一个动态的概念，总是会随着社会的发展与环境的变迁而发生各种改变。一方面，农村公共文化产品进入农村后往往会和当地原有的传统、民俗等结合起来，经过一段时间，很可能发展出新的农村文化形式。比如 20 世纪 80 年代兴起的中央电视台的"春节联欢晚会"，本来是一档作为公共文化产品的电视节目，由于农村人没有城市人那么多的文化选择，其娱乐文化及其信息获取存在鸿沟，因而该电视节目很自然地与农村固有的守岁、团圆等民俗结合到了一起，大年三十全家其乐融融，围坐着一边吃东西一边看春晚几乎已经渐渐成为一种新的民俗形式。

另一方面，长期处在科学文化知识的浸染下，一些先进的农民在农村公共文化产品的启迪下，可以发展创造出多种多样的农村文化形式。我国历年来"科学下乡""文化下乡"等活动的开展和"大学生村官"等群体给农村带去的先进管理理念等，使得许多农民接触到了更多的科学知识，加上电视等大众媒体的鼓励，各地相继涌现出一批农民发明家、农民艺术家，这在《南方周末》、中央电视台等媒体都有广泛报道。有些农民发明出了除草船、飞行器、潜水艇等机器，在进行试验的时候，围观群众非常之多，简直相当于在农村开了一次小型的节会活动。有些农民通过中央电视台等电视媒体，成为全国知名的歌唱艺术家等，这无疑将形成示范效应，使更多的农民参与到相关的文化活动中去。而事实上，这些活动往往不是农村本身就存在的，是由农村公共文化产品催生出来的。

由此可见，由农村公共文化产品催生出多样的农村文化形式，既能满足农民日益增长的精神文化需求，保障其基本文化权益。更重要的是，通过新的文化产品的创作与实践，可以激发农民的想象力、创造力，培育农民的人文精神与人文情怀，为农村文化的发展提供更多的原创力。

（三）农村公共文化产品是建设社会主义新农村文化的前提

任何社会都需要一种和其发展相适应的文化与之配套。我们在建设社会主义新农村的伟大实践中，也需要建设一套社会主义新农村文化与之相适应。因此，向农村提供公共文化产品和进行农村文化建设，其目的具有统一性，那就是要建立社会主义新农村文化。然而，以一种价值体系和生活方式能够作为社会资本发挥作用的农村文化，有着自己的特性和运行机制。

首先，农村文化必然是根植于农村的。农村文化能够成为一种价值体系，必定是农民在传承乡村传统的基础上，将长期劳动实践中积累的经验与智慧进行筛选与凝结的结果。因而，农村文化是农村社会本身的产物，是农民借以调适自身与自然、自身与社会、自身与他人的关系的依据，必然是根植于农村社会既有的价值体系，深刻反映农村社会的结构本质的。

其次，农村文化必然以农村社会为内容和题材。经过长期的沉淀，农村文化已经成为农民的生活方式，它必然是对农村社会的生活、生产等各个方面内容的"剧场再现"，并通过各种礼俗、文化符号、文化产品的形式，将农村的日常生活艺术地再现出来。因而，农村文化产生和发展的源头正是农村丰富多彩的日常生活。若农村文化的形式脱离了农村社会的现实，便不会有农民的广泛参与，也就不能真正内化为农民的生活方式。

所以，农村文化的形成，是农民在长时间的生产实践中沉淀出来的，是一套与农村固有的价值体系与社会生活紧密联系的社会行为准则。通过短时的"文化下乡""科技下乡"是无法完全从根本上将新农村文化输送进去的。我们在建设社会主义新农村的过程中，希望形成符合新形势要求的社会主义新农村文化，就应该首先向农村提供各种各样蕴含社会主义道德和主流价值观的农村公共文化产品。由农民自己去选择、去操练、去取舍，并不断发展和创新，让公共文化产品中所蕴含的社会主义道德和主流价值观与农村固有的传统价值观进行碰撞、交流，最后融合到一起，升华出既内生于农村，又包含社会主义道德和主流价值观的社会主义新农村文化。这种由农村社会经过长期的文化操练而内生的社会主义新农村文化，可以极大地丰富农村群众的精神文化生活，帮助农民抵御各种封建、腐朽、没落文化的侵袭，促进农村实现经济物质文明、政治文明和精神文明的协调发展。这对于巩固党在农村的执政基础，加快实现新农村建设以及全面建成小康社会的目标也具有不可低估的意义。

三、以农村公共出版促进农村先进文化建设

　　公共出版服务体系是公共文化服务体系的重要组成部分，对于建设社会主义新农村文化具有特别重要的意义。同时，公共出版作为新闻出版公共服务体系的重要组成部分，在社会文化建设中发挥着不可替代的作用。对于党和政府重点建设的农村地区而言，公共出版的深入服务使得农村文化建设呈现出了繁荣的新面貌。从农村地区经济社会发展全局的目标看，公共出版是具有战略意义的重要举措。综观当今世界的发达国家，在大力发展本国经济的基础上，早已建立起了以新闻出版公共服务为中坚，满足公民精神文化需求，保障公民基本文化权益，全面提高国家综合实力的文化服务体系。在我国，大力推进农村公共出版，为农村读者提供更多更优秀的出版文化产品，对于在农村传播社会主义先进文化，提高农民阅读水平和人口质量，培育和发展文化消费，提高农民思想道德水平和科学文化素质，推进农村生产力发展等尤其具有十分重要的意义。党的十六届五中全会指出："要积极发展文化事业和文化产业，加大政府对文化事业的投入，逐步形成覆盖全社会的比较完备的公共文化服务体系。"《新闻出版业"十二五"时期发展规划》更是强调，"要加快健全以政府为主导、以公共财政为支撑、以新闻出版公共服务重大工程

项目为载体，社会力量广泛参与的新闻出版公共服务体系"。这对发展传播社会主义先进文化、不断提高全民族思想道德水平和科学文化素质，对提高国民阅读水平、培育和发展文化消费，对提升国家文化软实力、促进经济社会协调发展，实现全面建设小康社会的战略目标，具有重要意义。[1] 出版业作为新闻出版体系的一个分支，凭借书刊等独特的媒介形态，在传承知识与文化发展中起着不可替代的作用。尤其是对于文化资源相对匮乏的农村地区而言，书刊仍然是我国9亿多农村人口获取信息、接受教育、掌握技术的首要媒介载体，也是在农村地区传播较为广泛，群众乐于接受的媒体之一。因此对于农村文化建设而言，一个布局合理、资源充足、为民服务的公共出版体系存在的意义自然不言而喻。就我国现阶段的社会发展状况而言，城乡差异严重，城乡人口在精神文化层次上的差异更为显著，而农村文化领域又一直是一个市场无力调节的领域，农村文化建设的成效攸关和谐社会构建的全局目标，理应摆在政府文化建设的首要位置。另一方面，根据公共服务的两个原则，差异原则：承认公共服务在群体间存在差异；最大最小原则：公共服务的提供，必须有助于社会最弱群体状况的改善 [2]，目前我国新闻出版公共服务更应该把重点放在进城务工人员、留守儿童等弱势群体为主的农村地区，切实解决广大农民群众的文化诉求。

随着生活水平的提高，人的需求层次也在不断提高。改革开放以来，我国经济保持持续快速的发展，随着农村经济生活条件的改善，广大农民群众也开始有了更高的精神文化层次上的需求，渴望一个更好的文化平台获取新知识、新技术，来增强自身的竞争力，也渴望有更加丰富、更加健康的文化休闲市场，从而提高自身的综合素质。而农村人口的素质关系到整个民族的素质，农村地区的文化建设关系到国家文化综合实力的盛衰。农村人口正在不断扩大的精神文化生活诉求，正是公共出版在农村地区实施的首要原因。同时，虽说改革开放30多年来，我国农村贫困治理成效显著，贫困人数大幅下降，农村结构性贫困得到大幅的改善，但当前农村贫困人口正面临走向文

---

[1] 新闻出版总署. 新闻出版公共服务体系建设"十二五"时期规划 [J]. 中国出版，2011（11）：15.

[2] 陈昌盛，蔡跃洲. 中国政府公共服务：体制变迁与地区综合评估 [M]. 北京：中国社会科学出版社，2007：10–11.

化性贫困的危险。贫困人口多数集中在农村，尤其是自然条件恶劣或者是社会政治、经济、文化资源相对分配不均的地方，他们极有可能陷入一种远离主流文化的封闭的文化价值体系中。除了必要的资金和技术支持外，对贫困地区文化教育的扶持则更加重要，只有从思想上解决农村地区贫困人口的主观贫困障碍，他们才有可能给自己创造出改变的机会。所以说，以公共出版为代表的新闻出版公共服务是防止农村滑入文化性贫困的有力对策。[1] 而从出版业本身分析，出版产品属于准公共产品，其公共性较高，但同时具有私人消费的性质。[2] 萨缪尔森在其《经济学》的著作中指出，公共产品的两个关键特征是：增加一个人消费服务所追加的成本为零，不排除他人享用。出版产品的公共属性就为政府履行公共文化服务提供了充足的文化资源，使出版业得以纳入公共文化服务体系中。公共产品在市场调节薄软的地方往往会出现失调，在特定的情况下，则通常可以运用政治的力量来运行，保持公共产品在社会的有效配置。因此，为社会提供充足的公共产品就成了政府责任的一部分。在市场调节薄弱的农村地区，由政府主导调节公共产品的分配则成为必然。党的十六大提出了文化体制改革的要求，将出版单位根据"公益性文化事业"和"经营型文化事业"进行分类。2006 年 9 月，国家颁布的《"十一五"时期文化发展规划纲要》又首次明确提出"公共文化服务"的概念。公共文化服务体系的构建，既要坚持以公益性出版单位为主体，也要聚合好经营型文化事业单位的力量。不管是何种性质的出版单位，都必须要顺应时代发展的要求，服务公众，这其中自然包括广大农民群众。出版业的体制改革就决定了公共出版在农村地区实施不仅是可行的，更是必行的。

在新公共服务思潮的影响下，我国政府正在实践"服务型政府"的理念，重要职责之一就是要向公众提供社会服务，以满足市场无法调节的社会公共需求。由于政治和地理结构的原因，我国农村地区，尤其是自然条件恶劣的偏远山区常常会被隔离在主流文化之外，意识形态宣传的不到位以及管理的疏漏，使得这些地区常常会萌生一些不利于国家团结和稳定的思想和组织。

---

[1] 朱文镇，赵秋喜．关于中国农村文化性贫困的若干思考 [J]．农村经济，2004（1）：82-84.
[2] 江翠平．出版业的公共服务诉求 [J]．出版发行研究，2008（10）：24.

农民是我国人口中的主力军，是政府服务的主要群众对象之一。长期的区域差异和城乡不协调发展导致了政府服务职能在农村地区的相对滞后，尤其是在文化服务方面。现如今，我国政治经济稳步发展，农村地区的经济面貌得到显著改善，农民群众的精神文化需求日趋旺盛，渴望更加先进的文化产品。而公共出版作为一项为公民提供公共文化产品的服务，势必要在农村地区履行政府的文化服务职能，到农民群众中去，一切为了农民群众，为农民群众提供充分的文化服务，体现"服务型"政府的重要职能。公共出版旨在为农民群众提供优质的报纸、期刊、图书、数字出版物，让他们可以更加准确地获得科学、文学或者艺术作品所产生的精神价值，让他们通过农家书屋和文化站等公共文化服务基础设施获得更加健康的文化生活，从而进一步落实农民群众的基本文化权利。

在推进社会主义新农村建设，全面建成小康社会的历史进程和大力加强农村公共文化产品供给的时代语境下，党中央、国务院高度重视农村公共出版事业这一惠民工程，通过加大政策支持和投入力度，正在逐步建设一个以政府为主导，依靠公共财政为支撑，以公益性出版单位、城乡基层服务网络为骨干，以重大工程项目和活动为载体的农村公共出版体系。[1]尤其显著的是，"十一五"期间，农家书屋工程累计投入资金70多亿元，已经建成农家书屋30多万家，形成了遍布全国的农家书屋网络，惠及几亿农村群众，确保了基层民众的基本文化权益；同时，全民阅读活动在全国各地蓬勃发展，热爱读书、崇尚阅读的良好社会风尚正在各地形成。据媒体报道，全民阅读立法已列入2013年国家立法工作计划，倡导阅读成为社会公共行为，"以法律法规的形式推动全民阅读工作纳入法制化轨道，确定政府为促进全民阅读的责任主体。具体的设想包括：将全民阅读经费纳入财政预算，制定全民阅读规划，发布全民阅读调查情况，提供公共阅读场所，举办全民阅读活动，保障公民阅读权利。"[2]由于受到经济、教育和地域等因素的影响，农村人口的阅读状况较之城市存在的问题极多，必须引起政府相关部门的重视，为阅读创造条件，提供

[1] 谭可可.我国公益出版传播最大化地为公共服务探究 [J].中国出版，2011（13）：36-38.
[2] 胡兆燕.全民阅读立法：以国家意志推动学习 [N].中国经营报，2013-08-08（06）.

支撑。在这一过程中，处于农村公共出版体系中心位置的农家书屋建设已经成为农村文化建设的重要载体和平台，理应发挥其自身特有的作用。

出版本身具有公益性服务的功能与作用。出版产业的政府公共服务体系，是指由政府主导，社会参与，以公共财政为主，其他社会资本为辅，公共出版机构为主，其他出版机构和社会组织为辅，为全体国民提供普及文化知识，提供精神产品，传播先进文化，满足人民群众的精神文化需求，保障人民群众文化权益的各种公益性文化产品和服务的总和。[1]农村公共出版体系包括农村公共出版传播的各个环节，从农村出版物的选题、策划、生产、发行乃至农村阅读场所及相关公共设施的建设等，都处在这一互相联系的体系之中。农村公共出版的首要特征是其公益性质，从而决定了其不可替代的出版传播功能，不能从出版产业普适性层面对其进行经济效益的考量，而应从其作为出版物的文化属性的社会效益高度予以重视，审视其社会文化传播与构建功能，特别是其对农民群体的知识普及与精神提升作用。农村公共出版体系最终通过为农村提供出版文化产品、文化基础设施，营造良好的文化氛围等途径丰富农民的精神文化生活，促进农村文化的繁荣发展。

（一）农村公共出版必须服务农村社会经济的发展以及农民的现实需求，为农村文化建设提供丰富多样的文化产品

图书是具有双重属性的特殊文化产品，在一定社会条件的制约下，出版者可能会更多地关注图书的经济效益。农村阅读氛围淡薄，经济条件较差，导致农民对图书的需求并不旺盛，使得涉农图书的经济效益一般并不被看好，故而在农村文化凋敝的同时，图书市场上出现"三农"图书的匮乏，农民无书可看。优秀"三农"图书匮乏，更使得农村读者的阅读兴趣下降，进而制约了农民文化素质的进一步提高，形成了一个恶性循环，这是摆在农村公共出版体系建设眼前的严峻现实。

近年来，以政府和公益性出版机构为主体搭起的农村公共出版体系在一

[1] 吴淑芬，张养志. 出版产业发展过程中政府公共服务体系的职能研究 [J]. 北京印刷学院学报，2008（1）：15–18.

定程度上改变了"三农"图书匮乏的现实。农村地区的文化建设早已成为新闻出版公共服务的重心，近年来公共出版在农村地区的具体文化服务项目包括：农家书屋工程、城乡阅报栏工程、新闻出版东风工程、重点民文出版译制工程、全民阅读工程等等，依靠财政补贴，采用分级投入、共建共享、集中采购、统一配送、税收优惠等机制[1]，投入了大量资金，面向农村实行公共出版惠民工程，建立公共出版物供给体系，服务广大农民群众，取得了突出成就。一些出版社发挥其公益性出版的作用，坚守农村文化建设的信仰，在"三农"图书出版上取得了显著成就，不仅可以占领独特的细分市场，获得规模效应，还可以争取政府的相关财政补助，激发了从事"三农"图书出版的积极性，带动了农村图书市场，从而推进农村文化建设。中国农业出版社（农村读物出版社）、中国农业科技出版社、中国农业大学出版社、中国林业出版社、金盾出版社以及各地科学技术出版社等涉农出版社编辑出版了一大批优秀的农村出版物，满足了农民读者的需求。据《中国新闻出版报》对各出版社上报选题的统计，2009-2011 这三年中，"三农"图书选题数量分别为 7106个、7280 个、7766 个，2012-2013 年，农、林业图书选题数量分别为 3709 个、3976 个，整体上呈现出增长的势头。

除数量上形成规模外，"三农"图书选题的质量和结构也逐步优化，涉农图书的选题结构由原来的主要为科技类转向读者面更为广泛的文艺、社科、少儿、教育等种类，初步形成了服务国家新农村建设大局的政策性读物，帮助农民增产增收的科技信息类读物，关注新农村建设的理论性著作，以及引领农村潮流的生活类图书等四大农村公共出版的选题种类。最新的跨媒体技术也进入"三农"出版领域，如中国农业出版社的《现代农民与现代农业》，是一套面向现代农民读者的多媒体丛书；中国农业科技出版社和江苏科学技术出版社等社在图书出版的基础上，配套开发了电子、数字等配套产品；贵州出版集团出版的《我是农民工》系列图书，实现了纸质书与电视资源的有效整合。[2] 这些新型跨媒介图书，针对新兴农民读者的不同需求特点拓展了农村图

[1] 谭可可. 我国公益出版传播最大化地为公共服务探究 [J]. 中国出版，2011（13）：36–37.
[2] 新闻出版总署网站. 规模数量同突破结构质量双优化 [EB/OL].http://www.gapp.gov.cn/news/2004/114427.shtml.

书出版的内容和媒介形式。

为了更好地将"三农"图书送到农民手中，2003 至 2005 年，文化部、财政部发起送书下乡工程，三年间向 300 个国家级扶贫开发工作重点县图书馆和 3000 个乡镇图书馆（室），赠送农村适用图书 390 万册。近年来，在继续建设农家书屋的同时，各地政府联合出版机构、媒体、志愿者组织等发起的送书下乡活动在各地都有举行，由于引入了社会力量，吸引了更多的社会关注，为探索送书下乡的模式开辟了一条新路子。但这种模式的持续效果难以保证，只能在短时间内解决农村图书缺口，并不能取得长期的效果，这一缺憾只能由农家书屋来弥补。

国民阅读力和阅读水平在很大程度上决定了一个民族的基本素质、创造能力和发展潜力。[1] 在今后相当一段时间内，农村文化建设的主要内容仍将是阅读文化建设。无论是传统的纸质出版物，还是新兴的数字出版物、跨媒体出版物，出版机构在国家农村公共出版体系的支持下，不断推陈出新，开发出更多更适合农村读者阅读的农村出版产品，无疑为提高农村读者文化科学素质、道德水平、法治意识等提供了多样的文化产品选择。这恰恰是建设社会主义新农村文化的必由之路，没有通过一定量的阅读培养起来的具备基本科学文化及道德法治意识的社会主义新农民，新农村文化建设就无从谈起。

（二）公共出版必须更新选题，在服务农村经济社会发展现实的基础上，引导农村新风尚，让农村读者确立正确的文化价值取向，自觉融入农村先进文化建设的时代潮流之中

农村地区大多以第一产业、第二产业为支柱，农民收入的来源主要是农业生产和外出务工。不管是通过何种方式创收，对于文化教育水平较低的农民而言，最新的科学技术以及职业技能培训知识都可以转化为先进生产力，帮助农民创收，推动农村经济腾飞。从图书选题开发、农家书屋图书配比到"送书下乡"推动全民阅读，公共出版都可以服务农村读者，为农村读者提供最新、

[1] 魏登峰. 以读书开启民智，用知识改变命运——访国家新闻出版总署署长柳斌杰 [J]. 农村工作通讯，2008（10）：28–30.

最实用、最通俗易懂的科技指南、务农手册，以及新技术的科普读物等适用于农村一线的专业知识。这些知识便成了武装新型农民的必要装备。将这些知识有的放矢地运用在农田耕作、畜牧养殖、森林耕种等农业领域，可以切实解决农民在农业生产中遇到的技术难题和瓶颈，普及新技术，提高农业产量，直接为农民创收，提高农村第一产业的经济效益。

对于较年轻的农村人口而言，公共出版则在某种程度上弥补了因城乡结构失衡所造成的教育资源、文化资源的缺失。公共出版为农村读者所提供的阅读机会，开启了农村青年人口改变命运的大门。不管是基础教育知识的普及还是职业技能的培训，公共出版所带来的知识资源都为身处农村地区的年轻人，缩小与城市地区青少年各方面的差异，获得新知识，提高自身职业技能，增强就业竞争力带去了福音，为农村年轻人去接触优质的高等教育资源，谋求一份适应时代要求的工作创造了机会。而这些农村青壮劳动力都是未来农村建设的主力军，他们用自己的所学及所长反哺农村，投身家乡建设，带动当地经济发展，缩小贫困差距，逐步实现城乡共同繁荣。

更应该看到的是，当前我国农村文化建设水平较低，管理较为分散，农村地区的文化活动不仅单一，还存在着大量封建迷信、地下六合彩、赌博等有违时代精神的活动。这些都是社会主义农村文化建设跟不上的表现。文化建设作为新农村建设中必不可缺的一部分，与政治、经济建设摆在同等重要的地位。政府主导的公共出版在农村地区的深入，一方面可以加大文化资源向农村地区倾斜，为广大农民群众提供优质的文化产品。另一方面可以补救市场机制失调所带来的不健康的出版现象，例如淫秽色情出版、盗版等现象，消除不良出版所带来的负面影响。公共出版往往可以通过以农村生活为题材的文明健康的传播载体，积极引导广大农民群众崇尚科学，破除迷信，移风易俗，抵制腐朽文化，形成文明健康的生活方式和社会风尚，发挥出版物的正的外部效应，打造"乡风文明，村容整洁"的社会主义新农村，构建社会主义和谐社会。

公共出版重点服务的对象包括：农民、进城务工人员、农村留守儿童、未成年人等，尤以中西部农村和民族边疆地区为重点。这些群体在社会地位和社会财富上处于相对弱势的位置，但却同样享有文化权利和文化需求。公共出版为其提供的特色文化服务，重点满足特殊读者群体的阅读需求，保护弱势群体的文化权利，使得他们能够更加公平地享有文化资源，推动弱势群体文化生活常态化。这是对社会阶层所分化出的弱势群体的一种保护，也是一种公平机制的创建。从而可以减少社会中现有或者潜在的不稳定因素，维护社会安定，民族团结。对这些农村群体的文化培育也是公共出版一种不可或缺的人文关怀，有利于增强其归属感，提升国家的文化凝聚力。历史和现实都表明，国家凝聚力是一个国家振兴发展的不竭动力。国家凝聚力更是克服危机的动力源，文化融合的黏合剂，和谐发展的助推器。[1]公共出版的农村服务模式正是农村地区国家凝聚力的培养温床，是维护社会稳定、民族团结、振兴农村文化建设的精神源泉。

特别要看到的是，农村先进文化建设是与广大农村人口知识文化水平的提高和受教育程度的提高成正比例的，而公共出版借助于政府主导的力量，能有效地强力地缩小知识沟，提高农民的科学文化素质，从而提升其文化水准，从点到面，从局域到整体，推进农村先进文化建设。蒂奇纳等人的"知识沟"假说认为，随着大众媒介向社会传播的信息日益增多，社会经济地位较高的人将比社会经济地位较低的人以更快的速度获取这类信息。因此两类人之间的知识沟将呈扩大之势。显然，在城乡二元制结构显著的我国社会，横亘在城乡人口中的知识沟是巨大的。能有效缩小知识沟的方法之一就是，有目的地增加某一受众群体接触信息的机会，刺激他们自主寻求知识的动力。公共出版通过不同的渠道和方式，为广大农村读者提供了图书产品和阅读机会，一些精心策划的以农村题材为主的"三农"读物准确地满足农村读者的阅读需求，延伸开展的一系列阅读活动以及文化讲座则将信息和知识更加有效地输入农村地区，培养农民读者的阅读习惯。

阅读在个人发展、国家命运面前的作用早就不言而喻。公共出版所带来的文化资源不仅有助于消除"知识鸿沟"，更可以在农村地区打造良好的阅读环境，制造健康的文化氛围，让农民群众沉浸在文化的阅读氛围中，培养良

---

[1] 刘学谦. 增强国家凝聚力的当下意义 [EB/OL].http://theory.people.com.cn/GB/16823930.html, 2005–02–02.

好的阅读习惯，通过阅读逐步提高个人的文化素质和公民素质，让他们有机会享受更丰富的精神文化生活。

同时，文化竞争力是国家综合实力的重要表征。公共出版以其特定的功能在提高农村人口素质方面发挥了不可替代的作用，从而以此推进农村先进文化建设，而中国农村的发展和农村人口的素质在中国社会发展中有着极为特殊的地位和意义，加强农村先进文化建设，实际上是在不断地无形地提升国家的综合实力。因为国家综合实力有多方面的表现，不论是经济、政治、社会面貌还是国民素质，都影响着一个国家的综合实力。公共出版作为文化领域服务农村的重要举措，最直接的影响自然是提高农民的科学文化素质，增进广大农民群众的文化认同感，扩大文化资源的辐射范围，从而提升国家的文化软实力。而文化对一个国家来说往往意味着一种凝聚力，对于社会来说是一种公共价值观。公共文化服务的重要作用就在于普及文化知识、提升文化素养、传播先进文化、弘扬主流价值。[1]公共出版的价值表征不止是在农村先进文化建设本身，更为重要的是对于综合国力的提升。公共出版所弘扬的价值观，所传播的先进科学技术，所营造的文化氛围，所创造的社会凝聚力，都会深入政治、经济、教育、科技等各个领域，在农村地区形成一股自上而下与自下而上相结合的力量，全方位提升国家的综合实力，实现国家繁荣昌盛与中华民族伟大复兴的宏伟大业。

（三）作为农村公共出版体系的核心，农家书屋建设是农村文化建设的主阵地

文化活动对文化基础设施的需求是刚性的，党的十六大以来的农家书屋建设，是对多年来农村文化基础设施建设欠账的清偿。通过多年的努力，全国农家书屋体系初步建成，成为连接农村读者与涉农出版机构的中枢，更成为农村至关重要的文化基础设施之一。

农家书屋是物质实体与精神食粮的统一，全国农家书屋的建设，不仅刺

[1] 陈希琳. 公共文化服务体系需满足群众基本需求 [J]. 文化，2012（1）：136.

激了"三农"图书市场的兴起，提升了"三农"图书的数量和质量，同时通过政府组织的出版物采购，打通了连接涉农出版者与农村读者的通道，不仅解决了农民看书难的问题，也解决了涉农图书卖书难的问题，扩大了农村出版物的传播范围，增强了农村出版物的传播效果。随着计划经济的谢幕，国营新华书店也退出农村，使得农村书店出现了近20年的空白期，农民买书几乎都得到县城去，还要面对不菲的书价，这直接导致了农村阅读氛围的缺失。农家书屋建设起来之后，农民不但在家门口就能看到最新的"三农"图书，还不用自己花钱，这对重新培育农村的阅读氛围，重拾乡土中国"耕读传家"的优良传统至关重要。

同时，农家书屋为农民进行阅读和交流提供了绝佳的场所。农家书屋建立起来后，农民即使在恶劣的天气中也能在其中安心阅读，其类似于图书馆的功能，亦可促使村民之间交流阅读感受，分享阅读收获，从而获得更多的知识信息。部分农家书屋在提供阅读之外，还可以依托书屋的场地举办读书会、政策宣讲会、技能培训班等，同时为村民传承剪纸、刺绣等文化遗产提供场地支持。这样一来，农家书屋的性质便从纯粹的图书服务点变为村级综合文化服务中心，成为村里的文化地标。通过这样的活动，长期保持农家书屋的人气，必将对地方的文化氛围形成示范效应，吸引越来越多的农民放弃赌博、求神拜鬼等落后的乡村文化形式，加入到农家书屋丰富多彩的文化活动中来。农家书屋的建设与维护，将成为今后农村文化建设的主阵地。

我国是传统上的农业大国，由于人口基数特别大，即使在城镇化率提高到70%以上之后，也仍有几亿人口将继续生活在农村。目前，"三农"问题依旧是困扰我国发展的重大问题。解决"三农"问题，必须从加强农村经济建设、政治建设和文化建设入手，促进农村社会实现全面可持续发展。其中，解决"三农"问题的根本在于大力加强农村文化建设，提高农民思想道德素质和科学文化素质。

然而，由于历史承袭守旧、思想认识不足、缺乏制度保障、政府投入不足、民间自发积极性没能调动起来等，我国农村文化产品供给中政府缺位、数量不足、形式单一、效果微弱等问题依然存在。许多农村地区的文化建设还非常落后，文化基础设施缺乏，农民文化生活单调。农村文化建设与经济社会发展不协调，与农民日益增长的精神文化需求不适应，这严重制约着社会主义新农村建设的步伐，也与全面建成小康社会的目标不符。

农村公共文化产品供给能不能满足农村文化建设的需要，关系着我国的"三农"问题是否能从根本上解决，关系着社会主义新农村建设以及全面建成小康社会的目标能否实现。因此，必须重新检视农村公共文化产品在农村文化建设中的基础性地位，果断从制度建设和实践两方面采取措施，来增加农村公共文化产品的供给，提升农村公共文化产品的质量，为社会主义新农村文化的持续发展奠定良好的基础。

《新闻出版业"十二五"时期发展规划》强调，"要构建一个结构合理、发展平衡、网络健全、运营有效、服务优质的覆盖全社会的新闻出版服务体系"。公共出版作为新闻出版公共服务体系的一部分，重点面向农村地区，在政治、经济、社会、文化等各方面都具有显著的意义，是维护好、实现好农民群众基本权利的重要途径，是维护社会稳定，民族团结，创建社会主义和谐社会，实现中华民族伟大复兴的重要决策，是促进农村经济腾飞，提升农民群众科学文化素质，打造社会主义新农村的重要举措。近年来，在党和政府的努力下，公共出版在农村地区的服务已初见成效，不仅为农民群众带去了福利，更为农村社会全方面发展创造了有利条件。但我们依旧不能忽略新闻出版公共服务体系目前所存在的问题以及未来即将面对的挑战，构建覆盖全社会的新闻出版服务体系并非朝夕之事，探讨公共出版在农村文化建设中的意义是为了进一步引起出版界以及全社会的重视，审时度势地调整公共出版在农村的服务策略和方向，使得公共出版在农村文化建设中的作用最大化、最优化。

第九章

读者调查与未来面向：农村阅读文化的个案审思

儿童尤其是农村儿童阅读能力的提高，对于其自身发展、整体国民素质的提高、城乡教育差距的缩小、农村先进文化建设和可持续发展等都有着极为重要的意义。这一章是基于湖南省中东部农村地区学龄前儿童图书阅读情况的调查来观察和分析农村先进文化建设问题。笔者在社会调查的基础上，通过具体数据统计，分析了被调查地区学龄前儿童阅读的基本情况，指出目前农村地区学龄前儿童阅读的特点和普遍存在的问题，并为提高农村学龄前儿童的阅读提出若干建议。阅读决定人的素质，决定民族的未来。正因为学龄前儿童的阅读状态与质量是指向农村文化建设发展未来的，所以，我们从农村学龄前儿童阅读情况的调查分析可以见出我国农村文化发展的一些长远问题，可以窥视出农村先进文化建设与发展这一系统工程是如何的任重道远。

一、阅读调查的缘起与基本情况

亚伯拉罕·林肯曾说："阅读比起任何其他的行为都更有力量释放你的潜能。在整个过程中，我们的本性会得以更好地展现。"[1] 对于那些对世界充满好奇和新鲜感的儿童而言，阅读不仅能帮助他们发展自己的兴趣，建立良好的情感关系，更能不断地促进他们自我认知和对外界的认知。美国教育心理学家布卢姆在《人类特性的稳定与变化》中，追踪分析千名儿童后提出了著名的假设：若以 17 岁时人的智力发展水平为 100，则 4 岁时就已具备 50%，8 岁时达到 80%，剩下的 20%，是从 8～17 岁的 9 年中获得的。[2] 儿童智力发展的黄金时期往往在接受小学初等教育之前，而此时儿童早期阅读的培养显得尤为重要，特别是其阅读习惯的养成，对以后的成长有着重要的作用，研究表明，早慧的孩子有一个共同的特点，那就是喜欢阅读，可见阅读对于人生成长的意义。

阅读对于学龄前儿童的重要性早已引起了国内教育界的关注，在教育改革的过程中，教育工作者对于幼儿阅读教育也进行了不同程度的尝试。2001 年教育部颁布的《幼儿园教育指导纲要（试行）》中，对健康、语言、社会、科学、艺术等 5 个领域进行了具体要求，其中在语言方面，明确要求幼儿教育工作者引导幼儿多与优秀的儿童文学作品接触，感受语言的丰富和优美，从而培养其对生活中常见的简单标记和文字符号的兴趣，并且利用图书和绘画，引发幼儿对阅读和书写的兴趣，培养其阅读和书写技能。[3]

近年来，关于学龄前儿童阅读的研究主要集中在阅读的重要性、阅读技巧的提高等方面，针对该阶段儿童阅读特点的研究比较有限，其中对农村地区学龄前儿童的研究调查更少。而农村学龄前儿童能否养成良好的阅读习惯，为他们向学龄儿童转变打好坚实的基础，关系到农村整体人口素质的提升，

[1][美]贝克·哈吉斯.阅读致富[M].北京：当代中国出版社，2008：8.
[2]张汉强.青少年阅读心理学概论[M].武汉：武汉出版社，2008：149.
[3]教育部.幼儿园教育指导纲要（试行）[J].学前教育研究，2002（1）：77–79.

关乎农村未来劳动力的市场竞争力和受教育程度，也是塑造下一代新型农民所必须具备的素质。所以，为了更好地了解农村地区学龄前儿童的阅读状况，为农村学龄前儿童早期阅读教育提供理论支持，也为出版社和民营书业开辟新的图书市场——农村学龄前儿童市场提供有效的数据支撑，使出版物和农村读者能真正形成对接，笔者进行了一次针对农村学龄前儿童图书阅读情况的社会调查，调查涉及湖南省中东部农村地区，共发放问卷 400 份，收回有效问卷 359 份，有效回收率为 89.75%。

本次问卷调查的对象主要是农村地区 3 ~ 6 岁学龄前儿童。但是由于该年龄阶段儿童的特殊性：心智发育不成熟，识字量有限，经济不独立，极具成长性，此阶段儿童的阅读习惯、阅读能力与家长的引导与培养密切相关，所以主要锁定儿童家长参与本次问卷调查。问卷主要涉及以下几个部分：（1）学龄前儿童的家庭基本情况；（2）学龄前儿童父母对于早期阅读的认识；（3）学龄前儿童阅读消费情况；（4）学龄前儿童亲子共读情况；（5）学龄前儿童图书阅读偏好；（6）学龄前儿童阅读习惯；（7）学龄前儿童阅读的社会环境。以下是调查结果分析。

二、阅读调查结果分析

（一）被访问儿童的家庭基本背景信息

本次调查共涉及湖南省中东部地区 4 个县级市的附属农村地区：长沙市长沙县，衡阳市南岳镇，岳阳市平江县，娄底市新化县，地区分布广泛，取样均匀。调查结果显示，被调查孩子年龄集中在 3 ~ 6 岁，每个年龄的孩子分别占总数的 37.78%、27.22%、26.11% 和 8.89%。

在本次被访问儿童的家长中，母亲占多数，为 49.44%，其次是父亲和隔代抚养的奶奶（17.78%），再次是爷爷（15%）。被调查的家长文化程度分布情况为初中文化以下的占 27.78%，初中毕业的家长比例最大，达到 32.78%，高中或者中专文凭占 30.56%，而拥有大专或以上文凭的家长只占总数的 7.78%，总的来说，农村地区学龄前儿童家长的受教育程度普遍偏低，集中在初、高中文化程度，可以推论，他们对儿童早期阅读以及学龄前儿童各年龄段的阅读能力发展特点认识不足，这个因素将从各方面影响儿童的早期阅读。

在家庭经济状况方面，约一半（49.44%）被调查的家庭的月收入在 1500 ~ 3000 元之间，30.56% 的家庭月收入达到 3000 以上，剩下的 20% 只有 1500 元以下的月收入。以长沙市为例，长沙 2010 年统计年鉴的数据显示，农村居民人均可支配收入为 11206 元，同比 2009 年增长 18.8%。[1] 湖南省的农民人均纯收入为 5622 元，人均生活消费支出为 4310 元，并正在逐年递增。数据和调查结果同时反映，农村家庭经济状况在国家各项惠农政策以及外出务工的情况下有了很大的增长，在解决基本温饱问题之外，有一定的经济实力支付其他方面的开销。

（二）被访问儿童的家长对早期阅读的认识

调查发现，农村地区的学龄前儿童家长有着较为强烈的培养孩子早期阅读能力的意识，但存在着一些认识上的误区，特别是对早期阅读的重要性以及可以开展阅读的年龄依然存在认识上的偏差。据有关数据显示，其中超过 60% 的家长认为在入学前让孩子养成良好的阅读习惯是非常必要的，12.22% 的家长持无所谓的态度，认为阅读习惯可有可无，剩下 21.67% 的家长则认为暂时没有必要培养孩子的阅读习惯，可以以后再培养。在随机的口头访谈中，我们也发现，大部分家长认为这个阶段的孩子看不看书都无所谓，孩子喜欢看电视或者出去玩就随着他们的性子，等正式上小学后再培养他们看课外书的习惯。

---

[1] 长沙市统计局，国家统计局长沙调查队. 长沙统计年鉴·2011[M]. 北京: 中国统计出版社，2012.

更有很多家长简单地将阅读等同于上学，认为阅读就是看教科书、识字而已。

就儿童分阶段阅读而言，调查显示只有 12.22% 的家长对此有一定了解，剩下的家长只是曾经听说过（41.11%）或者完全不清楚（46.67%）。调查过程中的随机访问表示，大部分家长对儿童阅读发展阶段以及每个阶段的阅读能力发展特点认识不足，他们并不清楚每个阶段孩子独特的阅读特征、阅读需求，以及该如何有效地引导阅读。

具体到家长让孩子在正式上小学前阅读的主要目的，57.22% 的被调查者认为阅读的主要目的是识字和增长知识，不能让他们的孩子输在起跑线上。22.22% 的被调查者认为在学龄前进行阅读纯粹是消磨时间，只有 20.56% 的被调查者认为早期阅读主要是为了激发孩子的阅读兴趣，培养其想象力和创造力等。调查说明，农村地区的大多数家长很难正确理解儿童早期阅读活动对其成长的内在意义，而是从各自的功利目的出发，过度强调其读书活动对获取信息和知识的重要性，仅仅将阅读视为一种获取知识的工具，并未形成对儿童早期阅读活动自觉的科学认识。

（三）被访问儿童阅读消费情况

在本次调查中，我们向家长询问了关于儿童阅读消费的情况，包括购书频率、购书费用支出等问题。超过 9 成的家长会主动给孩子购买图书，其中 14.44% 的家长会经常购买，平均每个月 2 ~ 3 次，18.99% 的家长主动买的很少，每年只有 1 ~ 2 次，但是大多数家长（占 57.22%）则平均每月会给孩子购买图书一次或者两个月买一次。

至于对孩子图书阅读消费的态度，绝大多数的家长（73.33%）表示只要孩子有买书的需要他们就愿意花费，21.67% 的家长即使不大愿意为孩子的阅读买单，但是偶尔的支出仍可接受，只有 5% 的家长坚持认为现阶段为孩子的阅读花费是完全没有必要的。从这两方面调查结果来看，大部分农村地区的家长对孩子的早期阅读持支持态度，会主动为孩子购买图书，也愿意为孩子的阅读花费。

具体被问到家长每月在孩子阅读上的花费时，调查显示，只有 6.11% 的家长每月会花费 100 元以上为孩子购置图书，11.67% 的家长则每月会支出 51 ~ 100 元，而在绝大多数的农村家庭中，孩子每月的图书阅读开销在 50 元以下，其中 20 元以下的家庭占了将近一半。

相应地，实际上的阅读开支决定了孩子拥有的图书书目。仅有 14.44% 的孩子拥有 20 本以上适合自己阅读的图书，剩下的孩子中 50% 只有 5 ~ 10 本，11.67% 有 11 ~ 20 本，还有 6.11% 孩子完全没有自己的图书。可见，家长对孩子图书阅读的支持意愿，在实际中并没有得到很好的实现，意愿与行为之间存在着一定偏差，教育投资的程度不够。

（四）被访问儿童亲子共读情况

具体到农村地区亲子共读情况，调查显示，家长花在陪孩子阅读上的时间非常有限，33.89% 的家长表示从来没有陪孩子一起读过书，而大部分的家长（48.89%）表示每天进行亲子共读的时间在 1 个小时以内，13.33% 的家长会花上 1 ~ 2 个小时，只有 3.89% 的家长有 2 个小时以上的共读时间。

当被询问到陪孩子阅读过程中的具体表现，37.78% 的被调查家长表示他们只是单纯地在旁边陪着孩子，让他们自己看书，另外 28.33% 的家长会回答孩子的疑问，讲解一些生字。只有 22.78% 的家长会通过讲故事的方法参与孩子的阅读，会在阅读过程中给孩子拓展一些其他知识的家长更是少数（11.11%）。调查表示，大部分农村地区的家长花在亲子共读上的时间非常有限，即使有，其掌握的早期阅读方法也比较落后，无法承担起有效的引导。

（五）被访问儿童图书选择

在问卷提供的多种图书选择标准中，大部分农村地区的家长主要根据老师的推荐为孩子选择图书，其次是自己的决定和孩子的自主选择。他们很少从朋友或者当地书店获得优秀阅读材料的推荐。口头访谈中，我们甚至发现很多家长，尤其是经济条件一般的家长并不介意给孩子买盗版书或者是质量较差的图书，他们大多认为正版图书太贵，盗版图书并不影响孩子阅读质量。

从学龄前儿童的阅读偏好来看，他们倾向于形象性的故事书、卡通动画，直观性的图画书。[1] 这些选择大体上符合该阶段幼儿的心理特征，即对生动、形象的事物和现象反应比较灵敏，这种心理过程带有集体倾向。[2] 此外，一些启蒙读物和益智游戏类图书，也会被家长选入孩子的书单中。比如《365夜故事》《三笔画》《头脑游戏》《左右脑开发100图》等。但是相对于城市地区的火热，幼儿英语、科普百科和一些时兴的玩具书在农村地区的普及程度不高。总的来说，农村地区的儿童读物品牌较城市地区而言，明显不足，图书品种单一。

（六）被访问儿童阅读需求满足情况

调查显示，超过八成的家长会通过当地书店给孩子购买图书，很少通过网络、学校或者社区图书馆等途径帮孩子选购图书，在一些没有书店的欠发达地区，家长往往是在超市开设的图书角购买图书。这表示，农村地区的儿童图书来源比较单一。

但是在调查中，几乎没有家长抱怨当地图书供应不足，绝大多数表示，市面上可供选择的图书量一般，基本上能满足需要，即一般的普通读物都能买到。但是认为市面上图书比较丰富，最新出版的图书也有供应，每次都能买到想买的书的家长也只占总数的16.67%。可见，农村地区的图书供应基本能满足当地儿童或者家长的购买需求，但是市场上的图书供应却并不饱和，农村地区的孩子并不能接触到最新最全的儿童读物。

（七）被访问儿童的阅读习惯

问卷的这一部分主要涉及农村学龄前儿童的阅读习惯，包括其阅读时间、阅读意愿、阅读表现等。数据显示，超过八成的孩子每天看书的时间不超过

---

[1] 袁萍，田卫梅.学龄前儿童阅读兴趣的培养 [J].洛阳师范学院学报，2004（6）：127–128.
[2] 龙吟，孙诚.幼儿心理与行为透视 [M].合肥：安徽人民出版社，2002：1–50.

一个小时，其中还有 11.11% 的孩子不会花时间阅读。农村孩子的阅读时间非常有限，这个比例与父母花在陪孩子阅读上的时间非常相似，可见农村孩子在阅读上对父母的依赖非常大。

尽管阅读的时间有限，但是只有 8.89% 的孩子从来不看书或者一看到书就厌烦。49.44% 的孩子迫于家长的压力，有时看书，剩下 41.67% 的孩子很乐意阅读，并且主动找自己喜欢的书看。不管是迫于父母压力还是出于自己的兴趣，农村学龄前孩子还是会在平时进行一定量的阅读，有一定的阅读兴趣，但是仍需进一步激发。

至于独自阅读时的表现，只有 11.11% 的被调查家长反映，他们的孩子能够坚持看完一本书，大部分孩子（56.11%）只能看一会儿，但是不能坚持看，还有一些孩子（32.78%）拿到书只是随意翻，在阅读过程中三心二意。心理学和行为学专家表示，幼儿的注意力很不稳定，对感兴趣的事情注意力比较容易集中，但是时间不长；不过经过教育，幼儿能获得一定的组织和控制注意的能力。[1]结合调查数据分析，可见农村地区孩子的阅读习惯有待进一步培养。

（八）被访问儿童阅读的社会环境

学龄前儿童阅读习惯的养成、阅读兴趣的激发都与其周围的社会环境密切相关，此次调查问卷的最后一部分针对农村学龄前儿童阅读的社会环境展开调查。调查表明，同龄孩子之间互相借阅图书的现象在农村地区并不常见，一半以上的被调查家长表示，几乎没有过互相借阅这样的情况，剩下的家长则表示自家的孩子只是偶尔会和朋友互换图书。相似地，幼儿园开展的"亲子阅读"活动在农村地区更是少见，67.22% 的家长从来没有听说过或者参与过"亲子阅读"活动。有过类似活动经历的家长只占三分之一。

总的来说，家长们反映，孩子在阅读上存在的主要问题是阅读能力不强，自己看不懂（47.78%），其次是孩子的阅读意愿不强，不喜欢阅读（43.89%）。而认为主要问题是时间不够或者老师没有有效引导的分别只占 5% 和 2.78%。

[1] 赵陆燕. 少年儿童早期阅读行为初探 [J]. 图书馆工作与研究，2011（9）: 126–128.

三、阅读调查的基本结论

综合分析以上调查结果，我们可以得出以下结论：

1. 受自身文化程度和身份特征的限制，农村地区的部分家长虽然意识到幼儿早期阅读的重要性，但存在认识的偏差，往往片面定义儿童早期阅读，将其简单地作为儿童识字的过程，对其真正的价值认识不透彻，也不清楚不同年龄阶段的孩子的阅读发展特点，以及能有针对性地引导孩子阅读的具体方法。

2. 农村地区家长因为认识上的误区，导致其行动上对创造幼儿良好阅读环境的投入不够，这主要表现在家长对幼儿阅读支持意愿与行动之间的偏差，具体来说就是家长愿意花钱，但是实际上在亲子共读时间与费用的投入上均不足。这些都会直接影响孩子的阅读量和阅读习惯。

3. 具体到早期阅读的方法上，因为经济条件和受教育程度的限制，农村地区的家长观念比较落后，方法失当。即使对孩子阅读的投入充足，因为缺乏指导，开展的方法针对性较差，他们也很难有效地激发孩子的阅读兴趣，提高孩子的阅读能力。

4. 农村地区家长为幼儿选购图书，主要是参照老师的标准与自己的教育观，并没有将孩子的兴趣和特点放在首位，所选图书不一定能真正契合孩子的天性。同时选书标准比较固定，很少获得来自书店或者朋友的最新信息。除此之外，当地书店是购书的主要来源，没有书店的地区则主要是超市的图书角，书的种类与质量都受到一定限制。总的来说，相较于城镇而言，农村地区学龄前儿童的优秀阅读材料供给不足。

5. 从学龄前儿童的阅读偏好来看，他们喜欢色彩艳丽、形象逼真的图画书或者卡通动画书，情节丰富的故事书或者益智游戏。比起阅读他们更喜欢看动画片等电视节目，投入阅读的时间比较有限。在阅读过程中，他们注意力很难集中，容易被周围发生的动静转移注意。这些都符合幼儿具有多动、好模仿、虽有较浓厚的兴趣但注意力不集中、想象力丰富等特点。总的来说，农村学龄前儿童自主阅读能力不强，对父母的引导依赖比较大，有待科学方法引导阅读。

6. 农村儿童阅读环境氛围缺失。不管是家长还是同龄的孩子之间都缺少阅读上的交流，这不仅将限制孩子的阅读量和阅读视野，也不利于家长交流方法和心得。另外幼儿园方面也很少开展"亲子共读"之类的活动，未能给农村的父母提供必要的指导策略，社会支持系统存在不足。

7. 总的来说，阅读意愿不强和阅读能力欠缺是目前农村学龄前儿童进行有效阅读的主要障碍，这与家庭环境、父母的指导、社会支持等都有着密切联系。[1]

四、阅读建议及其对农村文化建设的启示

我国农村幅员辽阔，人口众多，文化教育水平落后，而农村学龄前儿童是中国农村的未来，是建设新农村的主力军。他们阅读能力的提高关系到国民素质和劳动力素质的整体提升，关系到我们新农村文化建设能否顺利开展，更关系到"科教兴农"国策能否取得实质性的进展。[2] 因而，在中国农村物质生活已经有了较好发展，但城乡差距并未缩小的语境下，探讨农村学龄前儿童阅读情况的相关问题，具有非常重要的意义。总结我们的调查结果，在充分认识到学龄前儿童阅读不足的基础上，现对今后提高农村学龄前儿童阅读能力提出几点建议：

[1] 郝振省. 全国国民阅读调查报告 [M]. 北京：中国书籍出版社，2008：215–216.
[2] 周国清. 农村出版传播的文化担当——从农村先进文化建设谈起 [J]. 长沙大学学报，2009（1）：109–111.

除了普及教育、提高公民整体文化水平这些很迫切的问题外，社会还可以广泛地在农村建设文化基础设施，为农村地区家长为幼儿创造良好的阅读环境提供便利。比如，建立农村公共图书馆，添置一些利于学龄前儿童发展的内容积极向上的儿童读物，并使用有效的宣传策略，使农村地区的孩子能接触到这些图书；定期提供导读服务、开展交流服务、举办展示服务[1]，让图书馆在农村儿童和优秀读物以及良好的阅读习惯中起到桥梁作用；通过专家为家长在选购图书时提供专业的指导，举办家长讲座，为农村地区孩子家长提供一个学习和交流的平台。

从幼儿阅读习惯分析，幼儿自身具有的特点，使其图书阅读以图多、图大的图画书、故事书为主。根据儿童这样的生理和心理特征，出版社在策划上应该多关注形象性、直观性、故事性强的图书，善于挖掘或者培养市场上潜在的儿童读物创作者，一来可以激发学龄前儿童的阅读兴趣，二来可以为自己打开儿童图书市场找准切入点。出版部门、文化部门、教育部门要培养一批适合于为农村儿童写书的作者，他们必须熟悉农村生活，了解农村儿童的心理特征、阅读习惯，能贴近农村儿童的生活，并激发他们进一步阅读的兴趣。同时，对于农村地区而言，出版部门在图书制作上要坚持惠农政策，坚持实惠、便利、质朴、好用的总原则。[2]图书价格、装帧设计等都应当因地制宜，必须要让农村地区的家长接触得到好图书也买得起。

从平时的观察来看，虽然国家政策上注重"三农"问题的建设，在农村图书的投入上也较大，然而总体而言，出版社将精力集中在农村科普书的出版上，幼儿读物即使有，主要针对的也是城市地区的孩子，农村地区处于考虑的边缘地带，符合农村地区特点的幼儿出版物少之又少。政府应该加大在优秀幼儿读物上的投入，将农村幼儿读物做成公共产品，由政府买单，通过农家书屋等方式向农村儿童免费发放，尤其是在贫困地区，政府首要的任务应该是解决农村孩子没书看的现实问题，以出版物为载体，提高作为新农村建设未来主力军的阅读能力，正如有的研究者所指出的，对儿童早期阅读产

[1] 赵陆燕.少年儿童早期阅读行为初探[J].图书馆工作与研究，2011（9）：126-128.
[2] 周国清.农村出版传播对策论略[J].中国出版，2009（3）：61-66.

业予以必要的指导和扶持，加快社会化服务链条的形成，促进出版业的转型和教育服务产业的发展，以市场化的手段有效地促进早期阅读发展。[1]

从幼儿园方面来说，首先应注重对教师专业能力的培训，提升幼儿图书阅读的教学与引导工作；在教学中，采取寓教于乐、让幼儿从游戏活动中学习知识的方法；科学地规划幼儿图书阅读时间表，保证他们有效的阅读时间；多方面选购适合幼儿阅读的图书；同时，可以定期开展与家长的交流活动，多向家长推荐一些适合幼儿阅读的优秀读物，开办一些相关讲座指导家长如何科学引导孩子阅读等等。在有了社会和幼儿园等多方的支持后，农村地区的家长应尽快走出早期阅读的认识误区，在充分认识其价值和掌握科学方法的基础上，尽早开始培养孩子的独立阅读能力，并为孩子创造良好的人文阅读环境。比如，坚持科学的亲子共读，定期带孩子去图书馆或者书店感受阅读氛围，通过鼓励的方法激发孩子的阅读兴趣，并教给孩子一些阅读方法等。

除此之外，还必须促进社会组织在这一领域的不断成熟发展，发挥社会组织的教育功能，为儿童早期阅读提供必要的支持和研究基础。总的来说，改善早期阅读现状是一个综合的社会系统与文化工程，政府、社会、教育机构、出版机构和社区等应主动承担各自的责任，通过各种形式，在把握农村学龄前儿童心理特点与阅读需求的基础上，有效地组织生动活泼的阅读活动，并且注重社会化阅读氛围的营造，从民族素质提升、新农村建设和未来新型农民塑造等使命出发，使社会各界树立起正确的早期阅读观念，共同致力于改善学龄前儿童尤其是农村儿童的早期阅读状况。

---

[1] 中国儿童早期阅读现状与对策研究报告 [EB/OL].http://www.sina.com.cn, 2003-04-14.

参考文献

一、图书

[1][美]威尔伯·施拉姆.大众传播媒介与社会发展[M].北京:华夏出版社,1990.

[2]张咏华.大众传播社会学[M].上海:上海外语教育出版社,1998.

[3][美]斯蒂文·小约翰.传播理论[M].北京:中国社会科学出版社,1999.

[4]郭庆光.传播学教程[M].北京:中国人民大学出版社,1999.

[5]邵培仁.传播学[M].北京:高等教育出版社,2000.

[6][加]文森特·莫斯可.传播政治经济学[M].北京:华夏出版社,2000.

[7][英]戴维·米勒.社会正义原则[M].南京:江苏人民出版社,2001.

[8]方晓红.大众传媒与农村[M].北京:中华书局,2002.

[9]李彬.传播学引论[M].北京:新华出版社,2003.

[10]谢咏才,李红艳.中国乡村传播学[M].北京:知识产权出版社,2005.

[11]董成双,等.农村科技传播[M].北京:中国传媒大学出版社,2006.

[12]陈阳.大众传播学研究方法导论[M].北京:中国人民大学出版社,2007.

[13]蒙南生.新闻传播社会学[M].北京:中国传媒大学出版社,2007.

[14]蔡骐,蔡雯.媒介竞争与媒介文化[M].上海:复旦大学出版社,2007.

[15]邵培仁,等.媒介生态学[M].北京:中国传媒大学出版社,2008.

[16]李永健.大众传播与新农村建设[M].北京:中国传媒大学出版社,2009.

[17]王德海.农村发展传播学[M].北京:中国农业大学出版社,2012.

[18]陈国明.文化间传播学[M].台北:五南图书出版股份有限公司,2014.

[19]田中阳.蜕变的尴尬——对百年中国现代化与报刊话语嬗演关系的研究[M].长沙:湖南教育出版社,2006.

[20]鲍霁.费孝通学术精华录[M].北京:北京师范学院出版社,1988.

[21]司马云杰.文化社会学[M].北京:中国社会科学出版社,2001.

[22]谢名家,等.文化产业的时代审视[M].北京:人民出版社,2002

[23]刘玉珠,柳士法.文化市场学——中国当代文化市场的理论与实践[M].上海:上海文艺出版社,2002.

[24]王处辉.中国社会思想史[M].北京:中国人民大学出版社,2002.

[25] 杨光斌 . 中国政府与政治导论 [M]. 北京: 中国人民大学出版社，2003.

[26] 郑杭生 . 中国社会结构变化趋势研究 [M]. 北京: 中国人民大学出版社，2004.

[27] 谢俊贵 . 信息的富有与贫乏: 当代中国信息分化问题研究 [M]. 上海: 三联书店，2004.

[28] 伊志宏 . 消费经济学 [M]. 北京: 中国人民大学出版社，2004.

[29] 文军 . 现代性、全球化与社会学理论的变革 [M]. 上海: 华东师范大学出版社，2004.

[30][德] 马克斯·韦伯 . 社会科学方法论 [M]. 北京: 中央编译出版社，2005.

[31] 童星 . 发展社会学与中国现代化 [M]. 北京: 社会科学文献出版社，2005.

[31] 王义 . 困境与变革: 政府绩效评估发展论纲 [M]. 长沙: 湖南人民出版社，2007.

[32] 吕学武，范周 . 文化创意产业前沿——理论: 碰撞与交融 [M]. 北京: 中国传媒大学出版社，2007.

[33] 曾静平，孙启明，等 . 文化创意产业前沿——希望: 新媒体崛起 .[M] 北京: 中国传媒大学出版社，2007.

[34] 顾海良 .《马克思主义中国化与当代中国》丛书 [M]. 长沙: 湖南教育出版社，2014.

[35] 中共中央宣传部 . 习近平总书记系列重要讲话读本（2016 年版）[M]. 北京:学习出版社，人民出版社，2016.

[36] 向新阳 . 编辑学概论 [M]. 武汉: 武汉大学出版社，1995.

[37][英] 斯坦利·昂温 . 出版概论 [M]. 北京: 中国书籍出版社，1988.

[38] 罗紫初 . 出版学原理 [M]. 武汉: 武汉大学出版社，1999.

[39] 袁亮 . 出版学概论 [M]. 沈阳: 辽海出版社，2000.

[40] 文硕，吴兴文 . 图书营销传播 [M]. 北京: 中国广播电视出版社，2000.

[41][美] 杰拉尔德·格罗斯 . 编辑人的世界 [M]. 北京: 中国工人出版社，2000.

[42] 张才明，杨文华 . 现代编辑学概论 [M]. 北京: 中央编译出版社，2000.

[43] 王华生 . 编辑选择的理论与实践 [M]. 保定: 河北大学出版社，2002.

[44] 余敏 . 出版学 [M]. 北京: 中国书籍出版社，2002.

[45] 张圣亮 . 市场营销原理与实务 [M]. 北京: 中国科学技术出版社，2003.

[46][英] 吉尔·戴维斯 . 我是编辑高手 [M]. 宋伟航，译 . 石家庄: 河北教育出版社，2004.

[47] 李普涛 . 选题策划的理论与实践 [M]. 开封: 河南大学出版社，2004.

[48] 吴平 . 编辑本论 [M]. 武汉: 武汉大学出版社，2005.

[49] 黄先蓉 . 出版物市场管理概论 [M]. 武汉: 武汉大学出版社，2005.

[50] 王建辉 . 出版与近代文明 [M]. 开封: 河南大学出版社，2006.

[51] 陈昕 . 中国出版产业论稿 [M]. 上海: 复旦大学出版社，2006.

[52] 李苓，黄小玲 . 编辑出版实务与技能 [M]. 成都: 四川大学出版社，2006.

[53] 宋连生 . 图书选题策划学 [M]. 北京: 中国水利水电出版社，2006.

[54][日] 鹫尾贤也 . 编辑力——从创意、策划到人际关系 [M]. 北京: 中国人民大学出版社，2007.

[55] 张孝安 . 农村图书的流通渠道和营销模式研究 [M]. 北京: 中国水利水电出版社，2007.

[56] 费孝通 . 江村经济——中国农民的生活 [M]. 南京 : 江苏人民出版社，1986.

[57] 袁亚愚 . 乡村社会学 [M]. 成都 : 四川大学出版社，1990.

[58][法]H. 梦得拉斯 . 农民的终结 [M]. 北京 : 中国社会科学出版社，1991.

[59] 习近平 . 摆脱贫困 [M]. 福州 : 福建人民出版社，1992.

[60] 成汉昌，等 . 中国当代农民文化——白村调查纪实 [M]. 北京 : 中国农民出版社，1992.

[61 徐勇 . 非均衡的中国政治 : 城市与乡村比较 [M]. 北京 : 中国广播电视大学出版社，1992.

[62] 陆学艺 . 改革中的农村与农民——对大寨、刘庄、华西等十三个村庄的实证研究 [M]. 北京 : 中共中央党校出版社，1992.

[63] 王立诚 . 农村社会学 [M]. 北京 : 农业出版社，1992.

[64] 程贵铭 . 农村社会调查研究方法新编 [M]. 北京 : 北京农业大学出版社，1992.

[65] 宋镇修，等 . 农村社会学 [M]. 哈尔滨 : 黑龙江教育出版社，1993.

[66] 袁亚愚 . 中国农民的社会流动 [M]. 成都 : 四川大学出版社，1994.

[67] 林毅夫 . 制度、技术与中国农业发展 [M]. 上海 : 上海三联书店，1994.

[68] 麦天枢 . 中国农民 : 九亿人的现场笔记 [M]. 上海 : 三联书店，1994.

[69] 赵利红，等 . 农村社会学 [M]. 北京 : 经济科学出版社，1996.

[70][美]J. 米格代尔 . 农民政治与革命 [M]. 北京 : 中央编译出版社，1996.

[71] 魏道南，等 . 中国农村新型合作组织探析 [M]. 北京 : 经济管理出版社，1998.

[72] 张乐天 . 告别理想——人民公社制度研究 [M]. 北京 : 东方出版社，1998.

[73][美]M. 罗吉斯，J. 伯德格 . 乡村社会变迁 [M]. 杭州 : 浙江人民出版社，1988.

[74] 程贵铭 . 农村社会学 [M]. 北京 : 中国农业大学出版社，1998.

[75] 中国农业科技交流文献陈列室，日本 [社] 农山渔村文化协会 . 农业科技普及与编辑出版 [M]. 北京 : 中国农业科技出版社，1998.

[76] 曹锦清 . 黄河边的中国——一个学者对乡村社会的观察和思考 [M]. 上海 : 上海文艺出版社，2000.

[77] 梁骏，等 . 村民自治——黄土地上的政治革命 [M]. 北京 : 中国青年出版社，2000.

[78] 陆学艺 . 三农论 [M]. 北京 : 社会科学文献出版社，2002.

[79] 李怀印 . 中国乡村治理之传统形式 : 河北省获鹿县之实例 [M]. 北京 : 商务印书馆，2003.

[80] 程同顺 . 中国农民组织化研究初探 [M]. 天津 : 天津人民出版社，2003.

[81] 秦晖 . 农民中国 : 历史反思与现实选择 [M]. 郑州 : 河南人民出版社，2003.

[82] 贺雪峰 . 新乡土中国 [M]. 桂林 : 广西师范大学出版社，2003.

[83] 陈桂棣，等 . 中国农民调查 [M]. 北京 : 人民文学出版社，2004.

[84] 任福耀，等 . 中国反贫困理论与实践 [M]. 北京 : 人民出版社，2004.

[85] 郑杭生，等 . 中国社会结构变化趋势研究 [M]. 北京 : 中国人民大学出版社，2004.

[86] 许毅 . 三农问题研究 [M]. 北京 : 经济科学出版社，2004.

[87] 罗平汉 . 农业合作化运动史 [M]. 福州 : 福建人民出版社，2004.

[88] 廖星成，等 . 中国三农问题报告 [M]. 北京 : 新华出版社，2005.

[89] 李海峰 . 世界农业科技概览 [M]. 北京 : 中国农业科技出版社，2005.

[90] 石健康 . 农民奔小康实用新技术 [M]. 长沙 : 湖南科学技术出版社，2006.

[91] 赵明坤 . 新农村典型五十例 [M]. 济南 : 山东人民出版社，2006.

[92] 陈全国 . 新农民 [M]. 郑州 : 大象出版社，2006.

[93] 方湖柳 . 新农民读本 [M]. 杭州 : 浙江教育出版社，2007.

[94] 张湘涛 . 新农村建设新在哪里 [M]. 长沙 : 湖南人民出版社，2007.

[95] 费孝通 . 乡土中国 [M]. 上海 : 上海世纪出版集团，2007.

[96] 周发源 . 新农村之路丛书 [M]. 长沙 : 湖南师范大学出版社，2007.

[97] 李建新，等 . 社会主义新农村建设探索 [M]. 长沙 : 湖南师范大学出版社，2007.

[98] 蔡溪 . 中国乡村发展之困惑 [M]. 长沙 : 湖南人民出版社，2007.

[99] 张明 . 党报 "三农" 报道研究 [M]. 长沙 : 湖南师范大学出版社，2007.

[100] 卢亮 . 城市化与农村劳动力转移就业 [M]. 长沙 : 湖南师范大学出版社，2008.

[101] 刘兴豪 . 农村社会学 [M]. 北京 : 中国人民大学出版社，2008.

[102] 顾阳，等 . 如何搞好农村文化工作 [M]. 太原 : 山西经济出版社，2009.

[103] 王俊文 . 当代中国农村贫困与反贫困问题研究 [M]. 长沙 : 湖南师范大学出版社，2010.

[104] 王兰坤，等 . 农村社会学教程 [M]. 北京 : 中国环境科学出版社，2010.

[105] 陈文珍，叶志勇 . 社会主义新农村文化构建 [M]. 长沙 : 湖南师范大学出版社，2010.

[106] 向云驹 . 草根遗产的田野思想 [M]. 北京 : 中华书局，2011.

[107] 祁丽 . 农村即将消逝的风俗 [M]. 大连 : 大连出版社，2011.

[108] 于建嵘 . 岳村政治——转型期中国乡村政治结构的变迁 [M]. 北京 : 商务印书馆，2011.

[109] 刘涵 . 中国农民知识读本 [M]. 南昌 : 江西美术出版社，2011.

[110] 卢先福，龚永爱 . 农村基层党建历程 [M]. 长沙 : 湖南师范大学出版社，2011.

[111] 刘涵 . 中国农民文化知识读本 [M]. 南昌 : 江西美术出版社，2011.

[112] 刘旦，等 . 留守中国 [M]. 广州 : 广东人民出版社，2013.

[113] 顾海良，罗永宽 . 旗帜与道路 [M]. 长沙 : 湖南教育出版社，2013.

[114] 戴木才 . 兴国之魂 : 积极培育和践行社会主义核心价值观十讲 [M]. 长沙 : 湖南教育出版社，2013.

[115] 张红宇 . 新中国农村的土地制度变迁 [M]. 长沙 : 湖南人民出版社，2014.

[116] 柳思维，等 . 农村城镇化研究——以洞庭湖区域为例 [M]. 长沙 : 湖南大学出版社，2014.

[117]Matthew Arnold.Culture and Anarchy[M].Cambridge:Cambridge University Press，1990.

[118]Alvin Kerman.The Death of literature[M].New Haven&London:Yale University Press，1990.

二、期刊

[119] 袁祖社."公共精神":培育当代民族精神的核心理论维度 [J]. 北京师范大学学报·社科版, 2006（1）: 108-114.

[120] 施惟达，樊华. 论消费主义时代的精神生产 [J]. 文学评论, 2006（3）:17-24.

[121] 杨桂青. 略论主流文化的实践性与利益旨归 [J]. 哲学研究, 2006（3）:101-108.

[122] 王绍光. 中国公共政策议程设置的模式 [J]. 中国社会科学, 2006（5）:86-99.

[123] 龙迎伟. 当代公共精神生活管理的客观现实性与实现过程 [J]. 求索, 2006（8）: 160-162.

[124] 翁昌寿. 社会主义新农村建设与"三农"图书——一种传播学的视角 [J]. 现代传播,2006(2):50-53.

[125] 范卫平. 新闻出版工作与社会主义新农村建设 [J]. 出版发行研究, 2006（4）:26-31.

[126] 吴锋，曹英群. 关于我国农村报刊发行现状的调查报告 [J]. 今传媒, 2007（11）: 22-24.

[127] 王硕. 农村传播的边缘化现状与对策 [J]. 传媒观察, 2007（7）:31-32.

[128] 王建辉. 出版业的文化诉求: 呼唤编辑大师 [J]. 编辑之友, 2007（4）: 10-13.

[129] 甘书屋. 让农家书屋真正成为新农村建设的助推器 [J]. 中国出版, 2008（1）: 43-45.

[130] 申端锋,刘国庆. 社会主义新农村建设研究评述 [J].贵州师范大学学报·社会科学版,2008(1):28-33.

[131] 郑风田,刘璐琳.新农村建设中的农村文化:现状、问题与对策[J].中南民族大学学报·人文社会科学版, 2008（1）:112-115.

[132] 王亚飞. 城乡统筹中的农村文化贫困问题与对策研究 [J]. 农业经济, 2008（4）:75-76.

[133] 黄向阳. 文化建设——推动农村经济发展的新动力 [J]. 特区经济, 2008（4）:16-18.

[134] 范昕. 论大众媒介与新农村建设的和谐发展 [J]. 现代商贸工业, 2008（5）:35-36.

后 记

　　《出版传播与农村先进文化建设》就要出版了，我不知该怎样来表达自己的内心感受，复杂的思绪总让我难以平静。平常的努力和积累有了一个初步的成果，这或许能给自己些微告慰，暂且安顿心灵和救赎自我，也就不免有淡淡的喜悦掠过。而更多的是，面对这一宏大论题，我深感自己所做十分有限，深浅交织的愁绪不时缠绕心头，久久不能释怀。我这几天一直在思考，该如何来描述自己这几年的人生状态，学习、工作、生活、研究、身体，尽管我一直在行走，在仰望，但就像秋风落叶，满目无奈。岁月无情，江山静美；时序匆匆，不堪回首。按照自己的兴趣来定位人生并不偏不倚地书写人生，真是十分不易。失去的岁月不能再来，祈愿怀揣的梦想，在曾经的和正在行走的路上，不管是平坦的还是坎坷的，能一次又一次给我重生的动力和活性，不管是否能得始终，我心依旧前行。安定内心，回归本我，这就是我的渴念。江海大襟怀，人生有至境！我依旧在前行！

　　记得早在 2007 年，我因一个偶然的机会，萌发了对出版传播与农村先进文化建设这一问题的兴趣和冲动，随即做了初步的研究构想。究其因，最为直接的，是缘于我出生在农村，长大在农村，对农村社会文化发展和生活状态有着切身体会和深刻感悟，而又对出版传播有初浅涉猎，但其间由于各种原因，或课务繁重，或其他研究任务冲击，或一些临时事情占手，或身体不适，其间走走停停，时断时续，发表过几篇论文，尽管兴趣不减，但进展缓慢。所幸的是，这一选题批准为 2010 年度教育部人文社会科学研究规划基金项目，2016 年又确定为湖南省年度图书出版重点选题，都促使我投入更多的时间和精力来研究，形成初步的架构和认识，能在今天得以出版。

在本书出版之际，我要特别感谢我的研究生周李、黄俊剑、王小椒、曹世生、朱美琳和陈暖。他们作为出版传播与农村先进文化建设课题研究的参与者，为我提供了一些素材和观点的启发，有的还出于个人兴趣参与了其中一些问题的研究，与我合作发表了论文，或者为对书稿做了校对工作；还要特别感谢编辑出版学专业 2009 级学生张吉雅、陈培瑶、王文娟、张丽平等同学，他们在我的组织下对农村学龄前儿童图书阅读情况作了调查和思考，为研究提供了第一手资料。对他们的辛勤付出我在此表示衷心的感谢。拙著在写作过程中，引用了他人的一些资料，为我的研究提供了基础，恕不一一列出，在此谨致诚挚谢意！湖南师范大学出版社是"全国百佳图书出版单位"、国家一级出版社，为拙著提供了出版机会；责任编辑廖小刚认真负责、细心周密，为拙著提出了许多宝贵的修改意见和出版建议，付出了诸多智慧和心血，在此一并表示衷心感谢。同时，我要感谢湖南师范大学新闻与传播学院，为我的研究提供了条件。

《出版传播与农村先进文化建设》这一选题无疑极有现实意义，我对此有浓厚的兴趣，也曾激发了很大的研究热情，收集了大量的资料，尽管初步的成果出版了，但于我而言尚属未完成时，对这一课题的研究我还在路上，会继续行走，我希望自己能有更多的时间和精力进一步深化研究，以酬夙愿，感恩社会。

周国清

于 2016 年寒露之日

图书在版编目（CIP）数据

出版传播与农村先进文化建设/周国清著.—长沙：湖南师范大学出版社，2016.10
ISBN 978-7-5648-2679-6

Ⅰ.①出…　Ⅱ.①周…　Ⅲ.①出版工作－关系－农村文化－文化事业－建设－研究－中国　Ⅳ.①G239.2 ②G12

中国版本图书馆CIP数据核字（2016）第245439号

CHUBAN CHUANBO YU NONGCUN XIANJIN WENHUA JIANSHE
出版传播与农村先进文化建设

周国清　著

责任编辑｜廖小刚
责任校对｜朱美琳

出版发行｜湖南师范大学出版社
　　　　　地址：长沙市岳麓山　邮编：410081
　　　　　电话：0731-88853867　88872751
　　　　　传真：0731-88872636
　　　　　网址：www.hunnu.edu.cn/press
经　　销｜湖南省新华书店
印　　刷｜湖南雅嘉彩色印刷有限公司

开　　本｜710 mm×1000 mm　　1/16
印　　张｜15
字　　数｜248千字
版　　次｜2016年10月第1版第1次印刷
书　　号｜ISBN 978-7-5648-2679-6

定　　价｜36.80元

投稿信箱｜435723851@qq.com